U0825096

本著作为江西省高校重点学科建设基金、南昌大学社会科学学术著作出版基金资助项目，
江西省社会科学“十二五”2015年规划项目15FX04，2015年度江西省高校人文社会科学
研究项目FX1523阶段性成果

水生态环境犯罪刑事法治体系研究

陈珊 著

法律出版社
LAW PRESS · CHINA

目录

前言

环境刑法对于生态经济而言具有独特的作用。现行的环境刑法不能有效的保障生态经济的运行，生态经济发展最终将受到约束。探讨利用刑事法治体系矫正生态经济发展中的破坏水生态环境问题，实现水生态环境规律与法治体系的结合，促进生态经济可持续发展。水生态环境具有时间、空间和承载三维尺度的自然属性，因此，环境刑法立法及司法须在水生态环境的时间、空间和承载三维尺度上重合，才能在社会经济发展中发挥保护水生态环境的法律作用。

水生态环境犯罪治理离不开刑法，对水生态环境犯罪的刑事惩治属于最后的法治手段。水生态环境犯罪的刑事立法是刑事法治的基础，而我国水生态环境方面刑事司法实践和刑事立法的衔接问题，水生态环境方面的刑事司法实践及监督保障也是必须解决的。基于我国水生态环境治理的现状，借鉴国外水生态环境犯罪刑事法治的经验，对水生态环境犯罪的刑法立法和刑事司法实践进行系统而深入的研究。

刑事法治体系的基础是法律体系，重点是司法体系，关键是保障体系。所以站在法治体系的角度和高度，不仅要讨论科学立法，也要讨论司法实施和监督保障体系。刑事法治不仅仅需要解决违法犯罪问题，更重要的是必须体系地解决问题，只有这样法律才能形成内部协调一致妥善处理潜在矛盾，才能做到自身不推翻自身可能的法治。在治理水生态环境犯罪方面，科学立法是至关重要的。而司法体系又是重点，为确保维护公正这一法治生命线的司法之公正，首先得改革司法程序启动难问题，司法体制改革亟须试点、推行，推动水生态环境公益刑事诉讼的司法社会化及第三方检测机构法律授权是实施重点。当然有力的水生态环境法治监督保障体系也是水生态环境刑事法治之关键，对环境法治工作队伍的专职化要求，促使我们建立健全其职业保障制度。本书共分六章，第一章，导论。第二章，水生态环境犯罪的概念，这是环境刑法科学立法的前提，也是整个水生态环境犯罪刑事法治体系的前提。第三章，水生态环境犯罪刑事法治体系之科学立法。第四章，水生态环境犯罪刑事法治体系之司法完善。第五章，水生态环境犯罪刑事法治体系之监督保障。第六章，水生态环境犯罪刑事法治体系之实践检视。

本书在理论和法律实践方面有着积极的意义：

第一，从水生态环境的时间、空间和承载三个尺度来实施法治体系，是全新视角。

第二，从体系思维角度，系统地提出水生态环境犯罪的法治体系，构建出具有可操作性的制度设想。

第三，推动其他部门法学之变革。环境刑法的发展需借鉴其他部门法学的做法，环境刑法的发展也会推动其他部门法学的发展。从理论上讲，提供了一种全新的法益理念，将水生态环境的时间、空间和承载三个尺度的法益纳入法律调整的范畴，对于诉讼法，从环境诉讼的理论与实践出发，三个尺度的法益的司法救济将会丰富环境诉讼法理论与实践，而三个尺度的法益的具体法律实践设想不仅仅是一个单纯的环境诉讼问题,以保护水生态环境法益为主线应贯穿整个水生态环境犯罪刑事法治体系。在整个环境刑事法治体系环境刑法自身的内容得到了细化,也拓宽了环境诉讼等部门法的研究视野,使水生态环境犯罪刑事法治体系中各种法从崭新和独特细致到位角度审视各自的理念和制度框架。

第一章　导　论

第一节　研究背景

一、基于生态经济发展

环境刑法对于生态经济而言具有独特的作用，现行的环境刑法存在缺陷不能有效的保障生态经济的运行，生态经济发展最终将受到约束。探讨利用刑事法治体系矫正生态经济发展中的破坏水生态环境问题，实现水生态环境规律与法治体系的结合，促进生态经济可持续发展之前，先必须明确利用环境刑法如何矫正生态经济发展中的环境污染和破坏问题。环境刑法如何作为刑法社会化的一项重要工具，促使生态规律与法律规范的结合，最终达到促进生态经济可持续发展。

在环境违法犯罪案件中，较多地使用行政法律规范和民事法律规范，在实际过程中，这些行政或民事法律被认为是有效保护生态环境的法律规范，然而,在刑法理论研究和司法实践中,刑事法律规范在对生态环境保护中常被忽视。导致这种现象的出现的原因是刑法作为最严厉的法律责任追究形式不适用于生态环境污染和破坏的违法行为的传统立法观念误区。随着经济快速发展,因破坏生态环境的违法犯罪行为时常发生并给社会和公众造成的生态健康威胁,刑法传统立法观念不断受到冲击。欧美发达国家已尝试用刑事法律规范来对付污染和破坏生态环境的违法犯罪行为,有效地保护了生态环境。生态环境、经济发展和环境刑法三者关系是密不可分的,为保持生态经济可持续发展必须找出环境刑法的实施"瓶颈"和有效方法。

(一)生态环境、经济发展和环境刑法

1. 生态环境、经济发展和环境刑法三者关系

生态环境是经济发展的基础,环境刑法为经济发展提供法律保障。如何让生态环境和经济发展协调有序,显然生态经济是必然的选择。生态经济一般认为是生态环境规律与经济发展规律协调统一的一种全新的经济发展模式。经济发展必须在生态环境承载力范围内,挖掘在时间和空间限制条件下可以利用的生态环境资源潜力,发展资源循环利用的产业。任何的经济生产活动必须在环境刑法规范下进行,只有这样才能保证生态环境的可持续利用。

2. 生态环境、经济发展和环境刑法共同特质

时间尺度特质是指对生态环境资源使用或破坏的时间长短。在时间尺度上生态环境破坏行为具有短暂性,但对不同生态环境的影响是持续性时间长短不一,要确保在时间尺度上对资源利用的持续性。如河南省在20世纪50年代至90年代兴建了一批化工企业,留下了600多万吨废料铬渣,因铬渣中含有致癌物铬酸钙和剧毒物六价铬且铬渣堆大多没有防雨和防渗措施,致癌物经雨水冲淋和渗透,成为持久损害地下水和农田的污染源。类似这种能导致持久性污染的违法行为,应从时间尺度上进行刑事处罚而且须从重处罚。因此,环境刑法的处罚需要依据破坏

生态环境资源行为在时间尺度上影响的持续性长短进行刑罚。

空间尺度特质是指生态环境资源利用或破坏在空间上的面积或体积大小的影响。生态环境资源的利用具有空间约束，例如自然保护区、森林公园、湿地公园等必须受到环境刑法的保护；不同生态环境资源在空间尺度上破坏的影响具有很大差别，例如废气排放、水体污染在空间尺度上具有跨国、跨地区的影响，动植物资源破坏在空间尺度上具有局部性。不同区域空间之间的生态环境资源开发和利用因确保相互间不为损害或要满足相互间的物质能量交换。因此，环境刑法的处罚需要依据破坏生态环境资源行为在空间尺度上影响的面积或体积大小进行刑罚。

承载尺度特质是指生态环境资源依据本身的物质结构和生态功能的背景值，能够承载本身具有的物质或功能最大上限值和能够承载不是本身具有的物质或功能的下限值。例如，鄱阳湖的重金属的铜背景值为0.0008～1.118mg/L①，上限值为1.118mg/L，若某个企业或公民排污的水中铜的含量超过上限值多少倍进行环境刑法处罚。因此，环境刑法的处罚需要依据生态环境资源本身的物质结构和生态功能的背景值在承载尺度上下限值进行刑罚。

3. 环境刑法实施目标

环境刑法要规范企业、社会和公民的行为。在生产经营过程中，既要遵循生态环境规律，又要遵循经济发展的规律；环境刑法要保障“生态环境规律与经济发展规律”的作用和影响是互相联系、互为条件和相互制约的，它们之间存在着共存的和相互协调的关系；环境刑法要确保在生产经营过程中，要遵循“经济与生态环境协调发展”这一生态经济规律；环境刑法最终要实现生态环境和经济发展的协调统一可持续性发展。

---

① 朱海虹、张本著：《鄱阳湖——水文生物沉积湿地开发整治》，中国科学技术大学出版社1997年版，第128～129页。

（二）环境刑法的现状和缺陷

为有效保护生态环境，国家先后制定颁行了一系列较为完善的法律规范。“法典式”是我国保护生态环境的主要立法模式，各种破坏生态环境的犯罪在刑法典中都有具体的法律规范。“法典式”立法模式有利于破坏生态环境犯罪的打击力度，有利于达到威慑各种破坏生态环境的行为和有利于实现刑法科学化的迫切需求。

1. 环境刑法建设现状

我国刑法介入环境保护经历了近35年，跨越4个发展历程：

个别条款阶段（1979～1988年）。环境犯罪的条款始于1979年颁布的我国第一部刑法。在这一阶段中，我国对破坏生态环境的犯罪行为是在个别条款出现，没有专门为保护生态环境设置章节，主要原因是当时我国经济发展与生态环境资源的矛盾不够突出。对破坏生态环境的行为主要以行政处罚和民事制裁为主，刑罚处罚为辅。

附属刑法和单行刑法增补阶段（1988～1997年）。随着我国经济建设的快速发展，对生态环境资源需求旺盛，各种破坏生态环境行为日益增加，现行刑法中的个别条款不能对生态环境起到有效的保护作用，凸显环境刑事立法的滞后。为弥补环境刑法滞后于破坏生态环境犯罪的客观现实，我国通过制定附属刑法和单行刑法对破坏生态环境行为加以惩罚，如1988年通过的《关于惩治捕杀国家重点保护的珍贵、濒危野生动物犯罪的补充规定》。

设置专节阶段（1997～2001年）。1997年颁布的新刑法中第一次对保护生态环境设置专节，对破坏生态环境犯罪行为的打击提供了更有力的刑法保障。在刑法分则第六章“妨害社会管理秩序罪”中第六节以专节形式设定“破坏环境资源保护罪”，共9个条文，14种罪名，并第一次将单位规定为环境犯罪的主体，这表现我国刑法对环境犯罪正式实行双罚制。

完善阶段（2001～2013年）。随着我国经济发展跨越式发展，生态环境和经济发展的矛盾进一步加深，新的破坏生态环境行为日益出现。为了快速制止这种行为并在实际司法中有效处理，国家通过刑法修正案和司法解释的方式，颁布一系列保护生态环境的法律条文。例如，最高人民法院、最高人民检察院联合发布了《关于办理环境污染刑事案件适用法律若干问题的解释》（法释[2013]15 号，以下简称《解释》）。

2. 环境刑法存在的缺陷

保护生态环境的法律规范经过 35 年的发展逐步完善，但环境刑法在现行的经济发展中也存在缺陷：

环境刑法立法理念未从保护生态规律角度修订。我国所制订的有关生态环境保护的法规是从某一生态环境因子考虑，没有从生态系统或生态规律角度去协调生态环境与经济发展的关系。近年来，有学者认为“搁置人类中心主义和生态中心主义的争议，就环境污染犯罪治理的需要而言，环境污染犯罪的治理内在地要求以整个地球生态的均衡发展为目的来设计治理机制。”①这种观点体现了人是生态环境中的一种生物，包含其中。只有将生态环境的规律加以保护，人类才能生存，社会经济才能得以可持续发展。

保障生态经济发展的环境刑法法规没有有效地发挥威慑功能。环境刑法具有极强的威慑效益，体现在两个方面：威慑已经环境犯罪之人重新犯罪；威慑一般人实施破坏生态环境的犯罪行为。破坏生态环境经常伴随的是生态系统破坏和生态环境背景值改变，例如，矿山开采导致植被生态系统无法恢复到顶级生态系统。由于生态系统恢复困难，因此对破坏生态环境的行为应采用刑罚加以威慑。发挥刑法威慑功能目的在于保护生态环境规律，防止环境犯罪行为的扩大。英美法系国家等采用刑法的威慑功能，在生态环境资源保护和经济发展均已取得良好的

① 赵秉志、冯军：“论环境污染的刑法治理：理念更新与立法完善”，载《法治研究》2013 年第 4 期。

效果。

环境刑法的刑罚配置体系不够完善。刑罚配置体系需要根据生态环境资源时间、空间、承载尺度特点来设置,因为不同的破坏环境行为具有不同的科学特性,例如重金属污染具有潜伏性、长久性、科学证明的复杂性等特点。通过刑罚配置量化指标体系建立,则可以依据环境犯罪刑罚配置数量和严厉程度对其进行刑罚。从量化指标解决刑罚判断标准,防止刑罚过重需要社会支出的绝对增加和刑罚过轻又不足以震慑环境犯罪,导致环境犯罪数量增加。

水、土、气不加区分地规定在污染环境罪一个罪名当中。对环境的本质没有清楚的认知:水有水的组成成分和结构以及水的运行自然规律;土有土的组成成分和结构以及土的运行自然规律;气也有气的组成成分和结构及运行自然规律等具体特征,而且在生态经济发展过程中,水、土、气等具体的环境因素各自发挥着不同的作用,也各自承受着迥然不同的污染和破坏。目前的污染环境罪的规定在处罚环境犯罪上是“眉毛胡子一把抓”,效率有限。

二、基于生态文明建设

生态文明是引领“人与自然”和谐发展且符合当代需求的意识形态,环境刑法为生态文明落地生根提供法律保障,环境刑法的立法、司法和执法应以生态文明的理念为基础,生态环境具有时间、空间和承载三维尺度的自然属性。因此,环境刑法立法及司法须在生态环境的时间、空间和承载三维尺度上重合,在重合基础上培育好生态文明。这样环境刑法才能有效地发挥保护生态环境的法律作用。现今,生态环境遭到严重的破坏与经济快速发展的矛盾非常突出,要将矛盾化解则必须将工业文明的理念更新为生态文明的理念,才能同步保护生态环境与促进经济快速发展。

我国经济总量已跃居世界第二位,但雾霾天气频发,水污染事件层出不穷,生态环境破坏已成为阻碍我国经济发展的重要因素之一。欧美国家经历20世纪四五十年代生态环境危机的频发,出现人口过度增长、资源枯竭、环境恶化等全球性问题,全球各国已意识到生态环境保护的重要性和生态文明建设的必然性。世界各国都在寻求法律对生态环境的保护,逐步建立一整套法律体系。我国也已经初步建立起环境保护的法律体系,但为何随着我国经济飞速发展,生态环境也快速恶化,根本原因在于我国环境刑法的规定存在不合理之处以及内容紊乱。环境刑法作为协调经济发展中对生态环境行为的重要手段,是直接关系到生态文明培育是否成功的关键。我国环境刑法的立法理念不是以生态文明作为指导,致使生态环境与生态文明没有在时间、空间和承载尺度上有效结合,大大消减了环境刑法在协调生态环境破坏行为中的威慑作用,要培育全体国民的生态文明的理念,则环境刑法立法及司法体系须快速建立,制度建设是生态文明建设的先导和基础。①

(一)环境刑法与生态文明的发展演进

1. 我国环境刑法经历35年的发展,跨越4个阶段

环境刑法在国家经济和社会发展中得到丰富和发展,从个别条款阶段发展到附属刑法和司法解释的完善阶段。

个别条款阶段(1979~1988年)。在这一阶段中我国刚刚开始改革开放,生态环境优越,破坏生态环境行为较少,因此对应的法律规定也体现出以个别条款的形式出现。例如,我国1979年《刑法》中第130条为非法狩猎罪的规定,对于生物多样性的保护起到了积极的作用。

附属刑法和单行刑法增补阶段(1988~1997年)。随着改革开放的推进,经济快速发展,为满足经济发展的需求,破坏生态环境资源的犯罪案件迅速增加,主要体现在非法捕杀国家重点保护野生动物和破坏森林资源,砍伐树木。为应对这些破坏生态环境资源的犯罪行为,我国的法

① 徐以祥、刘海波:“生态文明与我国环境法律责任立法的完善”,载《法学杂志》2014年第7期。

律规定主要以“附属刑法和单行刑法增补”形式出现。

设置专节阶段(1997～2001年)。改革开放进行将近20年,我国为加速第二产业发展和重点发展轻工业解决就业问题,引进大量企业,特别是一些大型化工企业,我国的生态环境破坏行为从“破坏生态环境资源”过渡到“排放大量污染物进入大气、土壤、水等生态环境中”。在这一阶段我国环境急剧恶化。为应对这一变化,我国的法律规定以“设置专节”出现。如“破坏环境资源保护罪”设置在刑法第六章“妨害社会管理秩序罪”中的第六节。

完善阶段(2001～2013年)。经济快速发展,我国已成为第二大经济体。经济上去了,但生态环境恶化没有得到遏制。为从立法、司法层面快速且有效遏制破坏生态环境的行为,我国主要以刑法修正案和司法解释等形式颁布法律规范。如“两高”出台的有关环境污染刑事案件的司法解释,以解释的形式灵活出现,在这一解释中降低入罪门槛,对环境污染犯罪行为起到威慑作用和刑罚落到实处。

2. 我国提出“生态文明”经历30年的发展,跨越三个阶段

生态文明的提出是在社会经济发展过程中逐步形成,从环境保护简单认识阶段到可持续发展阶段,到最后明确提出生态文明阶段。

环境保护认识阶段。中国共产党第十二次全国代表大会(1982年)指出,坚决控制人口,保持生态平衡,加强农业基本建设,以满足工业发展和人民生活提高的需要;中国共产党第十三次全国代表大会(1987年)特别指出,关系经济和社会发展全局的重要问题,其中就包括环境保护以及生态平衡的提出;中国共产党第十四次全国代表大会(1992年)指出不断改善人民生活,严格控制人口增长,加强环境保护。

可持续发展阶段。中国共产党第十五次全国代表大会(1997年)到中国共产党第十六次全国代表大会(2002年)对可持续发展有了逐步清晰的表述和认识。中国共产党第十五次全国代表大会对可持续发展主要从自然环境因素进行表述,如加强环境污染的治理,防治荒漠化等因

素。中国共产党第十六次全国代表大会对可持续发展从全方位进行表述,对自然资源本身的利用要求高效并且要合理开发做到节约各种自然资源,不但要从自然因素加强可持续发展,同时要求促进人类与自然可持续发展。明确指出工业发展要走新型的道路,重点提出解决水资源短缺的问题和综合整治国土资源,理念上要求全民树立环境保护意识,对生态文明的表述有了初步提出“生态良好的文明发展道路”。

生态文明阶段。中国共产党第十七次全国代表大会(2007 年)到中国共产党第十八次全国代表大会(2012 年)对生态文明的概念逐步清晰的表述和认识。在理念方面从“生态文明观念在全社会牢固树立”过渡到“树立生态文明理念”,进一步具体阐明什么是生态文明,就是要我们尊重、顺应以及保护自然;在建设领域方面从单一的“形成节约能源资源和保护生态环境的产业结构、增长方式、消费模式,循环经济形成较大规模”从单一的经济建设过渡到“经济、政治、文化以及社会多方面和全方位的综合建设”①,生态文明建设要在经济、政治、文化以及社会建设多管齐下进行,才能建设美丽中国;对生态文明的认识提高到空前水平,生态文明建设关系我国未来综合发展的长远规划。

3. 生态文明的演进

在人类文明发展史中,生态文明是被动提出的。原始文明是依附于自然;农耕文明是敬畏和顺从自然;工业文明是榨取自然和破坏自然;生态文明是在“人口过度增长、资源枯竭、生态环境恶化”等人类社会共同面对生态环境急剧恶化条件下被动提出的。

人类文明经历了生产活动主要依靠简单的采集渔猎的原始文明,依靠铁器生产工具提高人类改变自然的能力的农耕文明,依靠工业革命开启了人类的工业文明。因工业革命带来的生态环境问题,人类文明选择

① 陈建斌、周斌:“新中国成立以来中国共产党对生态文明建设的探索”,载《中州学刊》2015 年第 3 期。

了生态文明，文明发展到了新阶段，原始文明→农耕文明→工业文明→生态文明是人类文明发展的趋势。生态文明引领“物质文明、政治文明和精神文明”和谐发展，物质文明为生态文明的发展提供物质基础，政治文明为生态文明提供制度保障，精神文明为生态文明提供强大的智力支持。

（二）生态文明与环境刑法在尺度上的错位

环境刑法是生态文明建设的保障，生态文明是践行环境刑法的基石。在现阶段我国生态环境与经济建设矛盾凸显期，环境刑法与生态文明在尺度上的错位，是导致水生态环境犯罪行为高发的主要原因。生态文明与环境刑法不能有效协同解决生态环境在时间、空间、承载三维尺度上的错位，主要表现在以下 3 个方面。

1. 生态文明与环境刑法在生态环境的时间尺度上的错位

生态环境具有非常清晰的时间尺度特征。例如，一条河流的温度变化是随四季而变化，但由于在河流的上游建了火力发电厂，排出大量的热水导致水体热污染，这样就会使河流水温在时间尺度上发生变化。热污染最终破坏水中溶解氧的含量，会使氰化物、重金属离子等污染物的毒性增强，鱼类等生物的生存条件变坏，生物多样性降低。针对生态环境与环境刑法在时间尺度上出现的错位，环境刑法则要以时间尺度为基础做出规范，对这种错位的破坏生态环境的犯罪行为给予及时纠正。环境刑法及时能起到作用，但生态文明不能在短时间培育出来，即使有这种理念也需要环境刑法的保障才能在时间尺度实现生态文明的传递。因此，“生态环境的时间固有属性、环境刑法治理的及时性和生态文明培育的长时间性”三者矛盾是环境刑法立法需面对的问题。

2. 生态文明与环境刑法在生态环境的空间尺度上出现的错位

生态环境具有明确的空间尺度特征。例如，候鸟迁徙是鸟类随着季节变化进行的、有规律的和长距离的迁居活动。在动物界中，类似的活动非常常见，在昆虫则称为“迁飞”，在鱼类则称为“洄游”，在哺乳动物则称为“迁移”。这些动物在生态环境中的空间尺度都应受到环境刑法的保护。在这些空间尺度上则需要培育保护动物的生态文明,而不是别的生态文明,因为生态文明也有空间属性。因此,环境刑法的立法、司法和执法等过程都需考虑“生态环境、环境刑法和生态文明”都具有空间属性,三者的空间能不能重合则是环境刑法立法、司法等需要面对的问题。

3. 生态文明与环境刑法在生态环境的承载尺度上出现的错位

生态环境通过科学技术具有可测的承载尺度特征。例如,企业的污染物的排放可以通过科学技术测出排放的重金属排放的溶度和排放体积,是可以完全实现量化的,有了量化指标则可应用到生态文明和环境刑法中。环境刑法依据不同生态环境在承载尺度上的特征给出不同的刑罚标准,特定内涵的生态文明的培育则可以清晰的传递出什么可以做、什么不可以做。因此,环境刑法的立法、司法和执法等过程都需考虑“生态环境、环境刑法和生态文明”都具有承载属性,三者承载内容及承载量大小是环境刑法立法、司法等需要面对的问题。

(三)环境刑法实施的重点

环境刑法实施在实际工作存在较多困难,但面对污染对生态经济的影响,必须对重点难点进行突破。

1. 水、土、气加以区分分别规定在环境刑法中

水有水的组成成分和结构以及水的运行自然规律,土有土的组成成分和结构以及土的运行自然规律,气也有气的组成成分和结构及运行自然规律。从对环境各种特质的清楚认知到运用到环境刑法中就需要分别规定水、土、气等不同的破坏具体环境的罪名,重点将具体问题具体分析的哲学原理运用在环境刑法中。

2. 环境刑法实施的有效环境

从实际效果看,环境刑法终究无力破解人类社会对生态环境侵害

“有组织不负责任”的困局。[①] 环境刑法只有在行政机制相对健全的社会管理情况下，才能在生态经济发展中发挥其对生态环境的保护作用，行政机制应包括详细的条款和条例，规定企业需要遵循的具体生态环境保护规范和量化标准。在不遵守规范的生态经济发展行为过程中，环境刑法可以作为一种随后适用的惩罚机制。环境刑法立法上的快速进展与执法上的保守执行的矛盾日益突出，发达国家和发展中国家实现环境刑事立法的目的最终因执法不力或司法衰微而收效甚微，对于工业文明时代生态环境恶化的势头得不到节制，更不能推动人类社会对生态经济可持续发展的向往。

3. 环境刑法实施的重点突破

在生态经济发展过程中的环境污染案件中，若没有通过其惩罚手段让环境刑法得到有效的实施并尊重环境刑法本身，制定完善的旨在保护生态经济发展的环境刑法规范是不够的。此外，在环境刑法实施过程中，特别强调环境检察官是最有可能起诉环境刑法的违法者，并独立于公共权力机构影响之外。在英美法系和大陆法系中，这一问题都是一个重点和难点：环境刑法法规的违法者并非传统意义上的刑事犯，而通常是社会上被尊重的企业家或政府官员等公民。这些人拥有更多的经济和政治权力，在一个环境诉讼案件中，他们会毫无顾忌地使用这些权力去规避环境刑法的制裁。只有当环境刑法能够承受这些压力并在违法者当中树立起对环境刑法的尊重，环境刑法的效力和质量才能显现，生态经济发展才能可持续健康发展。

（四）保障生态经济可持续发展及生态文明刑事法治的出路

我国经济快速发展，经济结构稳步调整，只有进一步完善环境刑法立法，才能积极推进经济结构调整，我国的生态经济才能持续发展，最

① 张光君：“激进与保守：环境危机中的刑法变革”，载《检察日报》2013年3月14日第003版。

终才能实现生态环境的保护，提出理念更新、完善罪名和强化执法的建议。

1. 确立以生态环境为中心的环境刑法立法理念

因为人是生态环境中的一个生物因子，人类经济、社会的发展根本地受到“生态环境的时间、空间和承载尺度”的制约。要将人类经济、社会发展遵循生态规律，将经济发展控制在什么时间什么空间条件下，即生态环境可承受范围之内发展，只有在生态环境可承受范围内才能可持续发展。因此，在环境刑法立法理念中要确立“生态环境尺度”的理念，去掉“以满足人对生态环境需求”的立法理念。立法方面应以生态环境的时间、空间和承载三维尺度进行立法。

环境刑法在时间尺度上立法表现为：对破坏生态环境的行为有时间上的约束。例如，刑法中应规定破坏生态环境造成危害的持续时间长短来给予不同的刑罚，重金属的污染和地下水的污染可以跨度几十年甚至上百年，且从生态学和环境科学技术方面很难恢复。立法要在时间尺度上对不同破坏生态环境的行为影响的时间长短性进行立法。

环境刑法在空间尺度上的立法表现为：对破坏生态环境的行为有空间上的约束。例如，刑法应规定破坏生态环境造成的危害超出多大的空间范围给予不同的刑罚。破坏生态环境不同类型的行为可以通过生态学、环境科学技术方法给予明确界定，在立法上可以从不同生态环境的生态区划进行规范，需要考虑空间异质性的特征。

环境刑法在承载尺度上的立法表现为：对破坏生态环境的行为有承载量上的约束。例如，刑法中应规定在水生态环境案件中是什么化学物质污染的且超过多少含量给予刑罚。对于环境刑法可作出具体规定，因为不同区域生态环境的承载量是有区别的。

2. 构建破坏生态环境的罪名体系

破坏环境犯罪罪名大都是针对自然的环境危害，要求必须产生实际的环境危害结果,属于一种事后惩治。① 这些罪名不能在执法过程中有效实施。应依据生态规律,建立以背景值的量化定罪标准,以生态环境的时间、空间和承载量为客体的环境罪名体系。如设定破坏水生态环境罪、破坏土生态环境罪、破坏大气生态环境罪、破坏生态系统恢复罪(生态系统需要恢复的时间尺度)、破坏自然保护区罪(自然保护区面积减少的空间尺度)、破坏环境背景值罪(生态环境能够分解污染物量的承载尺度)。环境犯罪不同于人在生活中犯罪,环境犯罪具有潜在的危险性,生态系统一旦造成损害就很难恢复或者需要几年甚至几十年才能恢复,如果等到有实际危害出现才进行刑罚,则迟了一大步,生态经济发展必然倒退。

3. 强化执法的科学性和标准化

环境刑法执法需要较强的科学技术支持和执法过程中的标准化作业。例如,如何判断湖泊中重金属超标排放,则需要确立测量重金属的科学技术方法和在测量过程中标准化的操作测试。只有做到科学标准的定罪刑罚,才能保证环境刑法执法过程的公平、公正。因此,环境刑法执法需要成立专职队伍。例如,2013 年 9 月 18 日,河北省公安机关环境安全保卫总队成立,这是全国首支环境刑法执法队伍。主要职责是掌握破坏环境犯罪行为动态,分析、研究犯罪信息和规律,拟定预防、打击政策;组织、协调、指导侦办涉及环境犯罪的刑事案件;建立与环保部门刑事执法和行政执法的相互衔接和协调联动机制。

第二节　研究思路

我国经济快速发展,经济结构稳步调整,只有进一步完善环境刑法

---

① 赵秉志、陈璐:“当代中国环境犯罪刑法立法及其完善研究”,载《现代法学》2011 年第 6 期。

立法，才能积极推进经济结构调整，我国的生态经济才能持续发展，最终才能实现生态环境的保护。提出理念更新、完善罪名和强化执法的建议。[①] 研究的总思路是：针对破坏水生态环境的犯罪行为如何遏制，借鉴国外环境刑法的立法、司法做法对我国的启示，分析破坏水生态环境的犯罪行为，以化学计量学进行科学计量，以水环境背景值为设定处罚标准，分析对水生态环境破坏程度，最后构建水生态环境刑法的立法原则、法律条款，司法及监督保障体系，即水生态环境犯罪刑事法治体系。

一、以"水生态环境为中心"为理念

水生态环境中心主义强调水生态规律，强调人是水生态环境中的一个生物因子，人类经济、社会的发展根本地受到水生态规律的制约，[②]人类社会经济发展应在水生态环境承载能力之内遵循水生态环境规律，水生态遭到破坏要复原是非常困难的，所以从可持续发展出发，以水生态环境利益为先发展生态经济，培育生态文明。[③] 在环境刑法立法理念中要确立以"水生态环境为中心"为理念。

二、以"水生态环境尺度及水环境背景值"为研究基础

确立以保护"水生态环境的时间、空间和承载尺度"为立法基础。因为人是生态环境中的一个生物因子，人类经济、社会的发展受到"水生态环境的时间、空间和承载尺度"的制约。要将人类经济、社会发展遵循生态规律，将经济发展控制在什么时间什么空间条件下，即水生态环境可承受范围之内发展，只有在水生态环境可承受范围内才能可持续发展。因此，在环境刑法立法中要确立"水生态环境尺度"的基础，去掉"以满

---

① 陈珊、利子平："生态环境法益探微"，载《求索》2015 年第 5 期。

② 陈珊、利子平、胡祥福："生态经济发展的环境刑法保障研究"，载《湖南社会科学》2013 年第 6 期。

③ 邵泽春："我国生态经济发展法律保障机制研究"，载《湖南社会科学》2010 年第 5 期。

足人对生态环境需求”的基础。①

水在时间尺度上表现为：对破坏水生态环境的行为有时间上的约束。例如，《刑法》中应规定破坏水生态环境造成危害的持续时间长短来给予不同的刑罚，重金属的污染和地下水的污染可以跨度几十年甚至上百年，且从水生态学和环境科学技术方面很难恢复。立法要在时间尺度上对不同破坏水生态环境的行为影响的持续性长短进行立法。

水在空间尺度上表现为：对破坏水生态环境的行为有空间上的约束。例如，《刑法》应规定破坏水生态环境造成的危害超出多大的空间范围给予不同的刑罚。不同类型破坏水生态环境的行为可以通过水生态学、环境科学技术方法给予明确界定，在立法上可以从不同水生态环境的水生态区划进行规范，需要考虑空间异质性的特征。

水在承载尺度上表现为：对破坏水生态环境的行为有承载量上的约束。例如，《刑法》中应规定在水生态环境案件中是什么化学物质污染的且超过多少含量应给予刑罚。对于环境刑法中的类似规定作出具体规定，因为不同区域水生态环境的承载量是有区别的。

强化执法的科学性和标准化。环境刑法执法需要较强的科学技术支持和执法过程中的标准化作业。例如，如何判断湖泊中重金属超标排放，则需要确立测量重金属的科学技术方法和在测量过程中标准化的操作测试。只有做到科学标准的定罪刑罚，才能保证环境刑法执法过程的公平公正。因此，环境刑法执法需要成立专门队伍。例如，2013 年 9 月 18 日河北省公安机关环境安全保卫总队成立，这是全国首支环境刑法执法队伍。主要职责是掌握破坏水生态环境犯罪行为动态，分析、研究犯罪信息和规律，拟定预防、打击政策；组织、协调、指导侦办涉及环境犯罪

---

① 陈珊、利子平、胡祥福：“生态经济发展的环境刑法保障研究”，载《湖南社会科学》2013 年第 6 期。

的刑事案件;建立与环保部门刑事执法和行政执法的相互衔接和协调联动机制。①

三、以水生态环境法益为主线贯穿整个法治体系

水生态环境法益是法律法规对水生态环境破坏行为规制的基础,水生态环保立法、司法及执法只有在遵循科学的水生态环境法益基础上,才能更好地、有效地保护水生态环境。从理论上讲,提供了一种全新的研究基础,将水生态环境的时间、空间和承载三个尺度的法益纳入法律调整的范畴,而对三个尺度的水生态环境法益的具体法律实践设想不仅仅是一个单纯的诉讼问题;对于诉讼法,从环境诉讼的理论与实践出发,对三个尺度的水生态环境法益的司法救济将会丰富诉讼法理论与实践,以保护水生态环境法益为主线应贯穿整个水生态环境犯罪刑事法治体系。水生态环境法益具有易害性和难以保护性②,在保护生水态环境实践过程中,往往会出现司法过程中对破坏水生态环境的行为束手无策,主要表现为举证难,处罚或量刑标准不统一。出现这些问题的原因是没有分析清楚以什么为证、以什么为标准。司法过程就是保护水生态环境法益的过程,那么司法过程则以水生态环境法益作为举证和实施标准来进行。③ 不管是立法、司法,还是监督保障水生态环境法益应该贯穿整个水生态环境犯罪刑事法治体系,而不仅仅是立法。

四、以构建破坏水生态环境的刑事法治体系为研究目标

(一)立法科学化

破坏环境犯罪罪名大都是针对自然的环境危害,要求必须产生实际的环境危害结果,属于一种事后惩治。这些罪名不能在执法过程中有效

---

① 陈珊、利子平、胡祥福:“生态经济发展的环境刑法保障研究”,载《湖南社会科学》2013 年第 6 期。

② 简基松:“论生态法益在刑法法益中的独立地位”,载《中国刑事法杂志》2006 年第 5 期。

③ 陈珊、利子平:“生态环境法益探微”,载《求索》2015 年第 5 期。

实施。依据生态规律,建立以水、土壤、空气和生物多样性为背景值的量化定罪标准,以生态环境的时间、空间和承载量为客体的环境罪名体系,如设定破坏水生态环境罪、破坏土生态环境罪、破坏大气生态环境罪、破坏生态系统恢复罪(生态系统需要恢复的时间尺度)、破坏自然保护区罪(自然保护区面积减少的空间尺度)、破坏环境背景值罪(生态环境能够分解污染物量的承载尺度)。水生态环境犯罪不同于人在生活中的犯罪,水生态环境犯罪具有潜在的危险性,水生态系统一旦造成损害就很难恢复或者需要几年甚至几十年才能恢复,如果等到有实际危害出现才进行刑罚,则迟了一大步,生态经济发展必然倒退。①

依据水生态环境自然规律,制定刑罚标准。以刑法作为依据打击水生态环境犯罪必须在法律规定的概念上有定性定量的标准,只有在标准明确、定性定量清晰的基础上,才能对照水生态环境犯罪的构成要件科处刑罚。目前,在破坏环境资源方面的定罪法律条文和司法解释中,资源方面的定性定量引入了林业科学的知识、标准,比较明确,环境方面的条文则比较模糊,不利于打击犯罪。对污染和破坏水生态环境的法条概念应作定性定量的司法解释,这种解释可以将水生态环境污染和破坏的评价标准引入并作扩充性规范。这些扩充性的水生态环境污染和破坏标准由环保科研、行政管理部门论证设立,提交最高人民法院参照作司法解释。

(二)环境刑法实施的有效环境完善

从实际效果看,环境刑法终究无力破解人类社会对水生态环境侵害"有组织不负责任"的困局。环境刑法只有在行政机制相对健全的社会管理情况下,环境刑法才能在生态经济发展中发挥其对水生态环境的保护作用,行政机制应包括详细的条款和条例,规定企业需要遵循的具体水生态环境保护规范和量化标准。在不遵守规范的生态经济发展行为

---

① 陈珊、利子平、胡祥福:"生态经济发展的环境刑法保障研究",载《湖南社会科学》2013年第6期。

过程中,环境刑法可以作为一种随后适用的惩罚机制。环境刑法立法上的快速进展与执法上的保守执行的矛盾日益突出,发达国家和发展中国家实现环境刑事立法的目的最终因执法不力或司法衰微而收效甚微,对于工业文明时代水生态环境恶化的势头得不到节制,更不能推动人类社会对生态经济可持续发展的向往。①

环境公益诉讼团体注册需全面放开。我国破坏水生态环境犯罪行为没有得到刑罚,主要原因是得不到有效的起诉。实施环境刑事公益诉讼制度。在生态文明建设中,亟须对我国环境诉讼的格局进行调整。环境公益诉讼可以授权给予国家或省级以上在民政机构登记注册的环境保护社会团体,推动国家的环境公益诉讼制度,如美国的"公民诉讼"条款、日本的"住民诉讼"条款。2012 年,云南曲靖铬渣污染公益诉讼是由环境保护的民间环保草根组织"自然之友"和重庆"绿色志愿者联合会"提起的,云南地方环保法庭立案调查,云南曲靖铬渣污染公益诉讼被认为是环境公益诉讼的"破冰之举"。环境公益诉讼制度的确立和完善是赋予个人和组织对危害环境的行为提起诉讼的资格。只有当环境公益诉讼团体注册全面放开,破坏水生态环境犯罪的行为才能得到有效起诉。

(三)监督保障到位

实行环境警察制度。对破坏水生态环境行为在时间、空间和承载三维尺度上有效打击。环境警察制度实施的目标是要实现对水生态环境在时间、空间和承载三维尺度上的保护,任何破坏水生态环境行为在三维上的任何一维的破坏都需进行刑罚,只有三维上有效打击才能保护水生态环境。环境警察能直接介入破坏水生态环境行为中去,就能第一时间在时间、空间和承载尺度上制止破坏水生态环境的行为发生,将原来事后执法变为破坏水生态环境行为的执法,强化水生态环境执法,充分利用生

---

① 陈珊、利子平、胡祥福:"生态经济发展的环境刑法保障研究",载《湖南社会科学》2013 年第 6 期。

态环境警察制度的强制执法手段。环境警察队伍的建设要从专业化角度进行建设,要吸收来自环境科学、生态学和化学等专业人才。

环境检察官制度实施。在生态经济发展过程中的水生态环境污染和破坏案件中,若没有通过刑罚让环境刑法得到有效的实施,制定完善的旨在保护生态经济发展的环境刑法规范是不够的。此外,在环境刑法实施过程中,特别强调环境检察官是最有可能起诉环境刑法的违法者并独立于公共权力机构影响之外。在英美法系和大陆法系中,这一问题都是一个重点和难点:环境刑法法规的违法者并非传统意义上的刑事犯,而通常是社会上被尊重的企业家或政府官员等公民。这些人拥有更多的经济和政治权力,在一个环境诉讼案件中,他们会毫无顾忌地使用这些权力去规避环境刑法的制裁。只有当环境刑法能够承受这些压力并在违法者当中树立起对环境刑法的尊重,环境刑法法律的效力和质量才能显现,生态经济发展才能可持续健康发展。①

第三节　研究方法

拟应用比较分析方法、实地调查的实证分析法、系统分析法、生态毒理学和化学计量学法等方法,对我国水生态环境立法及司法问题进行研究分析。

比较分析方法。搜集国内外的资料、官方的法律法规以及其他的水生态环境统计资料、学术界的有关研究成果。从逻辑分析和环境事故事实方面对我国现行环境刑法制度以及司法实践中反映的水生态环境犯罪处罚做法进行分类研究,从中总结水生态环境犯罪的现实基础。

---

① 陈珊、利子平、胡祥福:“生态经济发展的环境刑法保障研究”,载《湖南社会科学》2013年第6期。

实地调查的实证分析法。对我国水生态环境犯罪案例进行调查研究和分析，调研破坏水生态环境比较典型的案例；对国外以及我国港澳台地区的水生态环境案例进行网络调查研究。

运用比较分析方法，吸取国内外既有水生态环境刑法成果的合理成分，深化对刑法在保护水生态环境中的认识，以全面总结刑法在水生态环境保护的理论和经验。

运用系统分析方法，就刑法在水生态环境犯罪方面的相关制度以及各制度之间的关系展开研究，以把握刑法在水生态环境犯罪领域的基本范畴，并据此构建水生态环境领域的法治体系。

运用生态毒理学和化学计量学法研究方法，力图做到司法实践的可操作性。

第四节 研究意义

本书对社会经济发展和水生态环境保护具有重大意义，特别是在党的十八届三中全会提出“国家法治体系”后更加突出，全会《决定》中提出“对造成生态环境损害的责任者严格实行赔偿制度，依法追究刑事责任”。

理论意义。有助于丰富和深化环境刑法理论研究。可加强我国对环境刑法特别是在水生态环境方面基础问题研究的薄弱之处，开拓环境刑法研究新领域；以此理论来完善刑法在保护水生态环境的功能，从而推进我国环境刑法理论研究的快速发展；有利于丰富和深化我国水生态环境保护制度和立法体制的研究；有利于“宜粗不宜细”的立法思维在水生态环境立法中的转变；有利于水生态环境保护的刑事立法理念以“人为中心”向“水生态环境为中心”的转变。总之，有利于我国水生态环境保护的法治体系理论的进步。

实践意义。我国对环境犯罪的种类众多，判罚标准复杂等研究的不足，使司法实践中证明行为机制混乱，事实查明活动中法官无法定罪，本书通过水生态环境本底值的量化体系性重构有助于法官判罚。通过推动对水生态环境量化体系的重构，或以不同水生态环境犯罪的示范性案例指导司法裁判实践，更好地解决水生态环境犯罪种类繁多的事实证明问题，有助于司法实践的规范统一性，提升司法在水生态环境中裁判质量，增强司法公信力，有利地保护社会经济和谐发展。

借鉴意义。对我国水生态环境保护的行政法的修订具有积极作用。环境刑法的发展推动行政法在水生态环境治理方面的发展。从理论上讲，提供了一种全新的研究基础，将水生态环境的时间、空间和承载三个尺度的法益纳入法律调整的范畴，而对水生态环境三个尺度的水生态环境法益的具体法律实践设想不仅仅是一个单纯的诉讼问题；对于诉讼法，从环境诉讼的理论与实践出发，对水生态环境三个尺度的水生态环境法益的司法救济将会丰富诉讼法理论与实践，以保护水生态环境法益为主线贯穿整个水生态环境犯罪刑事法治体系。在整个环境刑事法治体系中，环境刑法自身的内容得到了细化，也拓宽了环境诉讼等部门法的研究视野，使水生态环境犯罪刑事法治体系中各种法从崭新和独特细致到位角度审视各自的理念和制度框架。[①] 此外，对我国其他环境（如大气、土壤等）治理的研究也具有很强的借鉴价值。

第五节　研究创新

一、水生态环境尺度引入法治体系

从水生态环境的时间、空间和承载三个尺度来实施刑事法治体系，

① 蔡守秋：“从独语到对话——由《自然的权利》一书看环境伦理的新视角”，载《河北法学》2008 年第 4 期。

是全新视角。

时间尺度是指对水生态环境资源使用或破坏的时间长短。在时间尺度上水生态环境破坏行为具有短暂性,但对不同水生态环境的影响是持续性长短不一,要确保在时间尺度上对水资源利用的持续性。水生态环境刑法的处罚需要依据破坏水生态环境资源行为在时间尺度上影响的持续性长短进行刑罚。

空间尺度是指水生态环境资源利用或破坏在空间上的面积或体积大小的影响。水生态环境资源的利用具有空间约束,不同区域空间之间的水生态环境资源开发和利用应确保相互间不为损害或要满足相互间的物质能量交换。因此,水生态环境刑法的处罚需要依据破坏水生态环境资源行为在空间尺度上影响的面积或体积大小进行刑罚。

承载尺度是指水生态环境资源依据本身的物质结构和生态功能的背景值,能够承载本身具有的物质或功能最大上限值和能够承载不是本身具有的物质或功能的下限值。水生态环境刑法的处罚需要依据水生态环境资源本身的物质结构和生态功能的背景值在承载尺度上下限值进行刑罚。①

二、水环境背景值量化刑罚标准

水环境背景研究是认识和了解弄清水生态环境问题的巨大基础性工作,水生态环境是人民生存与生活的物质基础和源泉,是经济和社会发展的总资源。深入了解和深化认识水生态环境的特征、结构和功能、追溯水环境背景状况及其变迁,揭示和认识水生态环境中物资、能量、信息的量变规律,有利于更好地优化规划和合理开发利用水生态环境资源。水环境背景值是水生态环境法律保护的基础工作,国家和地方水生态环境标准的制定、水生态环境质量评价、水生态环境规划、水生态环境

① 陈珊、利子平、胡祥福:“生态经济发展的环境刑法保障研究”,载《湖南社会科学》2013年第6期。

区划、水生态环境管理、水生态环境综合整治、水生态环境质量改善、水生态环境景观生态的塑造等都要以水环境背景值作为依据，均要了解和揭示水生态环境背景状况，要以水生态环境物质的组成和特征结构的水环境背景值作为科学依据。①

三、运用“法治体系思维”协同推进

党的十八届四中全会首次提出“建设中国特色社会主义法治体系”的论断，其中法律规范体系和党内法规体系是基础，实施体系是重点，监督和保障体系是关键。② 这从法治体系角度系统地提出水生态环境刑事法治体系，构建出具有可操作性的制度设想。

法在法理学理论上来讲是调整社会关系的基本规范，法治从实践角度就是适用法来治理。③ 法治如果形成内部协调统一的表达标准体系，在基本原则、程序设计等方面协调从而形成功能各异的法治体系。法治体系作为一个秩序化的有机体系必然有着自身的内部结构，应当涵盖“立法体系、司法体系、保障体系”三大体系一体建设协同推进。

---

① 李建著：《水环境背景值的研究与实例》，中国环境科学出版社 1989 年版，第 3 页。

② 焦洪昌：“四中全会公报解读：从法制体系向法治体系迈进”，资料来源 http://news.china.com.cn，最后访问日期：2015 年 1 月 4 日。

③ 文海林：“法治体系论”，载《光华法学》2013 年第 00 期。

第二章　水生态环境犯罪刑事法治体系之关注前提

水生态环境犯罪的概念是水生态环境科学立法的前提,也是整个水生态环境犯罪刑事法治体系的前提。水生态环境犯罪的法律关注程度亟待加强,首先应该关注什么,当然应该是所研究的对象,水生态环境犯罪治理法治体系的关注对象,即水生态环境犯罪的概念及构成要件必须先明确;其次必须明确水生态环境犯罪刑事法治体系。要正确确定和准确定位水生态环境犯罪的概念,必须明确水生态环境的概念与特征,才能准确认识和概括水生态环境犯罪的本质特征。要明确水生态环境犯罪刑事法治体系,必须明确其理论基础和构成。因此,本章主要围绕"水生态环境概念、水生态环境犯罪的概念及构成特征和水生态环境犯罪法治体系"展开阐述。

第一节 水生态环境概念与特征

一、水生态环境的概念

研究水生态环境须先明晰环境的概念。环境在环境科学中主要是指人类的生存环境,其含义是以人类社会为主题的外部世界的总和。生态学以整个生物界(包括动物、植物和微生物)为研究对象,而环境指环绕着生物界并影响其生存和发展的外部空间和无生命物质。环境法学上所指的环境与通常意义上所说的环境有所不同,它仅仅相对于人类而言。① 环境概念的界定目前有三种方式:列举的方式、抽象的方式、抽象加列举的方式。

第一种列举的方式,如澳大利亚塔斯马尼州 1973 年《环境保护法》规定:“环境指的是地球的土地、水和大气。”②

第二种抽象的方式,如我国澳门《环境纲要法》第 6 条)规定:“环境:综合物理、化学和生物各系统及其彼此间的关系,且直接或间接、即时或在未来影响生物人类和人类健康以及生活素质的经济、心理、社会和文化各因素。”③

第三种抽象加列举的方式,如美国 1969 年通过的《国家环境政策法》第 2 篇第 1 节第 1 条,④以及我国《环境保护法》第 2 条中规定的环境。

---

① 肖长来、梁秀娟主编:《水环境监测与评价》,清华大学出版社 2008 年版,第 7 ~8 页。

② [澳]道格拉斯·菲舍尔著:《环境法》,澳大利亚法律书籍有限公司 1993 年版,第 4 页。

③ 姜俊山:“风险社会语境下的环境犯罪立法研究”,吉林大学 2010 年博士学位论文。

④ 姜俊山:“风险社会语境下的环境犯罪立法研究”,吉林大学 2010 年博士学位论文。美国 1969 年通过的《国家环境政策法》第 2 篇第 1 节第 1 条规定:国家各种主要的自然环境,人为环境或改造过的环境的状态和情况,其中包括但不限于,空气和水——包括海域、港湾河和淡水;陆地环境——其中包括但不限于森林、干地、湿地、山脉、城市、郊区和农村环境。

目前各国立法上的环境概念并不存在统一的标准模式，而以上三种方式都有其合理之处也有欠妥之处，因为三种模式都没有将环境对象主体确定，即是“谁”的环境，或说环境的主人没确定，这里的主人可以是“社会人”也可以是自然环境。法学中的环境概念必须明确是“谁”的环境，才能在立法及司法中保护真正的环境，才能维护“谁”的法益。什么是环境？汉语词典解释为“周围的地方”。进一步还要问主体是谁？谁的周围？地方的范围多大？主体拥有这个地方的时间多长？这个地方上有什么？在这一前提下才能准确界定环境犯罪的概念。从汉语词典解释出发，“周围的地方”是一个客观存在，不以人的意识而转移。我国《环境保护法》第2条中规定的环境，①是采取第三种模式进行的概念界定，环境的主体也确定了为“人类”，确定了客观存在“自然因素”，它仅仅相对于人类而言。这一概念的界定将一切自然环境都包括进去，一切人都包括进去。今后的司法解释要做出进一步的限定解释，才有利于立法及司法的实施。

本书主要探讨水，下面分析下水环境和水生态。水环境是环境的要素之一。水环境主要由地表水环境和地下水环境两部分组成。地表水环境包括河流、湖泊、水库、海洋、池塘、沼泽、冰川等水体及环境要素；地下水环境包括泉水、浅层地下水、深层地下水等水体及环境要素。② 水生态环境是水生生物群落与水环境共同构成的水生态系统，具有特定结构和动态平衡的功能，围绕人群空间及可直接或间接影响人类生活和发展的水体及其各种正常功能的自然因素和有关的社会因素的总体。③ 下面从鄱阳湖这一具体地方分析水生态环境概念。鄱阳湖是个具体地方，如

---

① 我国《环境保护法》第2条中规定环境是“指影响人类生存和发展的各种天然的和经过人工改造的自然因素的总体，包括大气、水、海洋、土地、矿藏、森林、草原、湿地、野生生物、自然遗迹、人文遗迹、自然保护区、风景名胜区、城市和乡村等”。

② 肖长来、梁秀娟主编：《水环境监测与评价》，清华大学出版社2008年版，第10页。

③ 王秀梅：“水质监测对环境保护的意义”，载《北方环境》2011年第4期。

“鄱阳湖位于北纬28°22’至29°45’,东经115°47’至116°45’,地处江西省的北部,长江中下游南岸,鄱阳湖以松门山为界,分为南北两部分,北面为入江水道,长40公里,宽3～5公里,最窄处约2.8公里;南面为主湖体,长133公里,最宽处达74公里,面积3150平方千米”,这样的描述够为具体,但边界不清。不清的原因在于这一环境的主体不明确,不知是谁的周围。若确定以人为主体的鄱阳湖环境,则依据行政区划将人的环境进行界定确定边界,即为鄱阳湖周边的南昌、新建、进贤、余干、鄱阳、都昌、湖口、九江、星子、德安和永修等市县区域。因鄱阳湖是白鹤等珍稀水禽鸟类的重要栖息地和越冬地,若确定以候鸟为主体的鄱阳湖环境,则依据冬季候鸟停留的区域划定环境边界,即为大湖池、沙湖、蚌湖和中湖池等大大小小的浅水湖泊。若以鄱阳湖的淡水为主体的鄱阳湖环境,则依据水能经过的任何地方为边界,即为赣江、修水、饶河、信江、抚河五河之水的边界。因此,针对不同的主体才能确定鄱阳湖水生态环境的“周围的地方”。

二、水生态环境的特征

有学者提出:“资源、环境和生态是三大子系统,是密不可分的统一体。”①笔者也可以认为水的三大子系统——水资源、水环境和水生态,它们是密不可分的统一体,没有好的水资源就没有好的水环境,没有好的水生态也没有好的水资源和水环境。

水生态环境具有以下特征:

第一,时间尺度特征是指对水生态环境资源使用或破坏的时间长短。虽然在时间尺度上水生态环境破坏行为具有短暂性,但对水生态环境的影响是持续的或短暂的,要确保在时间尺度上对水资源利用的持续性。例如,河南省在20世纪50年代至90年代兴建了一批化工企业,留

---

① 吴季松:“以系统思维科学防治水污染”,载《光明日报》2015年5月6日第6版。

下了六百多万吨废料铬渣,因铬渣中含有致癌物铬酸钙和剧毒物六价铬,且铬渣堆大多没有防雨和防渗措施,致癌物经雨水冲淋和渗透,成为持久损害地下水的污染源。类似这种能导致持久性水污染的违法行为,应从时间尺度上进行刑事处罚而且需从重处罚。因此,环境刑法的处罚需要依据破坏水生态环境资源行为在时间尺度上影响的持续性长短进行刑罚。①

第二,空间尺度特征是指水生态环境资源利用或破坏在空间上的面积或体积大小的影响。水生态环境资源的利用具有空间约束。例如,饮用水区、湿地公园等必须受到环境刑法的保护。不同生态环境资源在空间尺度上破坏的影响具有很大差别,水体污染在空间尺度上具有跨国、跨地区的影响。不同区域空间之间的水生态环境资源开发和利用应确保相互间不为损害或要满足相互间的物质能量交换。因此,环境刑法的处罚需要依据破坏水生态环境资源行为在空间尺度上影响的面积或体积大小进行刑罚。②

第三,承载尺度特征是指水生态环境资源依据本身的物质结构和生态功能的背景值,能够承载本身具有的物质或功能最大上限值和能够承载不是本身具有的物质或功能的下限值。例如,鄱阳湖的重金属的铜背景值为 0.0008 ~ 1.118mg/L③,上限值为 1.118mg/L,若某个企业或公民排污的水中铜的含量超过上限值多少倍进行环境刑法处罚。因此,环境刑法的处罚需要依据水生态环境资源本身的物质结构和生态功能的背景值在承载尺度上下限值进行刑罚。④

---

① 陈珊、利子平、胡祥福:"生态经济发展的环境刑法保障研究",载《湖南社会科学》2013 年第 6 期。

② 同上。

③ 朱海虹、张本著:《鄱阳湖——水文生物沉积湿地开发整治》,中国科学技术大学出版社 1997 年版,第 128 ~ 129 页。

④ 陈珊、利子平:"生态环境法益探微",载《求索》2015 年第 5 期。

第二节 水生态环境犯罪的概念及构成特征

一、水生态环境犯罪的概念

目前学界还没有形成水生态环境的概念的深入研究。我国学界围绕环境犯罪的论文较多,但还没有专门研究水生态环境犯罪问题的著作问世,直接以水生态环境犯罪为主题的国家科研项目也是空白,学界对环境犯罪问题的研究主要集中在环境犯罪及其刑法立法。我国《刑法》的章节名称就是破坏环境资源保护罪,这一节中包括十几种污染环境和破坏环境资源的犯罪,但仍未包括所有的环境犯罪,水生态环境犯罪就很模糊笼统地规定在污染环境罪中。

学界对水生态环境犯罪概念也进行了有益的探索。例如,有的认为水污染犯罪是违反有关水污染防治的法律规定,造成一定损害后果的行为。① 有的认为水污染犯罪,或称污染水体罪、污染水域罪,是指违反有关水污染防治的法律规定,污染水生态环境的行为。② 还有的认为污染内水罪,是指企业或个人违反有关内水保护法规,故意、过失或无过失实施的,对内陆水域生态具有现实危险或实际损害的行为。③ 以上各类观点存在两个认识误区:第一,将行政法与刑法处罚的界限模糊,没有划清;第二,没有根本认识水生态环境本身具有的自然规律,不知为谁保护,是保护因水环境破坏导致的人身或者公私财产造成的危害,而不是保护水环境本身的自然规律。

科学地界定水生态环境犯罪概念以指导水生态环境犯罪立法及司

① 杨兴、谭永涛著:《环境犯罪专论》,知识产权出版社 2007 年版,第 87 页。

② 赵秉志、王秀梅、杜澎著:《环境犯罪比较研究》,法律出版社 2004 年版,第 105 页。

③ 参见付立忠著:《环境刑法学》,中国方正出版社 2001 年版,第 331 页;刘仁文:"国外的环境犯罪与立法",载《外国法译评》1995 年第 1 期。

法是十分必要的。因环境包含的因素太多,如水、空气、土壤、声、磁场、植物、动物、矿产,等等。自身又有其规律,本书研究的只是水生态环境。针对其他环境的罪名还有:破坏空气生态环境罪、破坏土壤生态环境罪、破坏磁场生态环境罪、破坏植物生态环境罪、破坏动物生态环境罪,等等①。

水生态环境科学是一门综合性很强的学科,水生态环境的运作规律、水生态环境标准、高深的环保科技等水生态环境科学要与刑法科学相交叉,必须从水生态环境运作规律来惩治犯罪行为,因此,本罪犯罪行为是对水生态环境结构的破坏。水生态环境犯罪将规范本位主义思想(体现刑法严密性)和结果本位主义思想(体现刑法谦抑性)相结合,其内涵与外延将水生态环境法益的作为独立的法益。从我国的环境形势政策出发,应把水生态环境犯罪解释如下:水生态环境犯罪的概念,是指自然人或单位违反水生态环境保护法律法规,污染或者破坏水生态环境,破坏水生态环境结构,超过水环境背景值,应受刑罚处罚的行为。水生态环境犯罪应具备以下特征:

第一,水生态环境犯罪具有违法性。违反国家的法律法规,这里的法律法规应做广义的解释,包括《水污染防治法》及相关行政法规。

第二,水生态环境犯罪具有社会危害性。水生态环境犯罪导致的水污染、水土流失、水源枯竭影响人类生活这些显性危害性是一目了然的。而隐性危害性主要表现在:水生态环境的时间尺度上出现紊乱。例如,一条河流的温度变化是随四季而变化,但由于在河流的上游建了火力发电厂,排出大量的热水,导致水体热污染,这样就导致河流水温在时间尺度上温度变化出现紊乱;热污染最终破坏水中溶解氧的含量,会使氰化物、重金属离子等污染物的毒性增强,鱼类等生物的生存条件变坏,生物

---

① 陈明华等:“试论危害环境罪的构成及其具体罪名”,载《政法论坛》1993年第4期。

多样性降低;水生态环境的空间尺度上出现紊乱。例如,候鸟迁徙是鸟类随着季节变化进行的,有规律的和长距离的迁居活动。在动物界中,类似的活动非常常见,在昆虫则称为“迁飞”;在鱼类则称为“洄游”;在哺乳动物则称为“迁移”。这些动物在水生态环境中的空间尺度都受到水生态环境犯罪的恶劣影响。水生态环境的承载尺度上出现紊乱,承载内容及承载量大小紊乱。这些隐性的水结构紊乱都是是环境刑法立法、司法等需要面对的具体到水的问题。

第三,水生态环境犯罪具有应受刑罚处罚性。

二、水生态环境犯罪的构成特征

水生态环境犯罪的构成特征主要概括为以下几个方面:

(一)犯罪主体

破坏水生态环境罪的犯罪主体有两类:单位和自然人。现实经济活动中,大量排放污水或破坏水生态环境的行为是由企业或事业单位等所实施的,这些单位都有法人资格,因此,对这些单位犯罪处罚。自然人是指直接实施污水排放或破坏水生态环境行为的年满18周岁的公民。

(二)犯罪客体

本罪犯罪客体是水生态环境犯罪的客体是刑法中有关水生态环境规定的水生态法益。本罪的犯罪对象是水,客观存在的由氢和氧组成的物质。有学者认为水应分为地表水体、地下水体和海洋水体等水体,①也有学者认为海洋水体是由《海洋环境保护法》专门予以保护。是没有从自然科学规律去认识水,因为不管什么水体,都由水这一物质组成。因此,本罪的犯罪对象是水,地球上存在的一切水都在本罪名的保护下。

(三)主观方面

主观方面,对于本罪的罪过形式,包括故意、过失。对于过失的罪过

---

① 杨兴著:《环境犯罪新论》,知识产权出版社2007年版,第77页;吴占英:“水污染罪及其刑法规制”,载《石家庄经济学院学报》2005年第5期。

形式从轻处罚。

罪过形式存在故意和过失两种情况,而本罪往往以过失为主。过失表现为自然人不是经过专业训练的专业科技工作者,对自己的行为不知是否会对水生态环境产生破坏,但依据常识可以预见到水生态环境污染或破坏行为可能发生对水体生态造成损害,却疏忽大意或过于自信后果不会发生。任何单位的生产活动,都有环境影响评价需要做,在环境影响评价中都是明确描述对水生态环境是否会造成危害。否则表现为对行为的故意对结果的过失。故意表现为自然人经过专业训练的专业科技工作者,单位屡禁不止,故意希望或者放任实施对水生态环境破坏的行为。

(四)客观方面

客观方面,本罪的客观要件为向水体中排放其他物质,对水体组成成分发生改变并超出当地水体的背景值。下面从客观方面的各要素进行分析。

水生态环境犯罪的构成必须以违反水生态环境相关法律规定,表现为违反《水污染防治法》等法律、法规。缺少这种违法性,不能构成水生态环境犯罪。

水体的组成成分的背景值准确界定关系到本罪客观行为是否成立的问题。水生态环境犯罪的行为包括水污染和水资源的破坏,破坏水生态环境结构,所以水生态环境犯罪的危害性不能分割构成水生态环境整体的各种要素,可以通过背景值来认定。因此,在司法实践中,对不同的水体含有哪些物质,含量是多少必须予以明确的界定。我国尚无系统的水体背景值的确定。因此,实践中应对不同水体的背景值予以科学的测定。水生态环境污染或破坏行为只要超出水生态环境承载量的范围即可构成犯罪,即根据水生态环境承载量的承受范围,该水生态环境犯罪行为引起对水体生态的水生态环境组成成分发生变化就可以了。应当在专家参与下,根据具体不同水体来判断。当然,未达到上述结果则不应以犯罪论处,而是进行行政处罚。

向水体中排放或间接排放导致水体的化学成分发生变化的行为,如向内陆水体排放含病原体工业废水或其他废弃物，导致水体的病原体含量超出水体的本底值；向水体排放油类、酸液等剧毒液体，可溶性剧毒废渣以及放射性固体废弃物等的行为，①导致水体中原本不含有这些物质现在却含有。上述行为都在于犯罪行为使水体的组成含量或质量发生了有害变化。

第三节　水生态环境犯罪刑事法治体系

一、水生态环境犯罪刑事法治体系理论基础与构成要素

（一）水生态环境犯罪刑事法治体系理论基础

党的十八届四中全会首次提出“建设中国特色社会主义法治体系”，其中法律规范体系和党内法规体系是基础，实施体系是重点，监督和保障体系是关键。② 那么对于水生态环境刑事法治体系的明确首先需要明确其理论基础。马克思主义法学是水生态环境犯罪刑事法治体系的理论基础，然而马克思主义法学以辩证唯物主义和历史唯物主义为理论基础。以辩证唯物主义和历史唯物主义深刻地分析社会各方面的现象，科学地阐述了法的本质及其发展规律，使法学成为一门真正的科学。这种马克思主义辩证唯物主义是由辩证的唯物论和唯物的辩证法、辩证唯物主义认识论三部分组成，用马克思主义法学理论检验法律制度、规则和理念的特殊属性，法律意识形态在法律中的地位、基础与上层建筑的关系、法律在未来社会的命运以及法治等问题。③

---

① 吴占英：“水污染罪及其刑法规制”，载《石家庄经济学院学报》2005 年第 5 期。

② 焦洪昌：“四中全会公报解读：从法制体系向法治体系迈进”，资料来源 http://news.china.com.cn，最后访问时间：2015 年 1 月 4 日。

③ ［英］休．柯林斯：《马克思主义与法律》，邱邵继译，法律出版社 2012 年版，第 1 页。

（1）辩证唯物主义认为世界在本质上是物质的。水生态环境自然科学的进步加深了人们对水生态环境的认识，只有自觉地、科学地总结概括水生态环境自然知识才有水生态环境法治的真正发展。水生态环境自然科学是具有高度精确性的科学。重视水生态环境自然科学的成就对水生态环境法学的推动作用，随着水生态环境自然科学领域发现，水生态环境法治也必然要改变自己的形式。辩证唯物主义把唯物主义贯彻到水生态环境刑事法治领域中，需要把水生态环境法学置于水生态环境自然科学的基础上，找到可以用水生态环境自然科学的精确性指明水生态环境犯罪刑事法治体系变革。不管是法律法规、实施体系还是监督保障体系都要把物质性、水生态环境自然科学规律及水环境背景值贯穿其中。

（2）物质世界的任何事物现象都处于普遍联系之中，整个世界是普遍联系的整体。就水生态环境犯罪刑事法治体系的构成而言，它们都不能孤立地存在，多种多样的具体联系把立法、司法、监督保障连成一个相互联系的整体。水生态环境犯罪刑事法治体系的立法、司法、监督保障每一个部分、成分或环节，它们又形成整体与部分、系统与要素的相互关系。认识和把握事物发展的普遍联系及系统性能的水生态环境犯罪刑事法治体系帮助我们正确地观察、分析和解决实际水生态环境犯罪治理问题。由于水生态环境犯罪刑事法治体系的联系是普遍的，都是作为系统而存在，在工作中我们要把水生态环境犯罪刑事法治体系整体性原则作为基本的出发点，从普遍联系的总体上把握水生态环境的本质和功能。作为整体，系统是由部分组成的，但不是部分的简单相加，系统整体的功能也不是部分功能的机械相加。要从整体与部分的有机联系中综合地、系统地把握水生态环境法治体系，避免孤立地、片面地看待水生态环境犯罪刑事法治体系立法、司法、监督保障某个环节，使水生态环境法治体系工作取得最佳效果。

（3）辩证唯物主义认为事物是矛盾的，矛盾双方又统一又斗争，促使事物不断地由低级向高级发展,它揭示了事物发展的根本原因在于事物内部的矛盾性。因此,水生态环境犯罪刑事法治体系立法、司法、监督保障事物的矛盾规律,即对立统一的规律,它是水生态环境犯罪刑事法治体系运动、变化和发展的最根本的规律。从辩证的角度,对于水生态环境犯罪刑事法治体系,不仅仅是立法,实施体系和监督保障体系之间对立统一的规律一定要把握好。

(4)辩证唯物主义认识论指出实践是检验真理的唯一标准,要检验一种认识是否正确反映了客观事物,需要联结主观与客观的实践来检验。通过水生态环境犯罪刑事法治实践,人们把指导自己实践的立法、司法、监督保障和实践所产生的成果加以对照,从而检验水生态环境犯罪刑事法治体系是否正确地反映了水生态环境的客观规律。水生态环境刑事法治体系的好坏需要通过实践即水生态环境刑事法治来检视。

(二)水生态环境犯罪刑事法治体系构成要素

2014 年 10 月 23 日中国共产党第十八届中央委员会第四次全体会议、审议通过了《中共中央关于全面推进依法治国若干重大问题的决定》(以下简称《决定》)提出在我国建成法治体系,实质是对十八届三中全会法治建设的升华与系统化。法治体系应当考虑它的体系性,不能够将立法体系、执法体系、司法体系、监督体系予以分割,而是要将他们整合在统一的体系之下,而我国目前大多将关注的焦点存放在每个分体系之中。《决定》对我国的法治体系构成大体上做了这样的设计,法律法规体系、法律实施体系、监督和保障体系等,也从其他方面设计了法治体系的元素,如法律的制定、法律的执行、法律的实施、法律的监督保障等,这些概念之间也是有机的统一体,这些因素是不可缺少的。细化法治体系的构成元素,法律体系问题,法律实施问题,法律监督保障问题,这些被细化的内容都是法治体系不可或缺的。根据《决定》的要求,法治体系包括规范的形成体系、规范的实施体系、规范的监督体系、规范的保障体系等。① 正确认识法治体系必须明确：一是这些体系是法治体系的子系统，共同服从于法治体系；二是这些系统各自又是个相对大的系统，具备相应的系统属性，系统与子系统的内部构造；三是这些系统之间相互衔接达到相对和谐状态。比如，立法体制与执法体制、执法体制与司法体制的和谐关系。

具体到水生态环境犯罪刑事法治体系，水生态环境犯罪刑事法治体系是一个具有较高水准的概念或者概念系统。它是衡量水生态环境犯罪法治进程的客观标准，以及对我国水生态环境犯罪法治的产生发展完善相关过程或者元素的判定。对于水生态环境犯罪刑事法治体系可以从多视角进行考察。《决定》将我国的法治体系的构成板块分成了立法体系、司法体制、监督保障等，这些板块是对法治体系所涉及的部类与范畴的总体概括，是考察法治体系的一个视角。也可以从其他的视角考察法治体系，如法治体系的主体要素、客体要素、程序要素等形式。因而可以将我国的水生态环境犯罪刑事法治体系的构成板块分成了水生态环境犯罪立法体系、水生态环境犯罪司法体制、水生态环境犯罪监督保障，等等。

我国的水生态环境犯罪的法治体系长期以来强调它的质的方面，如法治体系的界定、定位、构造、结构化处理等，而忽视了量的方面，但水生态环境犯罪刑事法治体系的核心内容应该是要有定性定量的标准。立法、执法、司法等要素阶段用水环境背景值的数字来说明，最终通过严格的数字化处理，使水生态环境犯罪存在于有利的水环境背景值数字系统中。水生态环境刑事法治体系应该侧重于法的制定、法治过程及法治监督保障等环节。

---

① 凯尔森奖罚分为静态法与动态法，静态法指法的规范，动态法指法律秩序。《决定》关于法律体系也从静态法与动态法两个方面进行是非常科学的，至于如何去处理静态方面和动态方面的关系，则需要进一步完善的问题。

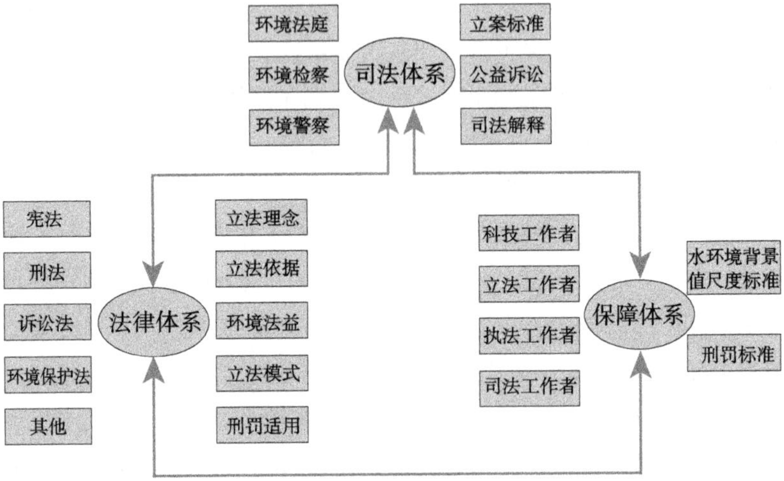

图 **2－1** 水生态环境犯罪刑事法治体系

二、水生态环境犯罪刑事法治体系的问题与出路

《决定》指出,法治还存在许多不符合规律的问题。在治理水生态环境犯罪方面主要表现为刑事法律和司法解释未能全面反映水生态环境客观规律,只强调水生态环境污染,却未提及水生态环境的破坏;水生态环境执法不严、违法不究的现象较为严重,执法体制权责脱节、多头执法、选择性执法的问题,不规范不透明较为突出;水生态环境执法和司法监督严重缺位,人员组织保障薄弱,这些实质是对我国目前水生态环境犯罪刑事法治体系存在的问题的一个诠释。从上述问题之间的关联可以看出,水生态环境犯罪立法与法律的实施关系的不协调,水生态环境犯罪立法与司法逻辑上的有序性不足,等等。

水生态环境法治体系不协调十分突出,原因有两点:脱离水生态环境自然规律谈法律;没有运用法治体系思维的去分析如何保护水生态环境。

立法体系与司法体系脱节。在司法过程中,常出现立法有条款规定,但司法很难操作实施,出现这一问题的原因是立法和司法体系没有衔接好。例如,"两高"规定的环境污染犯罪司法解释中规定得"非法排放、倾倒、处置危险废物三吨以上的”,在司法过程中如何衡量“三吨”?因为“三吨”不是所保护对象的自然科学规律的特征,因此没法衡量。出现在司法过程中无法操作的困境。

司法体系与保障体系脱节。在司法过程中需要证据时,环境监测部门给不出证据,直接导致司法实施过程困难。例如,政府发布的环境监测数据与市民所看到的、所闻到的、所喝到的、所呼吸到的直观感受不符,有时甚至出现很大反差。这主要原因是我国水生态环境监测保障体系出了问题,从侧面反映出我国对水生态环境司法实施存在困难。作为环境污染刑事案件证据的环境监测报告,关系到环境执法的严肃性,需要加强监测报告的合法性、合规性、质量保证的有效性。水生态环境的保护,必须协调好司法体系与保障体系协同推进。

以立法、司法体制、监督保障体制为中心的水生态环境犯罪刑事法治体系应该协同并进,不能只从某单一领域改革,因为它们是有机整体。

(一)立法方面问题与出路

1. 立法方面问题

立法中存在以下问题:立法理念的不同给立法方向带来错误。立法原则的认识偏差,给立法实际过程带来困难。立法保护的法益不清楚,给立法带来模糊范围。立法中界限不清,导致行政法与刑法界限不清。具体表现为:

(1)立法理念不以水生态环境为中心的法益。在遵循自然科学规律立法的前提下,我们应该注重保护谁的利益,法律表现出来的是谁的法益。笔者认为应该以保护生态环境为中心的法益为原则。因为,人类是环境中的一部分,脱离环境,人类也将不存在。因此,在水生态环境保护方面都是应以水生态环境为中心的法益为基础的。水生态环境保护法益基础无论是在刑法规定中还是在环境保护法规定中都是一样的法益基础。我国《环境保护法》第1条环境法制定的目的规定,[①]与发达国家在环境立法上多采取生态主义、环境优先为立场不同。我国环境法的目的是多元的,以多元主义、人类优先为立场,导致了环境刑法保护对象的不明确。[②]

(2)刑法与行政法相关规定脱节。现行的司法过程中常出现行政执法与刑事处罚脱节的现象,出现这一根本的原因在于行政法与刑法在立法层面出现的脱节。例如,《水污染防治法》中规定的"向水体排放油类、酸液、碱液的"与2013年颁布的《关于办理环境污染刑事案件适用法律若干问题的解释》中的规定[③]相脱节。这时会出现条款适用的问题。

刑法与行政法以什么为衔接?在2015年新的《环境保护法》中的第69条规定"违反本法规定,构成犯罪的,依法追究刑事责任",与《刑法修正案(八)》和上述司法解释如何衔接不是很清楚,这将会导致很多破坏水生态环境的案件不会移送给检察院立案查办。例如,在新《环境保护法》和在[④]司法解释的相关规定[⑤]的衔接产生问题。

---

① 参见《环境保护法》第1条规定:"为保护和改善生活环境与生态环境,防治污染和其他公害,保障人体健康,促进社会主义现代化建设的发展,制定本法。"

② 姜俊山:"论污染环境罪之立法完善",载《法学杂志》2014年第3期。

③ 孙佑海:"适用更加明确,定性更为清晰",载《中国环境报》2013年6月19日;孙佑海:"明确环境司法依据　从严打击环境犯罪——关于最高人民法院、最高人民检察院关于办理环境污染刑事案件适用法律若干问题的解释的解读",载《环境保护》2013年第8期。在《关于办理环境污染刑事案件适用法律若干问题的解释》中规定:"非法排放含重金属、持久性有机污染物等严重危害环境、损害人体健康的污染物超过国家污染物排放标准或者省、自治区、直辖市人民政府根据法律授权制定的污染物排放标准三倍。"

④ 程省:"新环境保护法有6'新'",载《中国质量万里行》2015年第2期。新《环境保护法》中规定:"严禁通过暗管、渗井、渗坑、灌注或者篡改、伪造监测数据,或者不正常运行防治污染设施等逃避监管的方式违法排放污染物"。

⑤ 《关于办理环境污染刑事案件适用法律若干问题的解释》中规定:"私设暗管或者利用渗井、渗坑、裂隙、溶洞等排放、倾倒、处置有放射性的废物、含传染病病原体的废物、有毒物质的"。参见孙佑海:"明确环境司法依据　从严打击环境犯罪——关于最高人民法院、最高人民检察院关于办理环境污染刑事案件适用法律若干问题的解释的解读",载《环境保护》2013年第8期。

(3)我国《刑法》未设立单独的水生态环境犯罪罪名。我国《刑法》对水生态环境和破坏犯罪的关注程度低,而且对于环境因素水、土、气等不加区分的规定在其中,不具备针对性。对于水生态环境犯罪一般依据第338条污染环境罪定罪量刑。还有适用《刑法》第114条规定的以危险方法危害公共安全罪、第115条第1款规定的投放危险物质罪、第115条第2款规定的过失投放危险物质罪、第136条规定的危险物品肇事罪的这几种罪名的情形。污染环境罪是包括污染土地、污染水体和污染大气等多种不同性质、不同危害性的环境污染行为的混合罪名,虽然简洁却过于笼统模糊,但与现今水生态环境污染和破坏行为猖獗、亟须高度重视的事实极不相符。从2004年的"沱江水污染事件"到2005年的"松花江污染事件",再到2009年的"江苏盐城水污染事件",重大水生态环境污染和破坏事件层出不穷,实际上在一定的程度上凸显出我国刑法污染环境罪对于抑制水生态环境犯罪的不足。

(4)应受处罚范围不明确。根据现行《刑法》第338条规定,①从另外一个角度来讲,若向水体排放、倾倒或者处置以上危险废物以外的其他污染物质,如猪场废水、死猪、垃圾漂浮物、含重金属超标的物质,即使造成极其严重的后果也不能构成犯罪。现行刑法条文对于水生态环境污染或破坏犯罪的规定,罪与非罪、重罪与轻罪之间的界限不清晰,可操作性差,影响了水生态环境污染或破坏犯罪的责任的追究与制裁。

水生态环境污染或破坏犯罪行为具有行政从属性,即犯罪行为首先违反有关的水生态环境行政法规,例如,违反环境保护法,违反水资源相关法规等。因此,对于相当多的水生态环境污染或破坏行为来说,若达不到入罪标准,就由行政手段予以规制。但是,在我国的司法实践中,由于刑事立法的缺陷,水生态环境污染或破坏后果的标准难以量化,存在

① 根据现行《刑法》第338条规定,只有违反国家规定,向水体排放、倾倒或者处置有放射性的废物、含传染病病原体的废物、有毒物质或者其他危险废物的行为才可以构成犯罪。

众多将重大水生态环境污染或破坏事故单纯当作行政不法行为而采取行政处罚的现象。行政手段予以规制这两种方式也是目前各国保护水生态环境的主要手段。这种做法的结果就是放纵了水生态环境污染及破坏行为。

(5)刑罚种类单一,法定刑偏轻。我国《刑法》对于污染环境罪只规定了自由刑和罚金刑的刑罚手段。水生态环境犯罪是伴随着经济社会发展出现的新型犯罪,需要资格刑和非刑罚措施的配合适用,但在我国《刑法》中基本上没有,且适用于单位的仅有罚金一种。这种刑罚实际上在一定程度上纵容了单位的污染和破坏水生态环境犯罪行为。就水生态环境犯罪特殊性而言,按照现有的刑罚制度,违法成本实在太低,每年却给国家和社会带来巨大的经济损失。罚金数额不能起到恢复水生态环境以及不能弥补水环境治理花费的作用,难以应对日益严重的水生态环境危机。而且,污染环境罪法定最高刑为 7 年,显然不能反映行为与惩罚之间的对等性。同时,在司法实践中,罚金刑的数额没有固定标准,普遍偏低,企业每年盈利上千万元,罚金刑几万元,这样企业往往会为了谋取更大的经济利益而甘愿付出较小的罚金代价,完全不能弥补水生态环境犯罪所造成的损失,刑罚的实际效果大为降低,缺乏威慑力。

2. 立法出路

水生态环境犯罪刑事法治体系首先是通过相应的法律条文体现出来,通过条文设定相应的水生态环境法益的保护。但是我国相关的规定较为抽象,对于水生态环境来说没有水环境背景值的规定。从水生态环境法律静态的角度讲,下位法要服从上位法,同一层次的法律不应该存在矛盾和冲突。水生态环境法律体系中存在复杂的相互交织的规范,从宪法到刑法到行政法规到地方性法规到行政规章,它们在调整水生态环境犯罪上要有强度和力度上的区分。横向上行政法与刑事法,与程序法之间保持相应的什么关系,都必须通过水生态环境所污染和破坏的程度数据来说明。但是目前我国水生态环境的行政规定与刑事规定,以及刑事规定与司法解释之间存在不协调。

在这个问题上,水生态环境犯罪的立法必须符合水生态环境的客观规律。进一步讲,水生态环境犯罪刑事法治体系更应当符合客观规律,而且这个客观规律的东西必须有严格的定量标准。在水生态环境犯罪刑事法治体系中,法律体系是第一构成要素,法律体系依据马克思主义关于法的理论。规范体系是由相应的客观事物水生态环境自然规律所决定,是由相应的水生态环境各要素客观关系所决定的,这些水生态环境客观的规律与法律体系之间形成了一种作用与反作用的关系,水生态环境自然规律决定作用于法律规范。反过来,法律规范反作用于水生态环境,两者之间应该保持较为科学的逻辑。如果法律规范与水生态环境自然规律没有较为科学的逻辑,将会大大降低法律调整水生态环境犯罪的质量。

(二)司法方面问题与出路

1. 司法方面问题

司法中存在以下问题:对破坏水生态环境的行为司法起诉困难;立案调查后,对破坏水生态环境行为举证困难;司法过程中科学技术不足;处罚标准不统一,导致立案追诉标准不统一;污染和破坏水生态环境犯罪财产损失的范围如何界定等问题。具体表现为:

(1)诉讼程序的启动存在障碍。绝大多数的地方法院水生态环境犯罪审判为零,这种现象不符合将水生态环境污染行为纳入刑法的立法目的,也不符合法治的正常逻辑。同时也反映出水生态环境犯罪案件立案、诉讼程序启动存在非常大的障碍。原因在于移送制度的缺陷、自诉案件将原告限于被害人的不足、水生态环境本身的潜伏性、诉讼时效的不适用性;此外,水生态环境司法机制面临更大的困难——三大诉讼严格区分。水生态环境侵权行为中双方当事人排污者和受污对象在信息掌握、取证能力等方面差异明显,加上水环境科学知识的专业性和非普及性,要掌握信息、科学取证等会遇到非常多的障碍,这些障碍都会导致诉讼程序启动困难。

(2)量刑标准与破坏水生态环境程度不统一。从《刑法》第338条规定①来看,"严重污染环境"应该为破坏水生态环境的程度。《解释》中有14条,其中"非法排放、倾倒、处置危险废物三吨以上的"这一条,不是破坏生态环境程度的表现,而是破坏生态环境的一种行为。量刑标准与破坏的行为无法统一。例如,什么是危险废物三吨?不同危险废物的毒害不同,不能简单的用"三吨"来衡量,必须以危险废物在水生态环境的时间、空间和承载三个尺度上破坏的程度进行衡量。

(3)刑罚标准不清晰,确定刑罚存在困难。如何按照我国《刑法》相关刑罚范围②进行刑罚,是1~3年还是3~7年,如何量刑?在《解释》中有在时间尺度上进行处罚的条款:"致使乡镇以上集中式饮用水水源取水中断十二小时以上的"和"致使县级以上城区集中式饮用水水源取水中断十二个小时以上的",这一条款中,涉及的是中断12小时,涉及的是不同区域(乡镇以上和县级以上城区),但针对的也不是水生态环境本身。

(4)以结果犯处理标准不明确。在保护对象是水生态环境时,破坏水生态环境的案件以"结果犯"来处罚。若结果犯的标准不明确则会出现很多行为没法处罚。例如,环境监管失职罪,现行的案件中都处罚较轻,或免于刑事处罚,原因在于相关主体已采取了行为阻止破坏水生态环境。若以水生态环境中的测量值来衡量相关主体是否作为时,则以结果犯来衡量就会非常准确,不会给司法带来困境。

结果犯入罪标准过高。目前我国《刑法》规定,污染环境罪只处罚结果犯,必须造成财产权和人身权受到严重损害的严重后果,也就是所谓

---

①《刑法》第338条规定:"严重污染环境的处三年以下有期徒刑或者拘役,并处或者单处罚金;后果特别严重的处三年以上七年以下有期徒刑,并处罚金。"

② 刘启正:"环境污染评价标准引入环境犯罪刑罚的探讨",载《环保科技》2009年第2期。

的注重人身权和财产权而忽视水生态环境本身的本质。若违法排污未造成《刑法》条文污染环境罪规定以及相关司法解释规定的结果，而造成了水体严重污染、水环境资源严重破坏，那么对水生态环境危害后果进行惩治则找不到刑事制裁的法律依据。那么请问，此立法的目的是为了控制污染行为还是为了控制污染行为的规模和程度？① 除了恶性污染事故（如盐城“2·20”事件），一般的污染事故不可能直接致人立即死亡或者财产损失。② 若需等上述结果出现后才能追究行为人的责任，非常不利于水生态环境的保护。

（5）追诉时效。在水生态环境犯罪中，若遵循我国犯罪追诉期限，根据各种犯罪的法定最高刑确定，大量的水生态环境犯罪行为将得不到有效的追究。因为有些水生态环境的损害结果具有潜伏性，空间跨度也大，水生态环境污染或破坏要达到犯罪的程度是一个逐渐沉淀的过程，危害结果具有长期潜伏性。

诉讼时效应以什么为依据？《环境保护法》第66条规定的为3年，③ 这一时效期间以“当事人受到损害时起计算”，而不是与破坏水生态环境的时间长短相衔接。这一规定有悖自然科学规律，会导致一些破坏水生态环境行为将逃脱法律的制裁。例如，排放重金属，导致某一地区的癌症病高发，这不是在3年内能够显现的。

2. 司法出路

法律的生命权威在于法的实施，这是现代法治的精神，一方面我们不能制定出的水生态环境的法律成为空文而是维护它的权威性；另一方面，我们必须强化对法律的适用，通过国家强制力予以有效实施。随着

---

① 张洪山：“关于重大环境污染事故罪立法完善的思考”，兰州大学2009年硕士学位论文。

② 杜萌：“刑事立法缺陷致水污染犯罪制裁难”，载《法制日报》2009年6月10日。

③ 参见《环境保护法》第66条规定：“提起环境损害赔偿诉讼的时效期间为三年，从当事人知道或者应当知道其受到损害时起计算。”

我国大生态环境体系的形成，立法相对成熟，但是与之相比，相关的水生态环境犯罪的法律的执行和实施则存在非常大的滞后性。相关的水生态环境法律与法律规范体系还没有完全转化为一种物质力量，还没有在控制水生态环境犯罪过程中充分体现它的价值。导致这一现象的原因是多方面的，如水生态环境相关的刑法规定与刑事司法解释的不协调，行政法规定与刑法规定的不协调，行政执法与刑事司法移送的不和谐等。如果有一套严格量化，具有统一性、精确性和可操作性的水环境背景值为基础的定性定量标准的司法制度，上述的问题就会减少很多。

（三）监督保障方面问题与出路

1. 监督保障方面问题

监督保障体制不完善。环境行政违法行为少数能达到刑事犯罪程度，环境行政违法行为多是乱作为、不作为，很难构成刑事犯罪。① 国家环保总局和教育部联合进行的一项全国公共环境意识调查的结果显示，52%的被调查者认为造成环境污染的原因是执法不严中存在的诸多的问题。② 这也说明我国目前相应的监督保障体制尚不完善。水生态环境犯罪的行政从属性决定了执法人员必须具有较强的专业知识，熟练掌握水生态环境犯罪标准，但我国目前的刑事执法主要依靠公安机关、检察院和法院，环境保护相关专业人员没有权力介入，而水生态环境刑事执法人员的专业参差不齐，相关专业知识比较欠缺，使得很多水生态环境犯罪案件没能及时被追究或者处理得质量不高。③ 总之，我国目前的监督保障体制尚不完善。

---

① 曹建明："形成严密的法治监督体系 保证宪法法律有效实施"，资料来源求是网，最后访问时间：2014 年 12 月 16 日。

② 万立雪："我国环境犯罪的宏观原因分析"，载《环境与可持续发展》2006 年第 2 期。

③ 郭建安、张桂荣著：《环境犯罪与环境刑法》，北京群众出版社 2006 年版，第 455 页。

2. 监督保障出路

我国长期以来的水生态环境犯罪法治建设之所以存在立法与法律实施的反差，之所以存在法治现状与公众水生态环境祈求的反差，之所以出现水生态环境法治建设和水生态环境污染破坏严重的反差，①原因之一是人才组织保障的缺乏，即缺乏既懂法又懂环境科学技术人才和专业组织结构保障。有学者曾指出："十余年来，中国行政法治建设最耀眼的首先是从行政处罚上取得的。"②从侧面反映出我国水生态环境犯罪治理中以罚代刑现象严重的原因不乏有水生态环境法治队伍政治和专业素质的差距。十八届四中全会《决定》第六部分专门规定了加强法治队伍建设，在治理水生态环境犯罪方面的立法、执法、司法工作者等队伍组织保障，这对实现水生态环境犯罪法治是非常重要的。专业主体在水生态环境犯罪刑事法治过程中是非常重要的，如果相关的主体不合格、不专业，立法、执法、司法就必然难以合格，必然会存在很多问题。

① 从逻辑上讲，法律体系越健全其对社会的规制力越有利，进而社会矛盾和社会纠纷越来越少，但是我国则是大量的法律法典的颁布并没有与社会冲突控制成正比，恰恰相反，我国的法治实践中存在大量的矛盾和冲突，与法律的关系是相互悖反的。

② 冯军著：《行政处罚法新论》，中国检察出版社 2003 年版，第 1 页。

第三章　水生态环境犯罪刑事法治体系之科学立法

我国《刑法》设立了破坏环境资源保护罪章节，但是由于水生态环境犯罪刑事治理的理念陈旧有关水生态环境犯罪笼统地规定在污染环境罪当中，导致水生态环境犯罪的刑法立法不科学，更导致刑法在保护水生态环境中很难起到有效的震慑作用，很多水生态环境犯罪在行政执法阶段通过罚款等方式就已经流失了，很少得到刑事惩治，①水生态环境难以复原。而随着经济发展进程的加快，我国作为发展中国家，承受着来自发达国家和我国自身对于水生态环境所带来的双重压力，我国面临着严重的水生态环境污染和破坏问题，迫切需要刑法予以有效应对。要充分发挥对水生态环境犯罪的预防功能，亟待进行

---

① 赵秉志："环境犯罪刑法立法完善研究"，载《中国环境法治》2008 年第 00 期。

刑法相关规定修正,水生态环境犯罪治理更加需要科学的环境刑法规制。本章主要从水生态环境犯罪刑事法治的科学立法角度来探讨。

第一节　水生态环境犯罪法律关注程度亟待加强

一、水生态环境犯罪的立法现状

(一)现行《刑法》未能突出水、气、土自身的特质与自然规律

环境是个大概念,由很多因子组成,包括水、土、气等,每种因子都具有自身规律。在现行的法律中,通常将“大气、水、土壤”等自然环境的因子不加区分地规定在污染环境罪当中,这样对规制环境犯罪起不到好的效果。大气、水、土壤和生物多样性等生态环境有自身的组成结构等科学规律,在时间、空间和承载三维尺度上的规律各不相同,需从各自的时间、空间和承载三维尺度上对生态环境自身的组成结构科学规律进行法律保护,因而通过法律法规来保护“大气、水、土壤和生物多样性”的利益,生态环境才能好转。①

水是生命之源,其对我们的重要性不言而喻,然而,水污染和水资源的破坏的问题却很严重。我国水环境持续恶化,生物多样性锐减,水体富营养化,水环境严重污染,水生态环境结构发生变化,水生态环境犯罪治理迫在眉睫。借鉴国外水生态环境犯罪刑事法治前沿立法,以及总结我国刑法在自然资源犯罪刑事惩治方面的经验,对于水生态环境犯罪的社会危害性和我国水生态环境治理的不理想的现状,加强对水生态环境犯罪的法律关注度是必要的。

---

①　陈珊、利子平:“生态环境法益探微”,载《求索》2015年第5期。

(二)现行《刑法》相关规定不能有效治理水生态环境犯罪

表3－1 《刑法》对环境和资源规定比较

环境方面	污染环境罪(取消重大环境污染事故罪罪名) 《刑法》第338条刑法修正案(八)
资源方面	非法捕捞水产品罪 《刑法》第340条
	非法猎捕、杀害珍贵、濒危野生动物罪 《刑法》第341条第1款
	非法收购、运输、出售珍贵、濒危野生动物、珍贵、濒危野生动物制品罪 《刑法》第341条第1款
	非法狩猎罪 《刑法》第341条第2款
	非法占用农用地罪 《刑法》第342条,《刑法修正案(二)》
	非法采矿罪 《刑法》第343条第1款
	破坏性采矿罪 《刑法》第343条第2款
	非法采伐、毁坏国家重点保护植物罪 《刑法》第344条,《刑法修正案(四)》
	非法收购、运输、加工、出售国家重点保护植物、国家重点保护植物制品罪 《刑法》第344条

(根据《刑法》第338～345条制定)

从表3－1可以看出我国《刑法》规定的破坏环境资源保护罪的对象主要有两类,即环境与资源。破坏自然资源方面的犯罪规定的种类较多,相关司法解释对定性定量的规定较为清晰细致,为打击自然资源方面的犯罪提供了可操作性较强的法律依据,发挥了有效的惩治作用。而在环境方面的规定仅仅有污染环境罪一种,而且各种环境因子不加任何区分,水、土、气等环境因素笼统模糊地规定在一个罪名中。加之治理理念的陈旧,相关的司法解释并没有对定性定量做出环境本质的规定,脱离环境本身而将人身、财产等损害作为要素来规制,悖离了环境保护的初衷。定罪量刑规定也较为模糊,在司法实践中的可操作性较差。对于水生态环境本身缺乏具体的规定,也没有提到水域、水体的区分,导致司法实践中可操作性差,水生态环境污染和破坏的问题依然很严重。①

(三)现行《刑法》相关规定未能规制水生态环境数据造假

近年来,在一些地方政府发布的环境监测数据与市民所呼吸到的、所看到的、所闻到的、所喝到的直观感受不符,有时甚至出现很大反差。中国的生态环境污染问题主要是用呼吸出来、喝出来、闻出来、看出来的,从侧面反映出我国的水生态环境数据错误严重。据了解,目前中央和地方配套投入的在线监测网络的资金已逾百亿元,能够监控上万个污染源,但这样做仍然无法遏制企业的水生态环境犯罪行为。这种反差,既具有客观性,也与一些地方和企业环境数据造假有很大的关系,现行刑法相关规定未能有效地规制水生态环境数据造假。

二、水生态环境犯罪法律关注程度亟待加强

水生态环境犯罪危害性不容忽视。水生态环境犯罪导致的水污染、水土流失、水源枯竭,影响人类生活这些显性危害性是一目了然的,隐性危害性主要表现在:水生态环境的时间尺度上出现紊乱。例如,一条河流的温度变化是随四季而变化,但由于在河流的上游建了火力发电厂,排出大量的热水,导致水体热污染,这样就导致河流水温在时间尺度上温度变化出现紊乱,热污染最终破坏水中溶解氧的含量,会使氰化物、重金属离子等污染物的毒性增强,鱼类等生物的生存条件变坏,生物多样性降低;水生态环境的空间尺度上出现紊乱。例如,候鸟迁徙是鸟类随着季节变化进行的,有规律的和长距离的迁居活动;在动物界中,类似的活动非常常见:在昆虫则称为"迁飞",在鱼类则称为"洄游",在哺乳动物则称为"迁移",这些动物在水生态环境中的空间尺度都受到水生态环境犯罪的恶劣影响;水生态环境的承载尺度上出现紊乱,承载内容及承载量大小紊乱。这些隐性的水结构紊乱都是环境刑法立法、司法等需要面对的问题,

① 刘启正:"环境污染评价标准引入环境犯罪刑罚的探讨",载《环保科技》2009年第2期。

水生态环境犯罪法律关注程度亟待加强。

(一)国外的立法经验借鉴

美国对于水污染犯罪主要规定在《联邦水污染控制法》中。该法第1319条第3款“刑事制裁”中规定了四类水污染行为,①对于这些水污染行为,规定了轻重不同的自由刑和罚金,监禁最高可达15年,罚金按每违法日计算,设有上限和下限,累犯一般翻倍处罚。

德国设置了单独的水污染犯罪。德国《刑法典》第29章“危害环境”,对环境犯罪进行了比较系统和全面的规定,规定水污染犯罪的“污染水域罪”就位于本章第324条。该条明确规定,未经许可污染水域(自然水域,包括地表水、地下水和海水)或对其品质作不利改变的,即构成犯罪,处5年以下自由刑或罚金,未遂犯和过失犯亦应处罚。德国《水法》规定,污染水源对他人健康或者生命造成危险或损害的,处5年以下监禁或罚金。②由此可见,德国刑法对于水污染犯罪的入罪标准相对于我国来说要更低,客观方面不要求结果犯,只要有未经许可污染水域的行为或者对水体本身品质作不利改变的就可以构成犯罪。

日本《刑法典》第15章专门规定了“有关水的犯罪”,分别规定了独立的罪名,包括“污染净水罪”、“污染水道罪”、“净水污染致死伤罪”等,处罚方式包括自由刑和罚金。③ 并按照行为的社会危害性大小,将刑罚轻重等级予以区分,包括自由刑和罚金,罚金设置了从20万日元到100万日元

① 赵国青著:《外国环境法选编》,中国政法大学出版社2000年版,第115～117页。美国《联邦水污染控制法》中第1319条第3款“刑事制裁”中规定了4类水污染行为:过失和故意违法向下水道系统公有处理工程引入任何污染物或有毒物质;故意违反许可证的有关规定,使他人处于死亡或严重人身伤害的极度危险中;故意作虚假陈述、记录、证明或者伪造、破坏、篡改监测设施和方法等;违法者知道或应该知道污染物、有毒物质会导致人身伤害、财产损失。

② 孔庆梅、李发亮:“我国水污染犯罪的立法缺陷及其完善”,载《福建警察学院学报》2008年第4期。

③ 吴献萍:“中日水污染刑事立法比较研究”,载《吉林大学学报》(社会科学版)2010年第2期。

的处罚上限。可以看出，日本刑法制裁的水污染犯罪行为十分广泛，由于对不同水域污染规定的较为具体，对预防各种水生态环境犯罪行为非常有利。

归纳起来，国外刑法规范中的水污染罪主要包括：(1)超过法定排污标准排放污物、污染水体的行为——罪名为超标准排污罪。(2)向法律禁止排污的特定水域(如饮用水域)排放污物的行为——罪名为在禁污水域排污罪。(3)未向有关主管机关提出排污申请并获得排污许可证，而擅自排放污物、污染水体的行为——罪名为未经法定许可而排污罪。① 从国外的刑法比较来看，各国都规定了具体的水方面的环境犯罪罪名。这种分项设置的模式比较具体明确，容易突出重点，针对性强，易于打击水生态环境犯罪。我国没有具体的水生态环境犯罪的立法规定，针对性不强，没有体现环境差异和社会危害的不同，不能反映出环境侵害客体的差异性。上述国家治理水生态环境犯罪的立法规定在治理水生态环境犯罪方面发挥了出色的作用，值得我国立法借鉴，用以加强水生态环境犯罪的法律关注程度。

(二)水生态环境数据造假必须遏制

违法成本过低，缺乏有力的环境监督，是环境数据造假屡禁不止、层出不穷的重要原因之一。根据新《环境保护法》，这样的渎职行为不仅要受行政处罚，还要承担刑事责任。② 新《环境保护法》首次明确了环境数据造假的罚则。③ 在业界看来，作为环境污染刑事案件证据的环境监测报告，关系到环境执法的严肃性，需要加强监测报告的合法性、合规性、质量保证

---

① 参见刘仁文："国外的环境犯罪与立法"，载《外国法译评》1995年第1期；高福德、王志敏："中外水污染犯罪立法之比较"，载《科技咨询导报》2007年第29期。

② 根据新《环境保护法》规定，对监测数据的真实性和准确性负责，对篡改、伪造或者指使篡改、伪造监测数据的要予以惩处，追究法律责任。

③ 对监测数据的真实性和准确性负责，对篡改、伪造或者指使篡改、伪造监测数据的要予以惩处，追究法律责任。这一规定，将数据造假问题从行政层面上升到刑事法律层面。

的有效性。

(三)水环境背景值检测具备可操作性

水环境背景值,也称为水环境本底值,是指未受污染影响的情况下,其水环境要素的原始含量以及水环境质量分布的正常值。[①] 水环境背景值是纯科学技术性基础和标准,那么我们在将水环境背景值融入到刑法法律思考中时,既应该参照水环境背景值定量思考,也应该兼顾法律定性思考。[②] 另外,《水污染防治法》第2章第7条第1款规定[③]也提到了水环境背景值。水环境背景值是水污染控制法律的核心和基础,没有背景值就无法衡量和控制水污染,它是一种技术强制性规范。较强的可操作性是水环境背景值特点之一,我国目前水环境背景值检测技术的成熟性和可操作性,也使其得以顺利实施的重要保障,并为水生态环境犯罪刑事法治关注程度加强提高了可操作性,应该成为水生态污染和水生态破坏控制的基本管理措施之一。

第二节 水生态环境犯罪刑事法治科学立法之基础

一、水生态环境尺度

以水生态环境尺度为科学立法基础是全新的视角。水生态环境尺度包括时间尺度、空间尺度、承载尺度。时间尺度是指对水生态环境资源使用或破坏的时间长短。在时间尺度上对水生态环境破坏行为具有短暂性,但对水生态环境的影响持续性却长短不一。空间尺度是指水生态环

---

① 肖长来、梁秀娟主编:《水环境监测与评价》,清华大学出版社2008年版,第9页。

② 李建著:《水环境背景值的研究与实例》,中国环境科学出版社1989年版,第5~6页。

③ 《水污染防治法》第2章第7条第1款规定:“国务院环境保护部门根据国家水生态环境背景值和国家经济、技术条件,制定国家污染物排放标准。”

境资源利用或破坏在空间上的面积或体积大小的影响，水生态环境资源的利用具有空间约束。承载尺度是指水生态环境资源依据本身的物质结构和生态功能的背景值，能够承载本身具有的物质或功能最大上限值和能够承载不是本身具有的物质或功能的下限值。① 水生态环境污染破坏从根本上表现为超出了水生态环境的时间尺度、空间尺度和承载尺度。

（一）水生态环境的时间尺度

当某一区域超出水生态环境的时间尺度时，水生态环境就遭到破坏。例如，一条河流的温度变化是随四季而变化，但由于在河流的上游建了火力发电厂，排出大量的热水，导致水体热污染，这样就导致河流水温在时间尺度上温度发生变化。热污染最终破坏水中溶解氧的含量，会使氰化物、重金属离子等污染物的毒性增强，鱼类等生物的生存条件变坏，生物多样性降低。针对水生态环境在时间尺度上的变化，环境刑法要在时间尺度上做出规范，对这种破坏水生态环境的犯罪行为给予及时纠正。

（二）水生态环境的空间尺度

当某一区域超出水生态环境的空间尺度时，水生态环境也会遭到破坏。例如，候鸟迁徙是鸟类随着季节变化进行的，有规律的和长距离的迁居活动。在动物界中，类似的活动非常常见，在昆虫则称为“迁飞”，在鱼类则称为“洄游”，在哺乳动物则称为“迁移”。这些动物在水生态环境中的空间尺度都应受到环境刑法的保护。

（三）水生态环境的承载尺度

当某一区域超出水生态环境的承载尺度时，水生态环境亦会遭到破坏。例如，企业的污染物的排放可以通过科学技术测出排放的重金属排放的溶度和排放体积，是可以完全实现量化的，环境刑法依据不同水生态环境在承载尺度上的特征给出不同的刑罚标准。

---

① 陈珊、利子平、胡祥福：“生态经济发展的环境刑法保障研究”，载《湖南社会科学》2013 年第 6 期。

二、科学立法之尺度基础

当前社会水环境污染破坏严重，有经济、管理方面的原因，同时，现行环境刑法不能有效协同解决水生态环境在时间、空间、承载三维尺度上的紊乱也是主要原因之一。要做到科学立法，应以水生态环境的时间、空间和承载三维尺度为基础。因为人是水生态环境中的一个生物因子，人类经济、社会的发展根本地受到水生态环境的时间、空间和承载尺度的制约。要将人类经济、社会发展遵循生态规律，即控制经济发展在什么时间、什么空间条件下水生态环境可承受范围之内发展。

环境刑法在水时间尺度上科学立法表现为：对破坏水生态环境的行为有时间上的约束。刑法中应规定破坏水生态环境造成危害的持续时间长短来给予不同的刑罚。例如，重金属的污染和地下水的污染可以跨度几十年甚至上百年，从生态学和环境科学技术方面很难恢复。立法要在时间尺度上对不同破坏水生态环境的行为影响的持续性和短暂性进行立法。例如，河南省在20世纪50年代至90年代兴建了一批化工企业，留下了六百多万吨废料铬渣，因铬渣中含有致癌物铬酸钙和剧毒物六价铬且铬渣堆大多没有防雨和防渗措施，致癌物经雨水冲淋和渗透，成为持久损害地下水的污染源。类似这种能导致持久性水污染的犯罪行为，应该从时间尺度上影响的长短进行轻重不同的刑事处罚。因此，科学立法需要依据破坏水生态环境资源行为在时间尺度上影响的持续性长短。

环境刑法在水空间尺度上的科学立法表现为：对破坏水生态环境的行为有空间上的约束，刑法应规定破坏水生态环境造成的危害在不同的空间跨度范围给予不同的刑罚。破坏水生态环境的行为可以通过生态学、环境科学技术方法给予明确界定，在立法上可以从水生态环境的生态区划进行规范，需要考虑空间异质性的特征。例如，江、河、湖、海、湿地在空间尺度上水生态环境资源破坏的影响具有很大差别。水体污染在空间尺度上具有跨国、跨地区的影响。不同区域空间之间的水生态环境资源开发和利用因确保相互间不为损害或要满足相互间的物质能量交换。因此，科学立法需要依据破坏水生态环境资源行为在空间尺度上影响的面积或体积大小。①

环境刑法在水承载尺度上的科学立法表现为：对破坏水生态环境的行为有承载量上的约束，刑法中应规定在水生态环境案件中是何种化学物质污染的且超过多少含量应给予刑罚。应依据不同区域水生态环境的承载量作出有区别的规定。例如，鄱阳湖的重金属铜背景值为0.0008～1.118mg/L，②上限值为1.118mg/L，若某个企业或公民排污，根据水中铜的含量超过上限值多少倍进行环境刑法处罚。因此，科学立法需要依据水生态环境资源本身的物质结构和水生态功能的背景值在承载尺度作出规定。

第三节　水生态环境犯罪刑事法治科学立法之依据

一、水环境背景值

（一）水环境背景值

水生态环境的衡量指标是水环境背景值。水环境背景值是指未受或很少受人类活动的影响，未受污染和破坏的（包括受过轻微污染并已得到自净恢复的）水环境各层次、各要素、各单元的组成、性状、特征与结构。水环境背景值是水生态环境系统的属性，是水生态环境系统的一种地球化学、生物地球化学、生态学的系统综合属性。③ 水环境背景值具有以下内涵：第一，水环境背景值应综合地反映和表征水生态环境系统的地球化

---

① 陈珊、利子平、胡祥福："生态经济发展的环境刑法保障研究"，载《湖南社会科学》2013年第6期。

② 朱海虹、张本著：《鄱阳湖——水文生物沉积湿地开发整治》，中国科学技术大学出版社1997年版，第128～129页。

③ 刘亚菲："鄱阳湖水系环境背景值分析中的质量控制"，载《环境科学与技术》1991年第10期。

学、生物地球化学、生态学的系统特征、组成、结构与功能；第二，水生态环境系统有着物质流、能量流以及两者相互依存、相互关联的运动变化，水环境背景实质上是水生态环境系统的物质、能量在特定侧面的本征映像和反映；第三，水环境背景值的系统属性表现为性能、时间、空间、承载功能与价值，还表现为可靠性、适应性、动态性、整体性、关联性、平衡性、因果性、目的性。水环境背景值研究均要认真考虑这些特性；第四，水生态环境系统的不确定性、无样本性、开放性，决定了水生态环境系统属性的随机性、离散性、模糊性、突变性。开展水生态环境法律保护的研究，必须将科技知识与法律知识相结合，将科技知识有效地融入法律知识进行研究。①

（二）水环境背景值定性定量思考

水环境背景值也称水环境本底值，是指在未受污染影响的情况下，其水环境要素的原始含量以及水环境质量分布的正常值。② 水环境背景值是国家水生态环境相关法规的重要组成部分，它涉及水环境背景值、污染物排放标准以及基础和方法标准，是纯科学技术性基础和标准。我们在将水环境背景值融入刑法法律思考中时，既应该参照水环境背景值进行定量思考，也应该兼顾法律定性思考，在一定的时间、空间、承载范围内作出对水生态环境中有害物质或因素的容许浓度规定。③

（三）水环境背景值的量化作用

从水生态环境背景值的原理来看，要将水生态环境背景值法律化，不仅要考虑纯科学数据的质量标准，还要权衡多种其他因素。比如，国内的水生态环境质量现状；水污染物负荷情况；社会的经济和技术力量对水生

---

① 李建著：《水环境背景值的研究与实例》，中国环境科学出版社1989年版，第1～2页。

② 肖长来、梁秀娟主编：《水环境监测与评价》，清华大学出版社2008年版，第9页。

③ 赵晨、铁燕：“中美水环境标准法律制度比较研究——对我国水污染防治法律的修订启示”，载《水污染防治立法和循环经济立法研究——2005年全国环境资源法学研讨会论文集（第1册）》，2005年8月。

态环境的改善能力;区域功能类别;环境资源自身价值。水环境背景值是水生态环境污染和破坏控制法律的核心,没有背景值就无法衡量和控制水生态环境污染和破坏,它是一种技术强制性规范,是水生态环境污染和破坏控制的基本管理措施之一。

通过排放的数量或溶度等可量化指标来对水生态环境犯罪行为进行刑罚。但是,选用什么标准来量刑水生态环境犯罪行就成为了难题。有学者认为"依据污染物排放标准和环境质量标准对排污行为进行认定",①但是,不同地区对污染物容纳量及水环境的本底值是有很大差别的,不能在全国使用统一标准进行水生态环境犯罪行为的判罚标准。本书认为,应该以具体的水环境的本底值来判罚污染物排放的判罚标准。例如,鄱阳湖表层水相中 Cu、Zn、Pb、Cd 的平均含量分别为 45.53μg/L、94.07μg/L、4.45μg/L 和 0.13μg/L,②通过司法解释规定鄱阳湖地区排放的重金属的含量排放标准,确定测试标准方法和程序,为判定水生态环境犯罪的提供量化标准的依据。

二、科学立法依据

环境是人民生存与生活的物质基础和源泉,是经济和社会发展的总资源,环境背景是认识和了解弄清环境问题的基础。深入了解和深化认识环境的特征、结构和功能、追溯环境背景状况及其变迁,揭示和认识环境中物资、能量、信息的量变规律,有利于更好地优化规划和合理开发利用环境资源。环境背景值是环境法律保护的基础工作,国家和地方环境标准的制定、环境质量评价、环境规划、环境区划、环境管理、环境综合整治、环境质量改善、环境景观生态的塑造等,都要以环境背景作为依据,均要了解和揭示环境背景状况,要以环境物质的组成和特征结构的背景值作

① 王江:"污染环境罪的立法缺失及司法解释补救——兼评《中华人民共和国刑法》第 338 条",载《重庆大学学报》(社会科学版)2013 年第 4 期。

② 刘倩纯、胡维、葛刚:"鄱阳湖枯水期水体营养浓度及重金属含量分布研究",载《长江流域资源与环境》2012 年第 10 期。

为科学依据。按此推论,研究水环境问题的基础性工作首先就是水环境背景研究。①

我国《刑法》规定的破坏环境资源保护罪主要有两类即环境与资源,破坏自然资源方面的犯罪规定的种类较多,相关司法解释对定性定量的规定较为清晰细致,在打击自然资源的犯罪方面提供了可操作性较强的法律依据,发挥了有效的惩治作用。例如,立方材积的计算:原木材积A该树种的出材率;幼树数量计算:树木胸径在5cm以下。都是资源类本身的标准,且有林区与非林区的区分,可操作性较强,能有效地打击惩处破坏资源类犯罪。而污染和破坏环境类的污染环境罪中主要是因理念陈旧等因素,对污染和破坏环境方面的规定在定性定量上没有如破坏资源的规定那么清晰,且大多与环境本身无关。而且对于环境因素水、土、气等不加区分的规定在其中,不具备针对性。且相关司法解释也存在缺陷,大部分与环境本身规定无关,基本上是人身权和财产权的规定,几乎没有涉及环境本身的特质,更加没有标准的规定,对于水生态环境本身那就更加缺乏具体的规定,也没有提到水域、水体的区分,导致司法实践中可操作性较差,水污染和水资源的破坏的问题依然很严重。②

因此,要将污染环境罪中"严重污染环境"等概念进行准确的定性定量,对水生态环境背景值作为水生态环境犯罪刑事法治之科学立法依据。

(一)我国环境立法应以水环境背景值为依据

美国的排放许可标准为以排放技术为基础的出水限度服务表现为:首先,当一个点源排放污染物到水体之前,必须获得国家污染物排放消减

---

① 李建著:《水环境背景值的研究与实例》,中国环境科学出版1989年版,第3页;刘宝林:"松花江流域(吉林省部分)水环境持久性污染物的环境特征",吉林大学2013年博士学位论文。

② 刘启正:"环境污染评价标准引入环境犯罪刑罚的探讨",载《环保科技》2009年第2期。

体系（National Pollutant Discharge Elimination System, NPDES）许可，而致力于减少排放的许可本身是建立对该点源的技术能力评估基础上的。其次，根据《清洁水法》第301条规定"一旦水质标准确定，无论技术手段的可行性和实效性，都要建立保证其得以遵守的NPDES许可的相关限制"。① 从对美国的NPDES与我国的《水污染物排放许可证管理暂行办法》比较得出，美国的NPDES将水质标准规定为特定的排污限制的基础和依据，实行点源排污限制，而我国却将水质标准作为排污限制的结果，实行总量控制。我国的做法颠倒了科学治理污染的基础和结果的顺序。因为水质标准本身对污染防治是没有多大意义的，只有作为排污限制的基础，以水背景值来测定才是真正有效的做法。所以我国应该以我国的水生态环境背景值和水质标准为依据来实施限排，才能起到应有的法律作用。

（二）其他因素

第一，我国《刑法》第13条"但书"规定的出罪标准，②结合我国污水综合排放标准中的污染物最高排放浓度，可以认为，这些标准是许可排放的值，而非禁止排放的限值。目前的污染物排放标准规定了行政执法部门作行政处罚依据的一级、二级、三级污染标准，而却难以成为刑事惩治的法律依据。换句话说，即使达到了三级排放标准，也达不到"严重"的程度。③ 也就是说，即使达到了污水综合排放标准中的污染物最高排放浓度三级排放标准，也达不到环境污染刑事司法解释的所规定的严重污染环境的情节。我国污水综合排放标准可以为水生态环境犯罪的定罪量刑标

---

① 赵晨、铁燕："中美水环境标准法律制度比较研究——对我国水污染防治法律的修订启示"，载《水污染防治立法和循环经济立法研究——2005年全国环境资源法学研讨会论文集（第1册）》，2005年8月。

② 我国《刑法》第13条"但书"规定："情节显著轻微危害不大的，不认为是犯罪。"

③ 刘启正："环境污染评价标准引入环境犯罪刑罚的探讨"，载《环保科技》2009年第2期。

准化提供纯科学依据,应由环保科研行政部门经调研论证后形成涉及水生态环境科学的概念和标准。水生态环境犯罪的情节就可以参照标准进行规制。

第二,从我国污染环境罪的规定分析,对人身财产权的损害以及部分环境实体损害比较重视,却很少涉及对生态环境质量现状、污染物负荷情况、区域功能类别、社会的经济和技术力量对生态环境的改善能力、环境资源自身价值的重视,①或者可以说缺少对环境生态标准的关注,水环境生态标准应引入水生态环境犯罪刑事法治体系中,否则只堵不疏的水生态环境治理理念将不利于水生态环境犯罪的标本兼治,不利于水生态环境的保护。

(三)水环境背景值可操作性强

现有的水生态环境科学知识能力成熟以及检测技术发达使水环境的背景值检测的可操作性较强。水环境背景值是水生态环境犯罪控制法律的核心,没有水环境背景值就无法衡量和控制水生态环境犯罪,它是水生态环境犯罪控制的基本管理措施之一,是一种技术强制性规范。

水生态环境犯罪刑事司法实践会涉及有关的自然科学和科学数据,水生态环境犯罪损害的成因也比较复杂,涉及环境科学、农业、林业、医疗卫生、环境经济等学科。相关部门开展水生态环境犯罪损害的技术鉴定时,由于没有统一的原则和标准,鉴定的结论差异较大。因此,水生态环境犯罪定罪量刑程序需要有科学、统一的操作规程。例如,滥伐林木罪的标准中引用了林业科学中对幼树、林木立方的科学数据。水生态环境犯罪同样涉及了很多环境科学的科学数据,要将污染环境罪中“严重污染环境”、“后果特别严重”进行标准化,则有必要引入环境科学中的水环境背景值。

---

① 赵晨、铁燕:“中美水环境标准法律制度比较研究——对我国水污染防治法律的修订启示”,载《水污染防治立法和循环经济立法研究——2005年全国环境资源法学研讨会论文集(第1册)》,2005年8月。

第四节　水生态环境犯罪刑事法治科学立法之主线

一、水生态环境法益

我国《宪法》和《环境保护法》中均没有规定环境权，我国《刑法》污染环境罪规定与破坏环境资源保护罪、妨害社会管理秩序罪的章节项顺序排列关系来看，我国《刑法》将环境犯罪的客体规定为国家环境管理秩序的破坏，这种做法不能正确的反映环境犯罪的本质，也不利于发挥刑法在环境犯罪的现实应对作用。这是由于我国立法理念的相对保守，而没有体现对生态环境法益即生态环境本身的保护。笼统地包含在污染环境罪中的水生态环境犯罪估计也难逃不合理的命运。所以，明确水生态环境犯罪的水生态环境法益，不仅对从污染环境罪中分解出水生态环境罪的合理性起作用，而且对水生态环境犯罪的处罚以及刑事司法合理性也产生推动作用。犯罪法益就是一条贯穿刑事立法与刑事司法的主线，具有作为犯罪分类标准的作用，也具有让刑法立法合理同时刑罚处罚合理的作用。

水生态环境法益需从时间、空间和承载三维尺度分析。首先明确保护对象是“水”，法律法规中的法益是明确地保护水的组成成分等。水的时间尺度法益是指任何生产行为在对水的利用上都不能持续性的影响水的组成成分等，如企业不能持续的向湖泊排放污水。水的空间尺度法益是指对水利用等行为在空间上不能影响水所处的空间，如养猪企业不能使用沟渠空间存储养猪废水；水的承载尺度法益是指对水利用等行为在水承载上能承受其他污染物量的多少，水由氢、氧两种元素组成的无机物，在常温常压下为无色无味的透明液体。[①] 水中会有溶解在其中的其他

① 陈珊、利子平：“生态环境法益探微”，载《求索》2015 年第 5 期。

微量元素,最常见的为钙、钾、钠、镁,这些物质具有本地背景值含量。因此,以保护水的组成成分等科学规律来制定法律法规,例如某企业向水中排放含有重金属的成分的水或超出水的背景值含量,则应受到处罚。水生态环境法益是受民法、行政法和刑法等一系列法律法规保护的利益,保护的对象是客观存在的水生态本身,保护的利益是维护水在时间、空间和承载三维尺度上免遭破坏。水生态环境法益的三个方面特征具体体现在:

第一,时间尺度法益是法律法规对水生态环境在时间上保护的利益。从水生态环境的时间尺度去认识法益,水生态环境才能保护好。原因在于破坏水生态环境和恢复水生态环境都需在时间尺度上完成,特别是破坏水生态环境的效应是随着时间的积累才会显现。例如,重金属向水体排放,在短的时间内不会对生态环境产生效应,但若在 5 年、10 年的时间尺度上看,周围的动植物乃至人类(如癌症村)都有可能是致命的,对生态环境的破坏是巨大的。若要恢复到原来的状态,则同样需要 5 年或 10 年的时间。在人类社会生产的过程中,后代人对水生态环境资源应该拥有同等使用权,当代人不应该牺牲后代人的利益换取更多水生态环境资源的使用权,要确保在时间尺度上对水资源利用的持续性;在时间尺度上破坏水生态环境行为具有短暂性,但对水生态环境的影响是持续的。因此,水生态环境法益需要依据保护对象在时间尺度上影响的持续性进行界定。

第二,空间尺度法益是法律法规对水生态环境在空间上保护的利益。从水生态环境的空间尺度去认识法益,水生态环境才能保护好,原因在于破坏水生态环境案件的受理是属地化管辖。例如,企业向河流排放污水,影响范围多大,要清晰地划定空间范围。同时,这一河流若跨越行政边界,受理案件范围又如何划定等问题都需在空间尺度上回答。另一方面,水生态环境利用具有空间约束。例如,江、河、湖、海等不同水生态环境资源在空间尺度上破坏的影响具有很大差别,水体污染在空间尺度上具有跨国、跨地区的影响,①区域的水资源开发利用和区域发展不应损害与水生态环境有关的其他区域对水生态环境的需求,并要求区域间水资源环境共享和共建。因此,水生态环境法益需要依据保护对象在空间尺度上影响的面积或体积大小进行界定。

第三,承载尺度法益是法律法规对水生态环境在承载上保护的利益。只有从水生态环境的承载尺度去认识法益,水生态环境才能保护好,原因在于水生态环境具有水环境承载容量的客观规律。若法律法规对排放的污染物的成分和含量不规定,致使水资源超出环境承载量,最终环境也被破坏;若对排放污染物的行为全面禁止(如向水体排放鸡粪供水产养殖),但排放在环境承载量范围内也被禁止,则会阻碍水产养殖发展。因此,应允许人们在不超越环境负荷能力的限度内开发利用环境资源。② 鄱阳湖的重金属铜背景值为0.0008～1.118mg/L,上限值为1.118mg/L。若某个企业或公民排污的水中铜的含量超过上限值就是对水生态环境法益的侵害。承载尺度法益需要依据水生态环境本身所包含的物质及其背景值在承载尺度上进行界定。

当然,破坏水生态环境行为,水生态环境的时间、空间和承载三个尺度将会同时遭到破坏,不能将三者孤立地进行保护,必须同时进行。水生态环境的时间、空间和承载属性三者任何一方面受到破坏都将导致水生态环境的恶化。

二、科学立法主线

现行法律法规不能有效保护水生态环境,根本原因是对水生态环境法益没有清晰的认识,不同部门法律之间对水生态环境法益边界界定不清,未将水生态环境法益为主线贯穿整个刑事法治体系。

---

① 陈珊、利子平、胡祥福:"生态经济发展的环境刑法保障研究",载《湖南社会科学》2013年第6期。

② 黄锡生、史玉成:"中国环境法律体系的架构与完善",载《当代法学》2014年第1期。

（一）清晰认识水生态环境法益

生态利益对生态系统的稳定、平衡具有自身独特的作用方式，其拥有主体不可能是具有社会属性的人。[①] 只有认清主体后，才能认清利益，最终才能转为法益加以保护。在生态文明理念下，生态法益应作为度量标准。[②] 生态环境，若利益主体是人类，则以人类为中心的利益保护，转变为法律法规保护的法益就是保护人的利益；若利益主体是生物（包括人）或环境（大气、水、土壤），则以生物或环境为中心的利益保护，转变为法律法规保护的法益就是保护自然规律。我国环境刑法受“人类中心主义”法律价值观的影响较大，没有很好地体现保护环境预防为主的原则。[③] 这就是通常争论的是“以人类为中心”还是“以生态环境为中心”的立法理念。

侵犯水生态环境利益的行为，轻则经济发展不可持续，重则生存水生态环境恶化或破坏，威胁人类在地球上的生存安全。经济快速发展，水生态环境持续恶化，这两者的矛盾表现为法律不科学，主要是法律在保护谁的利益这个问题不明确。为解决这一矛盾，首先探究法律保护谁的利益，即谁的法益。明确保护对象是“水”，则法律法规中的法益是明确的：保护水的组成成分等。水生态环境是自然客观存在的物质，具有自身的科学规律，不因人类生产活动而改变，主要表现为水生态环境在时间、空间和承载三维尺度上的自然属性。在水生态环境犯罪的刑法立法方面，是否将水生态环境法益作为独立的法益保护将会导致刑罚处罚的提早到来还是推迟刑罚处罚的时间。推迟刑法的介入，看起来是刑法谦抑性，实际是环保政策的妥协，降低刑法的威信。

（二）明确界定部门法保护水生态环境法益边界

现行行政机关处罚破坏水生态环境犯罪行为时，往往不会移送给司

---

① 吴鹏飞、蒋兰香：“论环境刑法法益的结构”，载《中国人口资源与环境》2011年第1期。

② 焦艳鹏：“法益解释机能的司法实现——以污染环境罪的司法判定为线索”，载《现代法学》2014年第1期。

③ 贾济东：“环境犯罪立法理念之演进”，载《人民检察》2010年第9期。

法机关处理,主要原因是行政法与刑法在处罚破坏生态环境行为时边界不清楚,破坏水生态环境行为以什么为边界进行界定不确定。笔者认为,行政法与刑法在处罚水生态环境破坏行为时应以水生态环境法益作为边界确定的界线,也就是以水生态环境的组成成分等科学规律为边界线,具体主要体现在水生态环境在时间、空间和承载三个尺度上的边界。行政法与刑法在水生态环境法益尺度上必须确立边界,超过什么界限归行政法保护的法益,超过另一个界限归刑法保护的法益。因此,行政法与刑法保护的水生态环境法益是具有一致性和衔接性的。水生态环境法益边界是科学规律的体现,也就是说水生态环境法益的边界具有科学属性。因此,在针对水生态环境立法时一定要科学立法,符合水生态环境的组成成分等科学规律。下面通过水生态环境时间、空间、承载尺度来分析水生态环境的行政法和刑法的法益边界。

第一,水生态环境在时间尺度上的法益边界。破坏水生态环境的组成成分的行为发生后,是适用行政法还是刑法进行处罚目前在司法实践中很不明确,原因在于现行的法律没有对破坏水生态环境组成成分影响多长时间给予界定。破坏水生态环境影响多长时间适用行政法处罚,超过多长时间适用刑法处罚。例如,向水体排放有“放射性的废物、含传染病病原体的废物、含重金属物质的废物,猪场废水”等不同物质时,都是在时间尺度上(影响几个小时,还是几周,甚至几年)对水生态环境的破坏。行政法与刑法应依据不同物质在时间尺度上对水生态环境破坏的长短给予不同的处罚,通过破坏水生态环境时间的长短来界定时间尺度法益的边界。

第二,水生态环境在空间尺度上的法益边界。通常在处理水污染案件时,会出现破坏水生态环境的组成成分影响的范围不管大小都适用行政法来进行处罚,由于处罚威慑力不足,最终导致生态环境大面积恶化。例如,向水体排放有“放射性的废物、含传染病病原体的废物、含重金属物质的废物,猪场废水”等不同物质时,都是在空间尺度上(影响江湖河几公里范围,还是几十公里,甚至整个流域)对水生态环境的破坏。行政法与刑法应依据不同物质在空间尺度上对水生态环境破坏的面积或体积大小给予不同的处罚。通过破坏空间的大小来界定法益的边界。

第三,水生态环境在承载尺度上的法益界限。在处理偷排污水时,经常只考虑这一行为是否成立,却不考虑所排放的污水是否改变当地的水生态环境的组成成分和给水体生态环境造成危害程度来处罚。例如,向水体排放有"放射性的废物、含传染病病原体的废物、含重金属物质的废物,猪场废水"等不同物质时,都是在承载尺度上(排放是几公斤,还是几吨,甚至上千吨)对水生态环境的破坏。行政法与刑法应依据不同物质在承载尺度上对水生态环境破坏的承载量多少给予不同的处罚,通过破坏承载的多少量来界定法益的边界。

(三)以水生态环境法益为主线贯穿整个水生态环境刑事法治体系

我国刑法理论上将犯罪法益称为犯罪客体,犯罪法益就是一条贯穿刑事立法与刑事司法的主线,具有作为犯罪分类标准的作用,也具有让刑法立法合理同时刑罚处罚合理的作用。对于水生态环境行政执法和生态环境刑事司法的有效衔接的基础工作需要明确界定生态环境时间、空间、承载三个维度在行政法与刑法中的界线,更加需要将水生态环境法益作为主线贯穿整个刑事法治体系。

生态环境法益具有易害性和难以保护性,①在保护水生态环境实践过程中,司法过程是保护水生态环境法益的过程,司法过程以水生态环境法益作为举证和实施标准来进行。往往会出现司法过程中对破坏水生态环境的行为束手无策,主要表现为举证难,处罚或量刑标准不统一。出现这些问题的原因之一是立法不科学。那么,水生态环境法益就应是一条贯穿刑事立法与刑事司法的主线,这样才能从整体上从根本上全面治理水

① 简基松:"论生态法益在刑法法益中的独立地位",载《中国刑事法杂志》2006年第5期。

生态环境犯罪。

综上所述,水生态环境法益需根据水生态环境的自然科学规律给予界定,因保护的对象水生态环境是客观存在的物质,具有时间、空间、承载三维尺度自身的特性。探析水生态环境在时间、空间及承载三维尺度上的法益,界定其法益在行政法与刑法中的边界,将水生态环境法益为主线贯穿整个刑事法治体系,具有重要的理论意义及司法现实意义。水生态环保立法、司法及执法只有在遵循科学的水生态环境法益为主线的基础上,才能更好地、更有效地保护水生态环境。

第五节　水生态环境犯罪刑事法治科学立法之理念

立法理念的不同,即以人类为中心(保护人的生命健康)或以水生态环境为中心(保护水生态环境本身)的不同,将会导致立法模式、犯罪构成、惩罚范围、刑罚轻缓方面的不同。刑法立法是否以独立的水生态环境为中心作为立法理念,是否将水生态环境本身作为独立保护的法益,将会导致刑罚处罚的提早到来还是推迟到来,以及是注重控制犯罪行为的预防治理还是注重末端治理的结果。

一、水生态环境立法理念

目前世界各国的环境立法理念主要有,“以生态环境为中心”的立法理念;“以人类为中心”的立法理念;“以人类为中心”与“以生态环境为中心”并重的立法理念。

“以生态环境为中心”的立法理念。英国《环境法》第95条规定,违反本法规定,实施危害环境要素行为的,构成犯罪。[①] 1984年的《清洁水法》

① 杨春洗、向泽选、刘生荣著:《危害环境罪的理论与实务》,高等教育出版社1999年版,第83页。

经过5次修改后,确立了对向下水道或者公共污染处理站排放污染物、危险物的行为的刑事处罚,如果明知实施这类行为会造成他人生命危险,还依然实施的,处15年以下监禁。从英国的规定来看,就算人身和财产权未遭受损害,但是生态环境要素受到一定危害,即构成生态环境犯罪,①英国的环境刑法体现了以生态环境为中心的立法理念。美国的环境刑法也注重对生态环境本身的保护,体现了以生态环境为中心的理念。

"以人类为中心"的立法理念。日本尽管以专门的单行刑法规定了环境犯罪,但其立法却注重"以人类为中心"的理念,并不注重生态环境本身。日本《刑法》第208条规定:"释放、扔弃、散发毒物或其他有害健康之物,或者使其流出,污染大气、土壤、河流或者其他公共水域,导致对公众的生命、身体产生危险的,处5年以下惩役。"②其立法理念是将着眼点注重保护人身财产权,并未注重保护生态环境本身。③ 从总体上讲,日本的环境刑法是从人类为中心为理念来保护人的基本健康而追究破坏环境行为的刑事责任。

"以人类为中心"与"以生态环境为中心"并重的立法理念。德国《刑法典》第324条明确规定,未经许可污染水域(自然水域,包括地表水、地下水和海水)或对其品质作不利改变的,即构成犯罪,处5年以下自由刑或罚金,未遂犯和过失犯亦应处罚。④ 此外,1976年德国《水法》亦规定,污染水源对他人健康或者生命造成危险或损害的,处5年以下监禁或罚

---

① 郭建安、张桂荣著:《环境犯罪与环境刑法》,群众出版社2006年版,第155~156页;王吉春:"各主要国家环境刑法立法理念的比较研究",载《长春市委党校学报》2014年第5期。

② 马如栋:"国外环境公害犯罪惩罚模式及其对我国的启示",载《未来与发展》2011年第10期。

③ 蒋兰香著:《环境犯罪基本理论研究》,知识产权出版社2008年版,第53页。

④ 李文伟、赵燕:"水污染防治立法的刑罚选择",载《水污染防止立法和循环经济立法研究——2005年全国环境资源法学研讨会论文集》,2005年8月;肖静文:"中外水污染犯罪之比较研究",中南林业科技大学2007年硕士学位论文。

金。德国的环境刑法既包括对危害环境要素本身也包括对造成人类健康、财产损害的结果予以处罚,体现了"以人类为中心"与"以生态环境为中心"并重的立法理念。

(一)生态环境中心理论

与人类为中心理论形成鲜明对比的生态环境中心理论认为,环境的作用与成分就其本身而言有权得到刑法的保护。例如,水污染本身就构成一种应受处罚的不道德行为。[①] 这种环境法益保护观普遍认为,环境犯罪侵害的法益为水生态法益、土壤生态法益、空气生态法益、植物生态法益、动物生态法益等生态学的独立环境法益。[②] 环境犯罪的侵害范围与刑法法益之间有着密切的联系。还有的学者进一步指出,公害现象造成财产损害的情形不能忽视,除了严重毁损农、林、渔、牧等天然资源外,其他损害财产的公害行为亦宜列为犯罪行为。公害严重损害人类赖以生存的天然资源,毁坏天然资源的结构,影响到人类的生存资源基础,这种公害是有必要进行刑事惩治的。[③]

生态利益对生态系统的稳定、平衡具有自身独特的作用方式,其拥有主体不可能是具有社会属性的人。[④] 只有认清主体后,才能认清利益,最终才能转化为法益加以保护。在生态文明理念下,生态法益应作为度量标准。[⑤] 若利益主体是生物(包括人)或环境(大气、水、土壤),则以生物或环境为中心的利益则保护,[⑥]转变为法律法规保护的法益就是保护自然环境。侵犯水生态环境利益的行为,轻则导致经济发展不可持

---

① 王秀梅著:《刑事法理论的多维视角》,中国人民公安大学出版社2003年版,第19~20页。

② 贾济东:"环境犯罪立法理念之演进",载《人民检察》2010年第9期。

③ 邱聪智著:《公害法原理》,台湾辅仁法学丛书1987年版,第418页;王秀梅:《台湾环境刑法与环境犯罪研究》,载《中国刑事法杂志》1996年第6期。

④ 陈珊、利子平:"生态环境法益探微",载《求索》2015年第5期。

⑤ 焦艳鹏:"法益解释机能的司法实现——以污染环境罪的司法判定为线索",载《现代法学》2014年第1期。

⑥ 陈珊、利子平:"生态环境法益探微",载《求索》2015年第5期。

续,重则致使生存水环境恶化或破坏,威胁人类在地球上的生存安全。在水生态环境犯罪的刑法立法方面,是否以独立的水生态环境为中心作为立法理念,是否将水生态环境法益作为独立的法益保护,意义十分重大。

(二)人类为中心理论

人类为中心理论以保护当代的个人利益为主旨。例如,人类可能会因水污染而生病。这种污染和破坏环境行为危及人类人身财产权。因此,没有对特殊个体的人身财产造成一种严重危害的破坏环境行为不认为是犯罪行为。①

日本的《水污染防治法》以公众的生命和身体为保护对象,是以生活环境保护为目的,但以对于违反排出基准的直罚为中心,环境保护视为间接的。② 中国台湾地区"刑法"第190条投毒公众饮用水罪所保护的是人的卫生条件,而未涉及水生态环境本身的内容。③ 人类为中心理论认为,环境刑法主要当人身财产权受到水生态环境污染和破坏犯罪的侵害时才受到保护,这种水生态环境犯罪行为才能得到刑事惩治,也就是说,水生态环境本身并不是环境刑法保护的内容。④ 因为,这种观点认为保护的主体不是水生态环境本身,而是人身权和财产权,如果人的人身和财产权没有受到损害或威胁,就不需要受到刑事惩治。⑤

---

① 王秀梅著:《刑事法理论的多维视角》,中国人民公安大学出版社2003年版,第17～19页。

② [日]浅田和茂:"日本环境刑法的现状与问题",载台湾地区1992年《环境刑法学术研讨会论文集》,第217～218页;吴国贵:"环境犯罪与环境刑法若干基本原理",福州大学2004年硕士学位论文。

③ 王秀梅著:《刑事法理论的多维视角》,中国人民公安大学出版社2003年版,第21页。

④ 孟伟:"论人类中心视野中的环境刑法",中国政法大学2006年博士学位论文。

⑤ 许玉秀:"环境刑法规范的过去、现在与未来",载台湾地区1992年《环境刑法国际学术研讨会论文集》,第616页;白平则:"我国环境刑法法益论析",载《法学杂志》2007年第7期。

人类为中心观点的拥护者强调,现代工业社会绝大多数的水污染行为是完全合法的。因此,刑事诉讼应倾向于限制对轻微水生态环境犯罪案件的适用,刑法完全不适宜作为保护水生态环境的手段,在水生态环境保护领域适用刑法是有害的并会起反作用。应将注意力从真正合法水污染问题转移到预防,而在行政和税法领域需要深刻变革。这种传统观念与水生态环境治理现实存在很大的差距,这种理念不仅解决不了水生态环境内在的矛盾,反而会更加加剧水生态环境恶化无法治理的境地。这类观念已经落后于时代,而且遭到学界的普遍批评与否定。

综上分析,水生态环境犯罪刑法立法是否以独立的水生态环境为中心作为立法理念,是否将水生态环境本身作为独立保护的法益,将会导致刑罚处罚的提早到来还是推迟到来,以及是注重控制犯罪行为的预防治理还是注重末端治理的结果。总之,我们应该坚持以水生态环境为中心的立法理念。

(三)人类为中心与生态环境为中心并重理论

如今环境保护已经不再局限也不应该局限于“保护人类生命健康免受环境的危害”,①而是代之以结合了生态学与人类中心论这两方面的利益的新概念。德国注重人类为中心与生态环境为中心并重的理念,②有的学者提出,环境法益应纳入刑法公共危险罪中加以保护,公害除涉及的个人生命、财产的法益以外,也严重损害农林渔牧等天然资源,故应纳入刑事犯罪的处罚范围。就犯罪的本质而言,环境犯罪的客体,应为侵害社会

---

① 王世洲:“德国环境刑法中污染概念的研究”,载《比较法研究》2001年第2期。

② 德国联邦议会公报(Bunderstagsdrucksache),第9页,德国政府在提请德国联邦议会讨论反环境犯罪法的草案说明中指出:“人类的生存空间和自然生存基础是需要刑法保护与重视的,长期以来,它们一直处在为保护传统的尤其是个人权利的法益的刑法的核心部分,这是不言而喻的。环境的刑事保护不能单纯地局限于对人类生命健康的保护,必须同时保护像水、空气和土地这样的基本生活基础,应当将它们作为人类生活空间的组成部分加以包括,并且将这种生态学的保护利益也作为法益来加以认识。”参见王世洲:“德国环境刑法中污染概念的研究”,载《比较法研究》2001年第2期;白平则:“我国环境刑法法益论析”,载《法学杂志》2007年第7期。

法益。

但是如果这样就会引起没必要的混乱，水生态环境犯罪涉及的个人生命、财产的法益，在刑法中侵害公民人身、财产权利罪当中的故意伤害罪、故意杀人罪、过失致人死亡罪等罪名已经可以制裁这些犯罪，人类为中心与生态环境为中心并重保护理念不仅解决不了水生态环境内在的矛盾，反而会造成一些罪名适用混乱的实际问题。

二、科学立法理念

（一）水生态环境本身必须得到刑法保护

原《刑法》第338条规定①与修改后《刑法》第338条规定②的后果规定比较，说明我国环境刑法立法理念慢慢向保护环境本身靠拢。再综合比较分析《刑法修正案（八）》等相关规定，这些规定和解释的理念又回归到了人本主义的立法理念了。刑法只注重保护水生态环境犯罪所造成的死亡、人身伤害、财产损失、社会秩序等严重后果的行为入罪，而那些没有造成的死亡、人身伤害、财产损失、社会秩序等严重后果的水生态环境犯罪一般不作为犯罪处理，这就不可避免地忽视了水生态环境本身，也就是说，水生态环境本身没有得到刑法的保护。所以必须将独立的水生态环境为中心作为立法理念，保护水生态环境本身。

（二）做到刑事惩治与水生态环境恢复衔接

就目前的污染环境罪规定来分析，惩治水生态环境犯罪的手段还是传统的刑罚手段，即自由刑和罚金刑。这种立法理念缺乏对水生态环境

---

① 原《刑法》第338条："违反国家规定，向土地、水体、大气排放、倾倒或者处置有放射性的废物、含传染病病原体的废物、有毒物质或者其他危险废物，造成重大环境污染事故，致使公私财产遭受重大损失或者人身伤亡的严重后果的，处三年以下有期徒刑或者拘役，并处或者单处罚金；后果特别严重的，处三年以上七年以下有期徒刑，并处罚金。"

② 《刑法》第338条规定："违反国家规定，排放、倾倒或者处置有放射性的废物、含传染病病原体的废物、有毒物质或者其他有害物质，严重污染环境的，处三年以下有期徒刑或者拘役，并处或者单处罚金；后果特别严重的，处三年以上七年以下有期徒刑，并处罚金。"

的恢复治理，以至于惩治了犯罪行为人，水生态环境犯罪还是被破坏而没有得到恢复的尴尬局面。既然要以独立的水生态环境本身为中心作为立法理念，就必须立足于水生态环境本身的目的，将刑事惩治和水生态环境恢复的手段结合起来，达到既治理水生态环境犯罪，也做到对水生态环境的恢复的目的。

（三）体现刑法对水生态环境犯罪的预防功能

只要所谓的水生态环境犯罪不产生相关刑事司法解释规定的后果，①就不是犯罪，就不用受到刑事惩治，这没有很好地体现刑罚的预防功能，反而滋生了一些人的投机心理，反正污染、破坏环境的行为只要不造成上述结果就不用受到刑事惩治，刑罚的预防功能被这种传统的立法理念所掩盖了。因此，水生态环境刑事保护应从水生态环境中心立法理念出发，相对以水生态环境本身独立保护，最起码是相对独立的法益保护，不是单纯地局限于人的生命健康安全的保护，而是同时保护水这种生命之源，从时间、空间、承载尺度上加以保护，体现刑法对水生态环境犯罪的预防功能。

第六节　水生态环境犯罪刑事法治科学立法之模式

环境刑法本身是一个复杂的系统工程，涉及各个方面的问题。尽管我国刑法已经建立了环境犯罪治理的基本框架，甚至在一些具体犯罪的规定上也具有一定的生态保护色彩，但立法模式的不对称，造成刑法对水生态环境犯罪的惩治能力不足，无法有效发挥对水生态环境犯罪的预防

---

①　最高人民法院、最高人民检察院《关于办理环境污染刑事案件适用法律若干问题的解释》规定，公私财产损失三十万元以上的；不致使一人以上死亡、三人以上重伤十人以上轻伤，或者一人以上重伤并且五人轻伤的；不致使乡镇以上集中式饮用水水源取水中断十二小时以上的，等等。

功能和水生态环境的恢复功能,以至于环境刑法在保护水生态环境中并没有有效地起到作用,放纵了水生态环境犯罪的发生,某些严重污染和破坏水生态环境的行为得不到有效的刑事治理,而随着社会转型和城市化进程的加快,水生态环境犯罪危害性在不断加深,亟待环境刑法予以有效应对,优化水生态环境犯罪法治刑事立法模式。

一、水生态环境立法模式

环境立法模式依据环境刑法规范所属法律的内容为标准,可以分为系统规定刑法规范的刑法典模式,单独规定某类或某些类型犯罪的单行刑法模式以及在非专门刑事法律中规定的附属刑法模式以及其他模式。许多国家和地区对环境刑法的立法在立法模式各不相同,有的是刑法典模式,有的是单行刑法模式,有的是附属刑法模式,有的是其他模式,也有的是几种相结合的模式。

(一)刑法典模式

刑法典模式又可分为两种模式:传统模式和现代模式。现代模式较传统模式更为明确、具体,实践可操作性强。但两者在实践中多依赖于附属刑法的作用,传统模式的依赖性更强,故其刑法规定简单;现代模式依赖性较弱,故其刑法规定详细。由于刑法典是国家的基本法律,不仅体系完整、易于了解和操作,而且在现代法治社会,刑法表现出的威慑力肯定要比其他法律法规,如行政法民法等法律要强得多。[①] 因此,环境刑法的大部分内容规定在刑法典中是可取的,也是各国环境刑事立法的通例。

传统模式主要是指刑法典原有内容涉及某些污染和破坏环境的犯罪,并未就环境犯罪再设专章、专节独立加以规定。这种模式包括多种类型:第一,简单分类型。这类规定相对又有所细化。例如,1985 年新加坡《刑法典》第 14 章危害公共卫生、安全、礼仪和道德的犯罪中规定的污染

---

① 陈兴良著:《刑法哲学》,中国政法大学出版社 1992 年版,第 523 页。

公共温泉或水库中的水的犯罪;[①]1985 年马来西亚《刑法典》[②]以及印度《刑法典》的规定。[③] 第二,单一传统型。采用这种模式的国家和地区有罗马尼亚、巴西、瑞士、韩国及我国台湾地区等。例如,1973 年罗马尼亚《刑法典》第 9 编危害公共健康罪中的“污染水源罪”;[④]《巴西刑法典》第 3 章妨害公共健康罪中污染或弄脏公共或私人的饮水的犯罪;[⑤]2003 年最新修订后的瑞士《刑法典》第 8 章针对大众健康的重罪或轻罪中涉及的污染饮用水罪;[⑥]韩国《刑法典》第 16 章规定的妨害饮用水罪;[⑦]以及我国台湾地区“刑法”第 11 章公共危险罪中妨害公共饮水罪(第 190 条);等等。

现代模式,主要是指在刑法典中以专章或专节的形式专门规定。目前,采用这种模式的国家有德国、西班牙、芬兰、俄罗斯等国。例如,德国

---

① 《新加坡共和国刑法典》,柯良栋等译,中国法制出版社 1996 年版,第 78 页;《新加坡刑法典》第 277 条、第 278 条。

② 《马来西亚刑法典》,黄士春译,信雅达法律翻译出版社 1985 年版,第 97 页。《马来西亚刑法典》第 14 章影响公众卫生、安全、便利、礼仪及道德之犯罪涉及的污染公众水源或蓄水池之水致使对健康有害的行为。(第 277 条)。

③ 《印度刑法典》,赵炳寿等译,四川大学出版社 1988 年版,第 71 页。《印度刑法典》第 14 章危害公众卫生、安全、便利、礼仪及道德的犯罪中的故意污染公共水源或蓄水池中的水的行为(第 277 条)。

④ William S. Hein & Co. , *THE PENAL CODE OF THE ROMANIAN SOCIALIST REPUBLIC*, IncBuHalo, , NEW YORK, 2000, p. 128;《罗马尼亚刑法典》第 311 条规定:“以任何方式污染水源或泉水给公共健康、动物、植物造成损害的,处一个月以上一年以下监禁或罚金。”

⑤ 肖榕主编:《世界著名法典选编》(刑法卷),中国民主法制出版社 1998 年版,第 128 页;《巴西刑法典》,法律出版社 1965 年版,第 87 页。1942 年《巴西刑法典》第 271 条规定:“污染或弄脏公共或私人的饮水,使水不适合饮用或者有害于健康的:处刑:二年至五年监禁。附款:如果是过失犯罪;处刑:二个月至一年拘役。”

⑥ 《瑞士联邦刑法典》,徐久生、庄敬华译,中国方正出版社 2004 年版,第 72 页。《瑞士刑法典》第 234 条(污染饮用水)规定:“(1)故意用对健康有害的物质污染人或家畜饮用水的,处 5 年以下重惩役或 1 个月以上监禁刑。(2)行为人过失为上述行为的,处监禁刑或罚金。”该条从 1942 年生效至今一直未作修改。

⑦ 《韩国刑法典》,[韩]金永哲译,中国人民大学出版社 1996 年版,第 32 ~ 33 页。《韩国刑法典》第 192 条(妨害使用饮用水)、第 193 条(妨害使用自来水)等规定。

《刑法典》第 29 章[①]包括了污染水域犯罪；修订后的西班牙《刑法典》也采用集中的方式于第 16 集规定了破坏自然资源和环境罪和残害动植物罪，共计 25 个法条，涉及两类综合的环境犯罪；[②]芬兰《刑法典》第 48 章环境犯罪、第 49 章自然资源犯罪；[③]1996 年俄罗斯《刑法典》第 26 章生态犯罪；[④]塔吉克斯坦《刑法典》第 9 编第 24 章危害生态安全和环境罪，[⑤]爱沙尼亚《刑法典》第 20 章环境犯罪。[⑥]

在我国，刑法典是我国环境刑法主要法律渊源。刑法典比较系统完整地规定了我国环境刑法具体生态环境犯罪和法定刑的规范体系。我国《刑法》专门规定了破坏环境资源保护罪，其中包括污染环境罪等罪名。这种模式优点主要有两个方面：一是将环境类犯罪单独保护；二是罪名的细化。这种在刑法典中专门规定环境犯罪的模式逐渐为大多数国家所接受、采纳及认可。

（二）单行环境刑法模式

单行环境刑法，是指国家为了适应环境保护特殊需要而针对环境犯罪而颁行的单行环境刑事法律。例如，德国 1980 年 3 月 28 日的《反环境犯罪法》（德国第 18 部刑法修改法）和 1994 年 6 月 27 日的《第二部反环境犯罪法》（德国第 31 部刑法修改法），并都为最终修订的刑法所

---

① ［德］汉斯·海因里希·耶塞克："德国刑法典序"，载《德国刑法典》，徐久生、庄敬华译，中国法制出版社 2000 年版，第 31～32 页。1999 年 1 月 1 日生效的《德国刑法典》于分则中增加了第 26 章"妨碍竞争的犯罪"，故将原第 28 章环境犯罪改为第 29 章。

② 潘灯译：《西班牙刑法典》，中国政法大学出版社 2004 年版，第 121～127 页；杜澎："环境刑法的基本原理"，西南政法大学 2006 年博士学位论文。

③ 《芬兰刑法典》，肖怡译，北京大学出版社 2005 年版，第 133～138 页；《芬兰刑法典》，于志刚译，方正出版社 2004 年版，第 186～192 页。

④ 《俄罗斯联邦刑法典》，黄道秀等译，中国法制出版社 1996 年版，第 127～135 页。

⑤ 《塔吉克斯坦刑法典》第 24 章危害生态安全和环境罪（第 220～第 236 条，共 17 条 17 个罪名），*CRIMINAL CODE OF THE PUBLIC OF TAJIKISTAN*，CHAPTER24. Crimes Against Ecological Safety and Environment。

⑥ 危害环境罪（共计 19 个法条，19 个罪名），*The penal Code of Estonia*，chapter20，offend Against Environment。

吸纳。① 此外,日本1970年《公害犯罪制裁法》也是单行环境刑法的一种范例,是当时世界上最具现代意识、最超前的环境刑法。该法虽仅有7个条文,但以单行环境刑法的模式规定环境犯罪是很前沿的。②

在我国,单行环境刑法,是指全国人大常委会制定的刑法规范,主要有单行刑事法律、刑法修正案、在其他法律中规定刑事责任和对刑法法条进行立法解释四种形式。1997年《刑法》施行以前制定单行刑事法律(单行刑法)曾是全国人大常委会补充或修改刑法的最主要形式。③ 1997年《刑法》施行后,全国人大常委会对刑法的修改和补充就主要采取制定刑法修正案④和有关法律规定相关的刑事责任的形式。有关环境刑法内容的刑法规范有3个:《刑法修正案(二)》、《刑法修正案(四)及《刑法修正案(八)》、《关于(中华人民共和国刑法)第228条、第342条、第410条的解释》、《关于办理环境污染刑事案件适用法律若干问题的解释》。

(三)附属刑法模式

附属刑法模式是指在其他非刑事法律中规定有关环境犯罪与刑罚的模式。这种模式主要以英美法系国家为代表,在英美法系国家,以美国和

---

① 胡桥:"20世纪西方刑事法律的基本价值取向",载何华主编:《外国法制史研究》,法律出版社2006年版。

② 杜琪:"论环境刑法的行政从属性",武汉大学2010年博士学位论文。

③ 1979年刑法施行后,为适应犯罪形态不断变化的社会形势,全国人民代表大会常务委员会先后制定《中华人民共和国惩治军人违反职责罪暂行条例》、《关于严惩严重破坏经济的罪犯的决定》、《关于严惩严重危害社会治安的犯罪分子的决定》、《关于禁毒的决定》、《关于惩治走私、制作、贩卖、传播淫秽物品的犯罪分子的决定》、《关于惩治捕杀国家重点保护的珍贵、濒危野生动物的补充规定》等20多个单行刑事法律。根据1997年刑法第452条规定,这些单行刑事法律或者因整体被纳入1997年刑法而被废止,或是因其中有关刑事责任的规定被纳入1979年刑法而不再适用。

④ 1998年以后,全国人大常委会对全国人民代表大会制定的刑事法律进行的部分补充和修改,放弃了以往脱开刑法典条文体系制定单行刑事法律的做法,而采用"刑法修正案"的形式在现有刑法典条文体系内对现行刑法规范进行增删、修改的做法。到目前为止,全国人大常委会共颁布了9个刑法修正案。值得注意的是:在这些刑法修正案中,全国人大常委会开始运用"第××条之一"这种新的刑法条文排列格式,以便解决与原刑法条文规定的犯罪性质相近,但仅修改原刑法条文又无法纳入的新型犯罪的问题。

英国为代表。如英国1994年修订的《环境保护法》;美国的《清洁水法》和1977年修订的《水污染法》,等等;加拿大1988年在《环境污染物法》、《水法》、《海洋倾废法》和《环境法》等环境法规基础上颁布了一部综合性的《环境保护法》。在大陆法系国家中,最为典型有日本、法国。如法国采用整合性的统一《环境法典》;日本1998年修订的《水污染防治法》等;此外,还有瑞典1995年修订的《环境保护法》和罗马尼亚《环境保护法》。①

我国在水生态环境方面最典型的附属环境刑法,如1996年修正的《水污染防治法》第57条的规定,②较刑法典而言,附属刑法本身具有两方面的优势:一是将水生态环境本身作为一种独立的法益加以保护,也就是说环境刑法保护的对象更具体和有针对性。环境刑法的适用与环境行政法之间始终保持一种行政违法性前提的关系。二是加大环境刑法对环境犯罪的惩治力度,如对罪名及刑罚适用幅度的调整,不仅以刑法作为核心制裁手段,而且确保国家环境秩序计划的执行。③ 但是与国外的附属环境刑法相比,我国的附属环境刑法只是一种形式意义上的附属刑法,不是一种实质意义的附属刑法。因为附属环境刑法条款本身对某一环境犯罪的表述与刑法表达相同,只是不规定具体的刑事责任。

附属刑法属于环境刑法的间接渊源之一,④在《刑法》修订以前,我国

---

① 韩德培主编:《环境资源法论丛》(第1卷),法律出版社2001年版,第393页。

② 1996年修正的《水污染防治法》第57条规定:"违反本法规定,造成重大水污染事故,导致公私财产重大损失或者人身伤亡的严重后果的,对有关责任人员可以比照刑法追究刑事责任。"再如,2000年4月29日修订通过的《大气污染防治法》第61条规定,违反本法规定,造成大气污染事故的企业事业单位,……造成重大大气污染事故,导致公私财产重大损失或者人身伤亡的严重后果,构成犯罪的,依法追究刑事责任。

③ 杜澎:"环境刑法对传统刑法理念的冲击",载《云南法学》2001年第1期。

④ 陈忠林著:《刑法散得集》,法律出版社2003年版,第128页。刑法的间接渊源,是指不能直接援引为定罪量刑的法律依据,但却为理解刑法规范的内容或决定刑法规范适用范围不可或缺的那些行政法规、国际条约、风俗习惯、法院判例等。在英美法系国家,法学权威的著作以及立法者和法官的社会信念,往往也被认为是理解刑法规范含义的重要渊源之一。

环境行政法律法规对追究刑事责任的一般表述为“比照刑法第×条或者第×条的规定,追究刑事责任”;[①]在《刑法》修订颁布之后,环境行政法律法规对追究刑事责任的表述统一为“依法追究刑事责任”。[②] 由此可见,在我国附属刑法与环境刑法之间的关系是一种衔接关系,是区分环境违法与环境犯罪的分界线。没有达到环境犯罪临界值“依法追究刑事责任”的行为属于环境行政违法行为,应按予以行政处罚;对超过这一临界值的行为则予以刑事处罚。然而,我国环境刑法对附属刑法具有一定的依赖性,这种依赖性表现为行政依附性,环境犯罪大多以违反环境行政法规为前提要件,有些则规定在与附属刑法配套的“实施细则”或“国家标准”之中,但这种规定过于笼统,难以体现环境刑法本质以及刑罚的最终目标。

(四)判例模式

在英美法系国家,除特别刑法和附属刑法外,还包括以判例模式,即判例中的环境刑法规范。[③] 在英美法中,判例法在法律的发展中是一个基本的、重要的因素,是法律的一个主要渊源,同样也是环境刑法的渊源之一。美国在1982年的库斯诉罗斯案[④]中,俄勒冈州法院认为“危险是否严重到承担严格责任的程度取决于危害的可能性和范围。”[⑤]再如,美国政府诉加勒比海皇家船舶有限公司案。1999年7月,该公司签署了跨区域认罪协议,意图终止在这些地区管辖下的刑事控诉。在此认罪协议中,该公司承认了数条关于公司在数个辖区从数个船舶不恰当地排放船底污水的指控,同意缴纳1800万美元的刑事罚金,且接受了为期5年的缓刑。[⑥] 再

---

① 由于我国《水污染防治法》、《大气污染防治法》和《固体废物污染环境防治法》制定时,1997年《刑法》尚未颁布,故均如此规定。

② 我国《环境保护法》、《海洋环境保护法》、修订后《大气污染防治法》以及在1997年《刑法》颁布后制定的《环境噪声污染防治法》、《放射性污染防治法》均如此规定。

③ 牛克乾:“刑法渊源、规范性刑法解释与刑事判例”,载《法律适用》2004年第5期。

④ 陈泉生:“论环境侵权的归责原则”,载《法制与社会发展》1997年第2期。

⑤ WilliamH. Rodgers, Jr. , *EnvironmentalLaw*, 1984pocketpart, p. 54, Note2.

⑥ *ENVIROMENTAL, CRIMES IN PERSPECTIVE*, see Judson W. Starr and Yvette D. Williams, No. 98 – 0103 – CR-Middle brooks(SD F1 July 1999).

以严格责任原则的适用为例，英国1951年《河流污染防止法》有关刑罚的规定最为重要，其后续规定于1974年的《污染管制法》，对其条文规定的解释则以1972年阿尔法赛尔有限公司诉伍德沃德案有关环境犯罪的判决为先例，[①]英国上议院在判决中认为被告公司犯有让污染物进入河流罪，违反《1951年河流污染防止法》第2条第1款a项。[②] 在英美法中，这些先前的判例可以作为一种规范，并在某些情况下成为必须遵循和适用的原则或规则。但是这种判例模式在我国并不适用。

二、科学立法模式

在分析以上几种模式的优缺点的基础上，笔者认为，科学立法模式需从以下几个方面着手：

（一）应以刑法集中规定水生态环境的罪名，与行政法相关规定明确界限

因为环境污染是工业发展所带来的社会问题，加上目前行政处罚不足以惩治这些危害行为，所以才进入到刑法的规制，因而环境刑法的制定就成为一种必然趋势。从我国现有的刑法典加附属刑法的复合型立法模式是合理的。因为从刑法的稳定性、环境犯罪与环境行政法的不可分割性兼顾我国目前环境污染严重亟须快速解决的紧迫性来看，如果单独设立一部《破坏环境资源保护罪法》，我国现有的立法水平难以达到，也不利于维护刑法的稳定性和完整性。我国刑法中将污染环境罪规定在破坏环

---

① 柯泽东著："环境法论（二）"，台湾三民书局1995年版，第183页。

② ［英］鲁珀特·克罗斯、菲利普·A. 琼斯著：《英国刑法导论》，赵秉志等译，中国人民大学出版社1991年版，第73页；［英］J. C. 史密斯、B. 霍根著：《英国刑法》，李贵方等译，法律出版社2000年版，第130页。上议院在"阿尔法塞尔有限公司诉伍德沃德"一案中也谈到了这样的意见。在该案中，被告公司的渣滓沉淀池的污水溢进了河道，致使河水受到污染，触犯了《1951年河流（防止污染）法》，尽管没有证据表明被告公司已知道渣滓沉淀池发生了污染或者说对造成污染有任何过失，但还是被定了罪。在把该罪解释为适用严格责任的犯罪时，迪尔霍恩和萨蒙法官把法律处理的这类行为并不看作为是真正意义上的犯罪，而是为了公众的利益需要用刑罚加以禁止的行为。皮尔逊法官则认为，"在这类犯罪中，犯罪意图通常不是犯罪构成的必要条件，这正是公害罪的本质特征"。

境资源保护罪这节，破坏环境资源保护罪规定在妨害社会管理秩序罪这章，从章节规定来看刑法所保护的是社会管理秩序，而不是环境本身。而水生态环境犯罪就更加模糊地被规定在这些同类客体当中。这就使水生态环境犯罪这种具有严重危害性的犯罪在刑法中地位较低，不利于对这类犯罪的预防和惩治，因此，建议将破坏环境资源保护罪从妨害社会管理秩序罪中脱离独立成章。我国把环境犯罪中的“环境”作为大环境，并没有区分环境因素，如水、土、气等环境因素。笔者认为，每种环境因素都具有各自的生态特质，水具有水的生态特质，从更好地保护水生态环境目标的角度，水生态环境犯罪应从污染环境罪中具体化为独立的罪名。

（二）全面协调环境刑法与司法解释

根据相关法律规定，①在我国司法实践中，最高人民法院和最高人民检察院就环境犯罪发布了若干相关的司法解释，其中，最高人民法院有10件司法解释②、1件批复③涉及环境犯罪问题，但是实际上司法解释存在违

---

① 《立法法》、《人民法院组织法》以及《关于加强法律解释工作的决议》规定，凡关于法律、法令条文本身需要进一步明确界限或作补充规定的，由全国人民代表大会常务委员会进行解释或用法令加以规定。凡属于法院审判工作中具体应用法律、法令的问题，由最高人民法院进行解释。凡属于检察院检察工作中具体应用法律、法令的问题，由最高人民检察院进行解释。

② 参见1996年7月31日《关于审理非法进口废物刑事案件适用法律若干问题的解释》、1997年12月9日最高人民法院《关于执行(中华人民共和国刑法)确定罪名的规定》、1999年6月18日《关于审理单位犯罪案件具体应用法律有关问题的解释》、2000年6月16日《关于审理破坏土地资源刑事案件具体应用法律若千问题的解释》、2000年9月20日《关于审理走私刑事案件具体应用法律若干问题的解释》、2000年11月17日《关于审理破坏森林资源刑事案件具体应用法律若干问题的解释》和《关于审理破坏野生动物资源刑事案件具体应用法律若干问题的解释》、2003年5月16日《关于审理非法采矿、破坏性采矿刑事案件具体应用法律若干问题的解释》、2005年12月19日《关于审理破坏林地资源刑事案件具体应用法律若干问题的解释》、2006年6月26日《关于审理环境污染刑事案件具体应用法律若干问题的解释》、2013年最高人民法院和最高人民检察院发布的《关于办理环境污染刑事案件具体适用法律若干问题的解释》。

③ 参见2004年3月26日最高人民法院《关于在林木采伐许可证规定的地点以外采伐本单位或者本人所有的森林或者其他林木的行为如何适用法律问题的批复》。

反罪刑法定原则的现象。例如,2013 年最高人民法院和最高人民检察院发布的有关环境的刑事司法解释,①污染环境罪中的严重污染环境规定与司法解释中的大多条款的规定之间存在距离。在当今不断变化发展的环境犯罪中,环境刑法的合理性和司法解释的合理性都受到挑战。要保证环境刑法司法解释的合理性,应当以是否符合环境刑法条文本身的污染环境罪内容真实含义:即严重污染环境的真实含义,是否有利于实现环境刑法的任务与目的,即恢复和保护生态环境;是否使环境刑法与其他环境法律之间相协调,以水生态环境犯罪得到根本惩治和预防为标准。②

(三)制定强制性指导意见

从目前的环境污染刑事司法解释现状来看,对环境损害的实体解释比较重视,但忽略了刑法预防水生态环境犯罪和恢复水生态环境的功能。要做到预防水生态环境犯罪和恢复水生态环境的功能,可以从以下几个途径完善:一是编撰具有指导性意义的水生态环境犯罪案例。我国虽然不是判例法国家,但是水生态环境犯罪案件的特殊性,需要编撰一些具有指导性意义的水生态环境犯罪的案例;二是制定关于环境刑法解释的强制性指导意见,对水生态环境质量现状、污染物负荷情况、社会的经济和技术力量对水生态环境的改善能力、区域功能类别、水环境资源自身价值的解释。

第七节　水生态环境犯罪刑事法治科学立法之刑罚适用

一、水生态环境犯罪刑罚

(一)水生态环境犯罪刑罚中的自由刑

自由刑,主要是指以剥夺犯罪人的人身自由为内容的刑罚方法。以

---

① 2013 年最高人民法院和最高人民检察院发布的《关于办理环境污染刑事案件具体应用法律若干问题的解释》。

② 张明楷:“简评近年来的刑事司法解释”,载《清华法学》2014 年第 1 期。

自由刑为中心,是各国环境犯罪刑罚体系的主要特色,自由刑在各国环境刑事立法的刑罚体系中占据了非常重要的位置。在环境犯罪刑罚中的自由刑包括有期徒刑、拘役、管制和劳动改造等。适用拘役刑的有我国和俄罗斯,适用管制刑的只有我国,管制是我国刑罚体系中最轻的一种主刑,是一种开放性的自由刑,是我国独创的刑罚方法。适用劳动改造的有俄罗斯、塔吉克斯坦。① 在自由刑中,有期徒刑是各国环境刑法中适用范围最广泛的一种刑罚的方法。

1. 法定刑的量刑幅度

各国环境刑法中的自由刑幅度各异且各具特色。以污染水环境犯罪为例,通过法定刑的横向比较可以看出,普通故意犯罪自由刑为 6 个月到 10 年不等,②起点最低为 6 个月,如越南《刑法典》第 183 条污染水源罪"6 个月以上 3 年以下有期徒刑";最高为 10 年,如挪威《刑法典》第 152 条 b 规定:"蓄意或者严重过失实施下列行为的污染空气、水、土壤,对该地区的环境造成损害或者损害危险的;或者储存、释放、倾倒废物造成前项规定的逼近危险后果的,处 10 年以下监禁。"③正如美国学者所说:"给每一级犯罪规定几种可供选择的刑罚幅度,而不是规定一种固定不变的刑罚,是一种适当的办法。若不这样,刑法就必然会失去特殊威慑、剥夺再犯能力和改造等作用。"④在法定刑的量刑幅度上各国环境刑法大多有两个量

---

① [俄]H. 库兹涅佐娃、H. M. 佳日科娃主编:《俄罗斯刑法教程(总论)》(下卷·刑罚论),黄道秀译,中国法制出版社 2002 年版,第 606 ~ 607 页。

② 统计数字显示:有期徒刑 2 以下的有芬兰、爱沙尼亚、瑞典《环境保护法》,有期徒刑 3 年以下的有我国、俄罗斯、奥地利、塔吉克斯坦、日本《公害犯罪制裁法》、美国《水污染控制法》,有期徒刑 4 年以下的有丹麦、西班牙(6 个月以上 4 年以下)、巴西《环境犯罪法》(1 年至 4 年),有期徒刑 5 年以下的有德国,有期徒刑 8 年以下的有我国澳门(1 年至 8 年),有期徒刑 5 年以下的有挪威。

③ 张纪寒:"论有认识犯罪过失的要素及构造",载《中南大学学报(社会科学版)》2010 年第 2 期。

④ [美]迈克尔·D. 贝勒斯:《法律的原则——一个规范的分析》,张文显译,中国大百科全书出版社 1996 年版,第 402 ~ 403 页。

刑幅度的设置：德国《刑法典》污染环境犯罪的量刑幅度分为两种：一是定罪量刑幅度，故意犯罪的有5年以下、3年以下两种，过失犯罪的有3年以下、2年以下两种；二是根据情节轻重的量刑幅度，共有四种：6个月以上5年以下、3年以上、6个月以上10年以下、1年以上10年以下。单就定罪量刑幅度而言，如爱沙尼亚《刑法典》第364条污染环境罪规定："向环境非法排放能源、废物，或超过规定限制引起噪音对环境造成严重损害的，处以罚金或2年以下监禁。"就加重量刑幅度而言，如塔吉克斯坦《刑法典》第226条水污染罪规定："(a)污染地表水、地下水或饮用水源的行为，对动植物、农业造成严重损害，大量鱼类死亡的，处3年以上有期徒刑，2年以上劳动教养或并处剥夺3年以上担任一定职务或从事某种活动的权利。(b)以上行为：过失造成公民健康严重损害的；动物大量死亡的；在国家保护区或生态灾难地区实施的，处2年以上劳动教养，或处5年以上8年以下有期徒刑。(c)本条第1款和第2款规定，过失造成公民健康严重损害的，处5年以上8年以下有期徒刑。"

我国环境犯罪刑罚法定刑采用了两个量刑幅度：一是定罪量刑幅度，"3年以下"；二是加重量刑幅度，即"3年以上7年以下"。与我国《刑法》最为近似的德国刑法，在自由刑的设置上则相对较为灵活。由于环境犯罪行为人主观上并不存在故意直接致人身重大伤亡，而是在生产经营过程中间接地导致了人身的重大伤亡，适用自由刑，辅之以罚金刑，来惩治污染和破坏水生态环境的犯罪行为是适当的惩治。①

2. 法定刑中的加重处罚情节

各国环境刑法在规定普通环境犯罪刑罚时，均对可能产生的严重危害环境后果的行为作出预设的规定，一旦出现该后果则适用更为严厉的刑罚处罚，如西班牙②、德国则是采用独立法条的形式加以规定。例如，德国

---

① 王秀梅："台湾环境刑法与环境犯罪研究"，载《中国刑事法杂志》1996年第6期。

② 《西班牙刑法典》第326条规定："触犯上条，并有如下行为的，按上条规定加重一级处罚。该行为同时被本法典明确规定，构成其他罪行的，依数罪并罚处理。"

《刑法典》第330条情节特别严重的危害环境犯罪、第330a条放毒造成严重危害，这两条专门就第29章污染环境的犯罪的“加重处罚情节”作出规定。而西班牙《刑法典》则采取了集中规定的方式。无论哪种方式都体现了惩治严重环境犯罪的立法宗旨。正如贝卡利亚所言：“犯罪对公共利益的危害越大，制止人们犯罪的手段就应该越强有力。这就需要刑罚与犯罪相对称。”①

我国《刑法》中规定的“后果特别严重的”（第338条）以及相关司法解释对上述内容已经作出明确的解释。② 多数国家的规定与我国相似。

（二）水生态环境犯罪刑罚中的财产刑

在我国刑法体系中，作为财产刑的罚金刑分为附加适用和独立适用两种，而且覆盖了全部环境犯罪。各国环境刑法绝大部分都规定了罚金刑，但采用的具体方式则各具特色，在罚金数额标准上的规定各异。主要有以下几种方式：一是限额罚金。例如，澳大利亚1996年《环境犯罪和处罚法》第4条规定“对环境犯罪情形1的处罚：（1）个人被发现犯有该法所规定的环境犯罪情形1的罪行时将受到以下处罚：（a）25,000美元以上250,000美元以下罚金；或（b）5年以下监禁。（2）团体被发现犯有该法所规定的环境犯罪情形1的罪行时将被处以125,000美元以上1,250,000以下罚金。”澳大利亚新南威尔士州《环境犯罪与惩治法》第3条（b）规定：“通过对额外罪名施加下述处罚：（i）法人犯罪的，可处100万澳元以

---

①　卢建平：“法国违警罪制度对我国劳教制度改革的借鉴意义”，载《清华法学》2013年5月15日；[意]贝卡利亚著：《论犯罪与刑罚》，黄风译，中国大百科全书出版社1993年版，第65页。

②　最高人民法院、最高人民检察院《关于办理环境污染刑事案件适用法律若干问题的解释》第1条规定：“后果特别严重例如解释中第三条：（六）致使一百人以上中毒的，（七）致使十人以上轻伤、轻度残疾或者器官组织损伤导致一般功能障碍的，（八）致使三人以上重伤、中度残疾或者器官组织损伤导致严重功能障碍的，（九）致使一人以上重伤、中度残疾或者器官组织损伤导致严重功能障碍，并致使五人以上轻伤、轻度残疾或者器官组织损伤导致一般功能障碍的，（十）致使一人以上死亡或者重度残疾的，（十一）致使三十人以上中毒的，（十二）致使三人以上轻伤、轻度残疾或者器官组织损伤导致一般功能障的，（十三）致使一人以上重伤、中度残疾或者器官组织损伤导致严重功能障碍的。”

下的罚金,和(ii)其他人犯罪的,可处25万澳元以下的罚金或7年监禁,或两者并罚……”二是倍比罚金制。例如,俄罗斯刑法规定处以最低劳动报酬200~500倍罚金。三是日罚金制。例如,美国《水污染法》对故意违法者“处以每违法日5000美元以上,5万美元以下的罚金”。四是月罚金制。例如,《西班牙刑法典》第328条规定:“堆放固、液体废品或者废弃品,对人体健康造成严重伤害或者可能严重破坏当地生态平衡的,处18个月至24个月罚金,并处12至24个周末监禁。”①五是年罚金制。例如,《奥地利刑法典》第181a条因噪音引起的严重侵害规定:“凡违反法规或行政机关的行政处分,制造噪音,致多数人身体健康遭受严重、持续的侵害者,处6个月以下有期徒刑,或年收入以下的罚金。”②

我国刑法中规定了罚金刑,但未就环境犯罪的罚金数额作出明确规定,也就是说,在司法实践操作中缺乏统一标准,对较为严重的污染和破坏环境犯罪,只作轻微罚金,则不足以起到弥补损失和制裁犯罪行为的作用。

(三)水生态环境犯罪刑罚中的资格刑

资格刑是指剥夺犯罪行为人的某种资格的刑罚方式,如俄罗斯《刑法典》第47条规定,③《西班牙刑法典》规定的周末监禁处罚方式在此方面,

---

① 詹洁:“矿产资源的刑事保护研究”,中南林业科技大学2009年硕士学位论文。

② 朱晓琨:“环境犯罪构成若干问题研究”,贵州民族学院2010年硕士学位论文。

③ 剥夺担任一定职务或从事某种活动的权利是禁止担任国家公职或在地方自治机关中任职,或者从事某种职业活动或其他活动。这种刑罚的适用主要是因为必须预防利用职务地位或职业活动实施犯罪的人再犯新罪。这种刑罚譬如对因欺诈消费者罪、受贿罪、交通肇事罪而被判刑的人可能是相当有效的。依照刑法典第47条第2款,剥夺担任一定职务或从事某种活动的权利作为主刑可以判处1年以上5年以下,作为从刑为6个月以上3年以下。剥夺担任一定职务或从事某种活动的权利的期限按月和年计算(刑法典第72条第1款);第252条(污染海洋环境)规定:“从陆地上的污染源污染海洋环境或者由于违反埋藏规则而污染海洋环境,或从运输工具或建在海上的人造构筑物向海洋投放危害人的健康和海洋动物资源或妨碍合法利用海洋环境的物质和材料而污染海洋环境的,……或处5年以下剥夺担任一定职务或从事某种活动的权利……”[俄]H.库兹涅佐娃、H.M.佳日科娃主编:《俄罗斯刑法教程(总论)》(下卷·刑罚论),黄道秀译,中国法制出版社2002年版,第602页。

巴西《环境犯罪法》的规定尤为值得借鉴,该法第6条至第13条的规定非常完备。确定处罚时,主管当局应注意:“事实的严重性,考虑侵害的动机及侵害公共健康和环境的后果;有关违法者遵守环境立法的历史;在罚金案件中,违法者的财政状况。”(第6条)然后明确规定适用这些处罚的情形可处以自治和代替监禁的限制权利处罚。塔吉克斯坦《刑法典》第226条水污染罪规定:“(1)污染地表水、地下水或饮用水源的行为,对动植物、农业造成严重损害,大量鱼类死亡的……2年以上劳动教养或并处剥夺3年以下担任一定职务或从事某种活动的权利。”

在我国环境刑法中,资格刑主要是只剥夺政治权利,方式单一,在某种意义上难以有效适用于水生态环境犯罪的刑事法治。

二、科学立法之刑罚适用

(一)形成一种适用于水生态环境犯罪的刑罚体系

法定刑的配置是轻还是重主要是根据主观罪过的不同和后果的不同来设置。我国现行刑法规定的污染环境罪是依据犯罪行为所造成的后果等决定刑罚的轻重的,并没有区分故意和过失主观罪过的不同。也没有规定未遂犯的刑罚配置,相关《司法解释》界定了哪些结果属于严重污染环境,哪些结果属于后果特别严重。例如,严重污染环境,在与投放危险物资罪、以危险方法危害公共安全罪的刑罚配置比较分析后,本罪的法定刑为7年有期徒刑显然偏低,可以将最高刑提高至10年有期徒刑无期徒刑以下。水生态环境犯罪从我国目前的生态环境现状就可以看出有多严重,可谓与危害公共安全的犯罪一样给社会带来安全危险,目前的刑罚配置存在罪责刑不相适应的问题。

从当今世界各国环境刑事立法来分析,环境犯罪刑罚体系呈现出一种多元的状态。即以自由刑、罚金刑为重心,兼顾其他刑种、刑制的多元化刑罚体系。在一定范围内,对水生态环境犯罪的刑事处罚有其他手段不可替代的作用,但刑罚只是制裁和防治水生态环境犯罪的必要手段和最后手段,不是唯一或主要的手段。因此,应通过环境刑事立法从有利于实现环境刑法的保护和恢复水生态环境的目标出发,选择合适的刑罚方法,进而形成一种适用于水生态环境犯罪的刑罚体系,在具体刑罚的设定与实施方面还应与其他手段配套进行。

从刑罚的功能上看,刑事制裁手段并不是抑制水生态环境犯罪的唯一方式。刑罚是"抑制犯罪的必要措施",首先意味着不能将刑罚理解为消灭犯罪的手段。正确地运用刑罚,可以将犯罪控制在社会所能容忍的范围之内,但不能奢望仅用刑罚就可以达到消灭犯罪的目的。其次,从抑制犯罪的意义上讲,也不能将刑罚视为抑制犯罪的唯一措施。[①] 对水生态环境犯罪而言,其他非刑罚处罚措施也具有浓厚的社会非难性,如停业整顿、吊销营业执照、禁止从事某种职业、高额罚款等均可以达到禁止污染和破坏行为的作用,只是非刑罚制裁措施法律上的强制力弱于刑罚措施。

从刑罚的成本上看,水生态环境犯罪的处罚应兼采刑罚和其他措施。[②] 我国学者也指出:"按照刑事责任的功利主义原则,我们应以最小的支出实现刑事责任。如果不用刑罚,只用刑罚替代措施即可体现国家对犯罪行为和犯罪人的否定性评价和谴责,实现预防和控制犯罪的目的,就应当不用或少用刑罚,而使用相应的刑罚替代措施。"[③]以最小的成本投入获得最大效益的经济原理同样适用于环境犯罪的治理,如果在其他可采用的措施中选择投入量最小的手段能够达到规制水生态环境犯罪的目的,则无须动用刑罚手段。因此,刑罚只是规制水生态环境犯罪的方法之一,应重视其他非刑罚方法的运用,并与其他水环境监测紧密结合,最终

---

① 因为犯罪的增长,根本原因在于国家社会政策的失败,即使在国家政治经济政策没有失误的情况下,也必须发挥整个社会控制系统(包括宗教、道德、家庭、文化、学校、团体、行政、法律等)的作用,才能实现控制犯罪的目标。参见陈忠林著:《意大利刑法纲要》,中国人民大学出版社1999年版,第263页。

② [美]理查德·A.波斯纳著:《法律的经济分析》,中国大百科全书出版社1997年版,第291页。

③ 陈兴良主编:《经济刑法学》(总论),中国社会科学出版社1990年版,第37页。

才能达到规制水生态环境犯罪的目的。①

(二)充分发挥罚金刑对水生态环境恢复的作用

我国环境刑法的污染环境罪和相关司法解释并未明确规定环境犯罪的罚金具体标准。单位水生态环境犯罪大多是在经济利益驱使下而实施的,财产刑可以达到处罚单位犯罪的目的,而且也是行之有效的方法。我国刑法规定的罚金刑数额形式虽较为多样化,②但未就环境犯罪的罚金数额作出明确规定。因此,有的学者提出,就我国目前针对犯罪单位的罚金刑而言,至少存在以下问题:没有具体罚金标准、没有配合剥夺其他权利、没有执行保障制度等问题。③ 对此,笔者建议应尽快通过立法或司法解释的方式完善罚金刑的具体标准以及罚金执行保障机制等罚金制度。在程序法方面,可以增设针对犯罪单位的诉讼保全措施,以防止犯罪嫌疑单位在判决确定以前隐匿、转移财产,逃避罚金刑的执行,确保罚金的顺利缴纳,以维护罚金刑的公正性和严肃性。④

笔者认为,确定水生态环境犯罪罚金刑的数额问题可以采用两种方式:

其一,限额罚金。结合环境行政法和司法解释制定限额罚金标准。我国现有环境行政法中的罚款数额规定应作为刑法罚金刑适用的基础,刑法的罚金规定亦应与之相互衔接。如《水污染防治法》第53条⑤、《水污染防治法实施细则》第43条⑥等均规定有明确的罚款数额。

---

① 范登峰:"对我国死刑适用标准的反思与重构",载《西南政法大学学报》2004年第6期。

② 限额罚金制,倍比罚金制,比例罚金制和无限额罚金制。

③ 张少英、崔梦玲:"单位犯罪释义",载《前沿》2004年第2期。

④ 李洁:"单位犯罪的处罚制度",载顾肖荣主编:《经济刑法》(第2卷),上海人民出版社2004年版,第245页。

⑤ 《水污染防治法》第53条规定:"对违反本法规定,造成水污染事故的排污单位,由事故发生地的县级以上地方人民政府环境保护行政主管部门根据所造成的危害和损失处以罚款。"

⑥ 《水污染防治法实施细则》第43条规定:"依照水污染防治法第53条处以罚款的,按照下列规定执行:(一)对造成水污染事故的企事业单位,按照直接损失的20%计算罚款,但是最高不得超过20万元;(二)造成重大经济损失的,按照直接损失的百分之三十计算罚款,但是最高不超过一百万元。"

其二,日罚金标准与最高限额罚金标准相结合。例如,美国《水污染法》对故意伪造、谎报法律规定上报或保存的文件资料或故意伪造、破坏、篡改监测设施和方法的人,“处以1万美元以下的罚金”,对累犯者,“处以每违法日2万美元以下的罚金”。日本学者也提出这种观点:“罚金金额的理清并使之合理,可以考虑引入按天数罚金的制度或剥夺因违法行为而获得的不法利益这样的浮动罚金制。按天罚金制是可以根据行为的违法内容和责任的大小,来量定相当于自由刑的天数,根据个人的情况和经济状况量定每一天的金额,将天数与每天的金额相乘得出罚金金额这样一种判决制度。如果法人的罚金制度也引入这种思路的话,就能在消除理论上障碍的同时,统一实施于法人的所有违法行为。”①

(三)确立资格刑在水生态环境犯罪刑罚中的应有地位及配合适用非刑罚措施

《刑法》第338条规定②意味着罚金刑可以单处,这是有利于罚金刑的作用发挥,但是罚金刑的可操作性不强。罚金刑的裁量实行无限额制和罚金刑的执行随时追缴制看起来很合理,但是却不利于实施。就水生态环境犯罪方面而言,罚金至少要足够赔偿和恢复水生态环境所需要的费用。这种措施需要在环境行政法层面就应该提前做好工作机制,提高企业单位的准入门槛,如审批环评和环保工具、交环保保证金等。也可以适用资格刑,如责令停止开采,和勒令歇业。

我国《刑法》规定的污染环境罪有自由刑和罚金刑两种处罚方式,可以说我国环境刑法中刑罚种类比较单一,而且像罚金刑重罚不重教,出现惩罚了犯罪行为人,我们的水生态环境还是没有得到恢复的尴尬局面,这

① [日]神山敏雄:“日本法人犯罪的处罚制度及理论”,载顾肖荣主编:《经济刑法》(第2卷),上海人民出版社2004年版,第161~162页。

② 《刑法》第338条规定:“违反国家规定,排放、倾倒或者处置有放射性的废物、含传染病病原体的废物、有毒物质或者其他有害物质,严重污染环境的,处三年以下有期徒刑或者拘役,并处或者单处罚金;后果特别严重的,处三年以上七年以下有期徒刑,并处罚金”。

样的刑事制裁没有强调水生态环境犯罪的特殊性以及惩罚水生态环境犯罪的目的。究其原因是没有确立资格刑和欠缺非刑罚措施的配合适用。在国外一些刑法典中明确规定了环境犯罪资格刑和特定的非刑罚措施。而从我国目前《刑法》来看,资格刑是指剥夺政治权利,而对于水生态环境犯罪的主体来说,犯罪是在从事某种生产经营活动中实施的而不是在政治生涯中实施的,应该是剥夺从事某种特定职业或者生产经营活动的权利。因此我国的刑法总则和破坏水生态环境罪中的资格刑都需要进一步扩展,要让那些偷排偷放的企业承受更大的代价。还可以配合特定的非刑罚措施,如责令补救、限期治理、恢复原状等,在一定程度弥补刑罚自由刑和罚金刑的不足,减缓犯罪行为对水生态环境结构持续破坏的状态。这样既惩罚了犯罪行为人,我们的水生态环境也能得到恢复。

第四章　水生态环境犯罪刑事法治体系之司法完善

徒法不能以自行。司法价值取向，在于实现从"静态法"到"行动法"、从"良法"到"善治"的统一和转化。① 对于水生态环境犯罪，我国行政执法与刑事司法衔接不畅、移送制度的缺失以及我国刑事诉讼程序法的立法相对滞后，导致很多水生态环境犯罪难以立案，水生态环境犯罪问题无法得到有效的控制，更加导致水生态环境没有得到很好地保护。从现行刑事诉讼程序立法来看，水生态环境犯罪法治体系，是一个法治系统工程，是由各种调整水生态环境犯罪的法律法规等共同构成的系统，因而需要对水生态环境犯罪刑事诉讼程序不断完善。由于水生态环境的复杂性和水生态环境犯罪刑事法治的现状，普通刑事诉讼程序不能有效适用，新

---

① 付子堂："形成有力的法治保障体系"，资料来源求是网，最后访问时间：2015 年 4 月 15 日。

的水生态环境刑事公益诉讼的构建因而将是研究的重点。

从2007年起，贵阳、昆明、无锡等市开始设置环保法庭并审理水生态环境破坏案，将环境污染纳入诉讼范围，设计有关机关和组织可以作为原告发动水生态环境破坏诉讼。水生态环境污染及破坏诉讼司法实践暂时超越理论研究，地方法院率先开展水生态环境破坏诉讼实践，已经把我国司法理论研究和司法体系的完善抛在后面。① 这就在提醒我们，水生态环境犯罪刑事司法实践正在倒逼水生态环境犯罪的司法理论研究与司法完善改进，因此，司法理论研究与司法体系需要匹配跟进目前的司法实践。

第一节　《关于办理环境污染刑事案件适用法律若干问题的解释》评析

《关于办理环境污染刑事案件适用法律若干问题的解释》(以下简称《解释》)，将水、土、气等环境因素不加区分地规定在其中，是因为《刑法》的污染环境罪的规定也是未区分水、土、气等环境因素，所以这节只针对司法解释本身。以水生态环境犯罪为主，对严重污染水生态环境的立法规定与相关司法解释规定之间的不协调进行评析。

党的十八届四种全会《决定》提出，"对造成生态环境损害的责任者严格实行赔偿制度，依法追究刑事责任"。相关司法解释的出台②有助于水生态环境污染刑事案件的定罪标准和量刑范围，加大了刑法在惩治污染水生态环境犯罪行为方面的震慑力。但是，本次解释仍在实际办案

---

① 杨武松："尝试抑或突破我国环境公害诉讼实践实证分析"，载《河北法学》2013年第3期。

② 2013年6月8日"两高"联合发布了《关于办理环境污染刑事案件适用法律若干问题的解释》。

中存在困难，解释中只惩治水生态环境污染犯罪，并未对水生态环境破坏给予惩治；未明确污染水生态环境的“有害物质”范围，更没有明确有害物质的认定测试标准及程序等，这是“宜粗不宜细”的立法思维对破坏及污染水生态环境犯罪行为的不良影响。因此，对环境污染刑事司法解释完善的同时，应将水生态环境科学标准引入水生态环境污染刑事司法解释。

环境刑法本身是一个系统工程，立法与司法各个方面在环境保护的过程中都会涉及，在这个过程中我们发现司法实践中会遇到很多问题，主要表现为环境刑事立法和刑事司法实践的衔接问题。尽管我国刑法已经建立了生态环境犯罪治理的基本框架，甚至在一些具体犯罪的规定上也具有一定的生态保护色彩，但治理理念陈旧造成刑法对水生态环境犯罪的规制与预防有效性大打折扣，以至于环境刑法在保护水生态环境中并没有有效地起到作用，放纵了水生态环境犯罪的发生，某些严重污染水生态环境的行为得不到有效的刑事治理。而随着社会转型和城市化进程的加快，水生态环境污染危害性在不断加深，亟待环境刑法予以有效应对，水生态环境污染和破坏犯罪治理更需要先进的环境刑法理念和理论的指导。

一、刑事司法解释的积极作用

通过“中国裁判文书网”中以“污染环境”为关键词在刑事案件类型中搜索，2013 年度只有 57 条记录，2014 年度（11 月前）就高达 375 条记录。《解释》始降低了有关水生态环境污染犯罪的定罪量刑标准，可操作性增强了，对规制水生态环境犯罪有效性加大，有力推动水生态环境司法实践工作。《解释》的各项规定使抽象的污染环境罪的刑法条文更加具体清晰，更加适用于水生态环境污染犯罪司法实践。对水生态环境污染犯罪的定罪量刑情节进行具体化，将“严重污染环境”14 种情形和“后果特别严重”11 种情形认定具体化有助于司法机构有效地认定行为入罪与非罪、罪轻与罪重，以及如何适用刑罚的作用。第一，水生态环境污染刑事案件产生以后,司法机关在定罪标准和量刑幅度上存在很大的难度。但目前通过《解释》将污染环境罪定罪量刑的严重污染环境情形以及后果极其严重的规定从多个方面细化了,相对地加强了司法的可操作性,有效地发挥刑法的惩治作用,达到水生态环境保护的目的。第二,不同的地域对定罪量刑情节会产生不同的理解,甚至同一地域不同司法人员定罪量刑情节理解不一样,这将会损害刑法实施的公平性和严肃性。本次污染环境司法解释将定罪量刑情节明确化,有助于发挥刑法的公平作用。第三,环境污染司法解释的有效适用,有助于将我国公民因为缺乏环境刑法知识和环境刑法法律观念而触犯刑法的局面得到改观。通过环境污染司法解释让公民了解污染环境罪的刑事规制,有助于发挥刑法的引导作用。

二、刑事案件的评析

"没有调查就没有发言权"。通过对水生态环境治理及水生态环境司法实践中存在的问题的考察,准确认识和把握环境刑事立法与司法实践中存在的不足,考察水生态环境治理与环境司法实践对水生态环境污染与破坏立法的真正需求,才能有的放矢。下面通过"中国裁判文书网"中以关键词"污染环境"在刑事案件类型中搜索的以下 5 个典型案件进行评析。

【案例一】"某皮革制品有限公司、吴某等污染环境罪"案。2012 年 6 月、7 月以来,被告单位某皮革制品有限公司法定代表人吴某在晋江市安海镇可慕村集控区外的租用厂区内私自建了一个皮革湿作加工点,未遵守法律法规建设任何污染防治设施,在上述加工点组织工人生产蓝湿皮,生产过程中产生的污水未经任何处理就直接向外排放,对环境造成污染。2013 年 7 月 15 日,环保局查获上述加工点并提取其生产过程中直接排放的废水进行检测,上述废水中总铬浓度为 136mg/L,超过国家规定的排放标准 89. 7 倍(国家规定的排放标准限值为 1. 5mg/L)。法院判决如下:被告单位某皮革制品有限公司犯污染环境罪,判处罚金人民币10万元;被告人吴某犯污染环境罪,判处有期徒刑一年,并处罚金人民币1万元。

评析一:单位犯罪罚金刑的效果如何?本案中的水生态环境犯罪属于单位犯罪,依照法律规定给予了某皮革制品有限公司10万元处罚。依据什么条件或标准给予10万元处罚?若企业在1年的生产过程中获利1000万元,那10万元罚金则对单位犯罪的处罚起不到威慑作用,甚至起到促进水生态环境犯罪作用。

评析二:不超过排放污染物浓度标准3倍的就不认定为"严重污染环境"?在本案中总铬浓度超过国家规定的排放标准89.7倍,若公司用地下水将污染物稀释到排放标准3倍以下进行排放,是否就可不给予刑事处罚?

评析三:本案于2012年6月发生,2013年7月查获。2012年6月至2013年7月期间是否可以指控环境保护负有监督管理职责的国家机关人员犯有环境监管失职罪?若可以如何定罪?又由谁来承担?是部门领导还是具体办事人员?

评析四:环境保护监测站执法监测人员如何进行采样地点的选择?执法人员选择采样地点的不同得到的检测的结果相差甚大,如何保证执法人员在采样过程中不徇私枉法?本案中采集废水水样1组共2份送检,这样的采样是否符合检测的科学性?

【案例二】蔡某某污染环境案。2014年3月起,被告人蔡某某无证开设五金电镀加工厂,将含总铬浓度为12.1mg/L、六价铬浓度为2.99mg/L,分别超过国家规定的排放限值的11.8倍、13.95倍的生产废水直接外排,严重污染环境。法院判决:被告人蔡某某犯污染环境罪,判处拘役5个月,并处罚金人民币5千元。

【案例三】尹某环境污染罪。被告人尹某违反国家规定,擅自在私设的电镀加工作坊点,将生产中产生的含铬等重金属有毒物质的(上述有毒物质分别超过国家有关铜、总铬排放标准10.4倍和90.0倍)废水未经处理非法直接排入环境,严重污染环境。法院判决:被告人尹某犯污染环境罪,判处有期徒刑1年,并处罚金人民币15,000千元。

【案例四】叶某甲污染环境罪。被告人叶某甲违反国家规定,私自开设氧化处理厂,并将含有重金属污染物的废水未经科学处理直接排放,造成重金属镍超标32.8倍,严重污染环境。法院判决:被告人叶某甲犯污染环境罪,判处有期徒刑8个月,并处罚金人民币2万元。

【案例五】许某污染环境罪。被告人许某作为公司股东之一且负责现场管理,违反国家规定,将生产中产生的含铬重金属有毒物质超过国家总铬最高允许排放浓度1.5mg/L标准89.7倍的废水非法直接排入环境,严重污染环境的行为同样负有直接的主管责任。法院判决:被告人许某犯污染环境罪,判处有期徒刑1年,并处罚金人民币1万元。

以上4个案例中都涉及污染物排放超标,法院都给予了有期徒刑(拘役)和罚金的处罚,通过对污染物、超标倍数、判处有期徒刑和给予罚金统计如下表。

表4-1

案例	污染物	超标倍数	判处有期徒刑(拘役)(月)	罚金(万元)
案例二	六价铬	13.95	5	0.5
案例三	总铬	90.0	12	1.5
案例四	重金属镍	32.8	8	2
案例五	总铬	89.7	12	1

评析一:以什么污染物进行判罚。在4个案例中法院依据不同污染物进行刑罚,如"六价铬"、"总铬"和"重金属镍",在实践过程中,是测试不同污染物,还是只测试一种污染物就可以?环境科学中的量化指标能否作为刑罚的标准,若可以又应做如何规定?污染物的来源如何确定就是企业排放的?可能是水环境本身自然就含有,测试的环保部门应给出当地的环境中含有污染物的本底值才能确定是企业排放

的污染物。

评析二:以什么标准来判处有期徒刑(拘役)的期限。在4个案例中给予环境犯罪的主体的刑期各不相同,有5月、8月、12月等不同。同样是水污染环境罪行为,同样没有量化指标进行刑罚,刑期各不相同,刑罚的标准如何确定?

评析三:在实际司法过程中能否以超标倍数来界定“严重污染环境”和“后果特别严重”的情形?如果可以以“超标倍数”来确定,哪种污染物的超标倍数来刑罚,这时也要有相应的标准。

评析四:通过四个案例的刑罚及罚金标准分析,现行的《解释》不足以遏制水污染环境犯罪的趋势,法院给予这类案件判罚角度是“从轻处罚”,这有可能导致我国水生态环境进一步恶化。

三、刑事司法解释的不足

《解释》吸收了环境法立法和司法的最新成果,也响应了司法实务部门和环保实践部门的需求,但受“宜粗不宜细”的立法思维的影响,对“污染环境罪”认定仍有疏漏,解释中还存在一些模糊条款,在司法实践中执行存在困难,导致《解释》的相关规定难以有效地实施。

第一,《解释》中的“14种严重污染环境的情形”和“11种后果特别严重情形”的认定标准看似清楚,但实际认定中存在困难。例如,该《解释》第1条第1款的规定在司法实践中认定罪与非罪的存在三方面缺陷。首先,饮用水水源一级保护区、自然保护区核心区的面积及边界是自然科学的界定,在我国核心区的边界往往是模糊的,即没有准确边界;其次,企业不在核心区排放,而在保护区的缓冲区或试验区排放又是否定罪?因为若在缓冲区或试验区排放有害物质,与在核心区排放有害物质是一样能破坏水生态环境;最后,如何界定“排放、倾倒、处置”废物的行为,如果企业晚上向水源一级保护区倾倒废物,白天被水稀释,这样的行为是否定罪?这样的行为监管部门如果没有监管到位是否也应受罚?其中的“有放射性的废物、含传染病病原体的废物、有毒物质的”废物包含哪些物质不清楚,自然界中本身就含有放射性物质和有毒物质,司法又如何定罪?

第二,“破坏生态系统”的情形没有列入,不能有效地遏制这类环境犯罪行为。因为水生态环境污染是指已对环境造成危害,但水生态系统破坏是指对水生态系统结构和功能造成破坏,环境保护中更需对破坏水生态系统行为进行规范。例如,因为破坏水生态系统致使“饮用水水源取水中断12个小时以上的”情形,在司法实践中认定罪与非罪存在缺陷:首先,若是饮用水水源上游的植被遭到破坏,涵养水急剧下降导致河流干涸,饮用水水源取水中断,是否在司法上可以定罪?其次,若是饮用水水源上游人为地破坏植被,发生泥石流,饮用水水源取水中断,又如何定罪?在生态学研究中,生态系统中的植物、动物等自然资源与流域中的水、土壤等环境有很强的生态关系。本《解释》中已将“排放、倾倒或者处置有毒物质导致取水中断的严重污染环境”的情形纳入本罪的打击和惩治范围,同样也应将严重破坏水生态环境系统的不法行为纳入本罪范围。

第三,“有毒物质”如何界定以及鉴定程序如何得到法律认可。有毒物质的认定是本次《解释》中最大的缺陷,因为这些有毒物质本身在自然界中就存在。《解释》第10条规定的有毒物质认定标准仍不明确:首先,危险废物、剧毒化学品虽有国家危险废物名录,但在司法过程中,谁去认定是否属于危险废物?其次,认定危险废物的测试标准和测试方法是否科学、是否符合法律要求存在困难,因为在环境监测或测试过程中存在很多不确定性,很难鉴别危险废物;最后,含有铅、汞、镉、铬等重金属的物质在自然界本身存在,这一条款是否实用。

第四,“单位犯”对单位的罚金数额规定模糊。在《解释》的第6条中规定给予个人和单位进行罚金处罚,在司法实践中存在缺陷:“对单位判处罚金”如何罚、罚多少?是否有标准?由此可见,本条规定中“单位犯”实际很难得到有效处罚,而现实生产生活中,水生态环境犯罪往往是由单位造成而且危害很大。

四、刑事司法解释的完善

通过案件评析和对《解释》存在的不足进行分析，虽然环境污染刑事司法解释对《刑法》第338条地进行了有效地阐述和说明，但为了更加有效地打击水生态环境污染犯罪，充分发挥环境刑法保护功能，可以从以下几个方面完善环境污染刑事司法解释：

第一，亟须对"污染环境罪"相关判罚进行量化标准，以统一法律适用。《解释》中"严重污染环境"的表述中不宜用定性和定量的双重要求。在司法实践中使用定量方法能有效规范污染环境犯罪，即通过排放的数量或溶度等可量化指标来对水生态环境犯罪行为进行刑罚。但是，在使用定量方法来界定刑罚标准时，选用什么标准来量刑水生态环境犯罪就成为了司法实践的难题。有学者认为"依据环境质量标准和污染物排放标准对排污行为进行认定"。[①] 但是，不同地区的水生态环境对污染物容纳量及环境的背景值即本底值有很大差别，不能在全国使用统一标准进行污染犯罪行为的判罚标准。笔者认为，应该以水环境的本底值来判罚污染物排放的判罚标准。例如，鄱阳湖表层水相中Cu、Zn、Pb、Cd的平均含量分别为45.53μg/L、94.07μg/L、4.45μg/L和0.13μg/L，[②] 可通过规定鄱阳湖地区排放的重金属的含量排放标准，确定测试标准方法和程序，为判定"污染环境罪"提供量化标准的依据。

第二，依据"生态承载力"的量化标准，将"破坏生态环境"的行为纳入本罪。生态承载力即生态环境的承载能力，是自然体系调节能力的客观反映，指在生态系统结构和功能不受破坏的前提下，生态系统对外界干扰特别

---

① 王江："污染环境罪的立法缺失及司法解释补救——兼评《中华人民共和国刑法》第338条"，载《重庆大学学报》（社会科学版）2013年第4期。

② 刘倩纯、胡维、葛刚："鄱阳湖枯水期水体营养浓度及重金属含量分布研究"，载《长江流域资源与环境》2012年第10期。

是人类活动干扰的承受能力。① 水生态环境承载力就是指外界干扰水生态结构和功能的承受能力。水生态环境和自然资源之间存在非常紧密、复杂的联系，当水生态环境和自然资源遭到破坏时，如何定罪非常困难，若通过计算各地的生态承载力，再依据破坏的行为导致水生态承载力下降的量化指标进行刑罚，则可以解决水生态环境污染和破坏行为"定罪难"的问题。

第三，对"有毒物质"的认定标准予以明确地污染鉴定程序予以规范。因为，环境刑法执法需要较强的科学技术支持和执法过程中的标准化作业。在《解释》中出现如下有毒物质的表述："国家危险废物名录"、"剧毒化学品"、"危险化学品名录"、"重金属"、"持久性有机污染物"等。这么多的名录不利于司法实践。当科学上实验证明对水生态环境具有剧毒或破坏性很强时，但在鉴定困难时，司法实践中通常是以罚款代替刑罚。笔者建议，司法部门与环境保护部门或科研院校联合发布有毒物质名录及鉴定标准，这样将解决司法实际过程中的问题。另外，有些物质对水生态环境没有毒性，如磷、氮等物质。但当达到一定含量导致湖泊富营养化时，则对湖泊水生态系统的危害是致命的，如太湖蓝藻爆发。针对这些物质也应列入"有毒物质"外其他质范围。

第四，对单位的罚金应明确规定。对于《解释》的第 6 条中规定存在的缺陷，笔者认为应做如下明确规定：对单位判处罚金的标准应明确为企业上一年度利润的百分额度或"按照原处罚数额按日连续处罚"。通过这样进一步的明确规定可以对法人和单位产生威慑作用。

五、水生态环境科学标准引入刑事司法解释

对污染环境犯罪惩治的难点在于适用环境污染刑事司法解释时，有部分司法解释中的定罪量刑标准还是不明确，而解决这一司法实践难点的方法就是将水环境科学标准引入环境污染刑事司法解释。环境污染刑

① 蔡海生等："鄱阳湖自然保护区生态承载力"，载《生态学报》2007 年第 11 期。

事司法实践会涉及有关的自然科学和科学数据,水生态环境污染损害的成因涉及面也广,涉及专业性科学性较强的多种学科知识,如水环境科学、农林业、医疗卫生、环境经济等多种学科,相关部门开展水生态环境污染损害的技术鉴定时,由于缺乏统一的标准将会导致鉴定结论也各异。因此,水生态环境犯罪定罪量刑程序需要有科学、统一的操作规程。例如,滥伐林木罪的标准是引用了林业科学中对幼树、林木立方的科学数据。污染环境罪同样涉及了很多环境科学的科学数据,要将污染环境罪中“严重污染环境”、“后果特别严重”进行标准化,则有必要引入环境科学中的水生态环境科学标准。

从对水生态环境标准制定的原理的分析,我们看到水生态环境标准法律化除了纯科学数据的质量标准作为科学依据,其他权衡因素主要有国内的水生态环境质量现状;污染物负荷情况;社会的经济和技术力量对水生态环境的改善能力;区域功能类别;水生态环境资源自身价值。

第一,我国污水综合排放标准中的污染物最高排放浓度,是许可排放的值,而非禁止排放的限值。也就是说,即使达到了污水综合排放标准中的污染物最高排放浓度三级排放标准,也达不到《解释》所规定的严重污染环境情节。我国污水综合排放标准可以为水生态环境犯罪的定罪量刑标准化提供纯科学依据,所以涉及水环境科学的概念和标准,应由环保科研行政部门经调研论证后形成标准,污染环境罪中的严重污染环境情形,罪与非罪、罪轻与罪重就可以参照标准进行规制。

第二,从目前的环境污染刑事司法解释现状来看,对水生态环境损害的实体解释比较重视,却很少涉及对水生态环境质量现状、污染物负荷情况、社会的经济和技术力量对水生态环境的改善能力、区域功能类别、水环境资源自身价值的解释,或者说缺少对水环境生态标准的解释。水环境生态标准应引入环境污染刑事司法解释中,否则只堵不疏的环境治理理念将不利于环境污染的标本兼治,不利于水生态环境的保护。

第二节 水生态环境犯罪刑事立法与司法解释衔接问题及完善

一、水生态环境刑事立法与司法解释之间衔接问题

按照相关《刑法》规定、司法解释规定等，笔者制定了以下表格，围绕以下表格对它们之间的衔接问题进行阐述。

表4-2 污染环境罪与资源犯罪定性定量比较

（根据《刑法》第338条、第342条、第343条、第345条及相关司法解释制定）①

分类	法律条文内容		司法解释内容	
	罪名	损害程度	情节严重的标准	标准的计算
环境	污染环境罪（《刑法》第338条）	违反国家规定，向土地、水体、大气排放、倾倒或处置有放射性的废物、含传染病病源体的废物、有毒物质或者其他危险废物，严重污染环境的	1. 太分散且大多与环境本身无关，多为人身与财产损害 2. 水、土、气不加区分	无

① 参见2000年6月16日最高人民法院《关于审理破坏土地资源刑事案件具体应用法律若干问题的解释》、2000年11月17日最高人民法院《关于审理破坏森林资源刑事案件具体应用法律若干问题的解释》、2003年5月16日最高人民法院《关于审理非法采矿、破坏性采矿刑事案件具体应用法律若干问题的解释》、2005年12月19日最高人民法院《关于审理破坏林地资源刑事案件具体应用法律若干问题的解释》、2013年最高人民法院和最高人民检察院发布的《关于办理环境污染刑事案件具适用法律若干问题的解释》。

续表

分类	法律条文内容		司法解释内容	
	罪名	损害程度	情节严重的标准	标准的计算
资源	非法占用农用地罪(《刑法》第342条)	违反土地管理法规,非法占用林地等农用地,改变被占用土地用途,	农田 1.非法转让、倒卖基本农田5亩以上的; 2.非法转让、倒卖基本农田以外的耕地10亩以上的; 3.非法转让、倒卖其他土地20亩以上的; 4.非法获利50万元以上的; 林地 1.非法占用并毁坏防护林地、特种用途林地数量分别或者合计达到5亩以上; 2.非法占用并毁坏其他林地数量达到10亩以上; 3.非法占用并毁坏本条第1项、第2项规定的林地,数量分别达到相应规定的数量标准的50%以上; 4.非法占用并毁坏本条第1项、第2项规定的林地,其中一项数量达到相应规定的数量标准的50%以上,且两项数量合计达到该项规定的数量标准	土地面积单位按亩计算

续表

分类	法律条文内容		司法解释内容	
	罪名	损害程度	情节严重的标准	标准的计算
资源	非法采矿罪、破坏性采矿罪(《刑法》第343条)	违反矿产资源法的规定非法采矿,情节严重的行为	1. 造成矿产资源破坏矿产资源破坏的价值,数额在5万元以上的 2. 造成矿产资源严重破坏矿产资源破坏的价值,数额在30万元以上的 3. 破坏性采矿造成矿产资源破坏的价值,数额在30万元以上的	数额标准,由省级以上地质矿产主管部门出具鉴定结论
资源	盗伐林木罪、滥伐林木罪(《刑法》第345条)	违反森林法的规定,盗伐滥伐森林或者其他林木,数量较大的行为。	1. 盗伐林木"数量较大",以2~5立方米或者幼树100~200株为起点;盗伐林木"数量巨大",以25~50立方米或者幼树1000~2000株为起点;盗伐林木"数量特别巨大",以100~200立方米或者幼树5000~10000株为起点 2. 滥伐林木"数量较大",以10~20立方米或者幼树500~1000株为起点;滥伐林木"数量巨大",以50~100立方米或者幼树2500~5000株为起点 3. 区分林区与非林区	立方材积的计算:原木材积A该树种的出材率。幼树数量计算:树木胸径在5cm以下

从表4-2可以分析出:

我国《刑法》规定的破坏环境资源保护罪主要有两类,即环境与资源,破坏自然资源方面的犯罪规定的种类较多。相关司法解释对定性定量的规定较为清晰细致,在打击自然资源方面的犯罪提供了操作性较强的法律依据，发挥了有效的惩治作用。而在环境方面的规定仅仅有污染环境罪一种，而且各种环境因子不加任何区分，水、土、气等环境因子笼统模糊地规定在一个罪名中。此外，由于治理理念的陈旧，相关的司法解释并没有对定性定量做出环境本质的规定，脱离环境本身将人身、财产等损害作为要素来规制，背离了环境保护的初衷，定罪量刑规定的模糊，导致在司法实践中的可操作性较差。破坏资源类犯罪在定性定量上规定标准明确。例如，林木方面按照资源类本身的标准，且有林区与非林区的区分，可操作性较强，能有效地打击惩处破坏资源类犯罪。而污染和破坏环境类的污染环境罪中主要是因理念陈旧等因素，对污染和破坏环境方面的规定在定性定量上没有那么清晰，且大多与环境本身无关，而且对于环境因素水、土、气等不加区分的规定在其中，不具备针对性。而且，大部分是人身权和财产权的规定，几乎没有涉及环境本身的特质，更加没有标准的规定，对水生态环境本身那就更加缺乏具体的规定，也没有提到水域、水体的区分和水质标准、点源排放与非点源排放的规定等，导致司法实践中操作性较差，水污染和水资源的破坏的问题依然很严重。①

表4－3　污染环境罪认定标准

（根据《关于办理环境污染刑事案件适用法律若干问题的解释》制定）

序号	行为与结果	污染源	受损体	标准	特殊地域	认定和处罚
1	在饮用水水源一级保护区、自然保护区核心区排放、倾倒、处置有放射性的废物、含传染病病原体的废物、有毒物质	有放射性的废物、含传染病病原体的废物、有毒物质		实施行为	饮用水水源一级保护区、自然保护区核心区	属于“严重污染环境，”处3年以下有期徒刑或者拘役，并处或者单处罚金

① 刘启正：“环境污染评价标准引入环境犯罪刑罚的探讨”，载《环保科技》2009年第2期。

续表

序号	行为与结果	污染源	受损体	标准	特殊地域	认定和处罚
2	非法排放、倾到、处置危险废物3吨以上的	危险废物		3吨以上		同上
3	非法排放含重金属、持久性有机污染物等严重危害环境、损害人体健康的污染物超过国家污染物排放标准或者省、自治区、直辖市人民政府根据法律授权指定的污染物排放标准3倍以上的	含重金属、持久性有机污染物等严重危害环境、损害人体健康的污染物		超过国家污染物排放标准或者省、自治区、直辖市人民政府根据法律授权指定的污染物排放标准3倍以上的		同上
4	私设暗管或者利用渗井、渗坑、裂隙、溶洞等排放、倾倒、处置有放射性的废物、含传染病病原体的废物、有毒物质的	有放射性的废物、含传染病病原体的废物、有毒物质的		实施行为		同上
5	违反国家规定，排放、倾倒、处置有放射性的废物、含传染病病原体的废物、有毒物质的	有放射性的废物、含传染病病原体的废物、有毒物质的		2年内曾因前所述行为受过2次以上行政处罚又实施前列行为的		同上

续表

序号	行为与结果	污染源	受损体	标准	特殊地域	认定和处罚
6	致使乡镇以上集中式饮用水水源取水中断		乡镇以上集中式饮水水源取水口	中断12小时以上		同上
7	致使农田、林地等基本功能丧失或者遭受永久性破坏		基本农田、防护林地、特种用途林地、其他农用地、其他土地	基本农田、防护林地、特种用途林地五亩以上，其他农用地10亩以上，其他土地20亩以上		同上
8	致使僧林或者其他林木、幼树死亡		森林或者其他林木、幼树	林或者其他林木死亡50立方米以上，幼树死亡2500株以上		同上
9	致使公私财产损失		公私财产	30万以上		同上
10	致使疏散、转移群众		人	5000人以上		同上
11	致人中毒		人	30人以上		同上
12	致人轻伤、轻度残疾或者器官组织损伤导致严重功能障碍		人	3人以上		同上

续表

序号	行为与结果	污染源	受损体	标准	特殊地域	认定和处罚
13	致人重伤、中度残疾或者器官组织损伤导致严重功能障碍		人	1人以上		同上
14	其他严重污染环境的情形					同上
15	后果特别严重未在表中列出，因为是在6～14序列中加重情形					
16	有毒物质：危险废物，包括列入国家危险废物名录的废物，以及根据国家规定的危险废物鉴别标准和鉴别方法认定的具有危险特性的废物；剧毒化学平、列入重点环境管理危险化学品名录的化学品，以及含有上述化学品的物质；含铅、汞、镉、铬等重金属的物质；《关于持久性有机污染物的斯德哥尔摩公约》附加所列物质。					

从表4－3可以分析得出：《解释》对《刑法》第338条的规定进行了阐述和说明，但是《解释》在水生态环境犯罪方面并未对修改后的水生态环境法益进行解释。首先，第1～5条受损体不明确，第6～13条污染源未规定是好的，但其第1～5条又把污染源限定了范围，并未围绕水生态环境本身、水生态环境的因子进行解释，而还是以行为方式和环境管理秩序为主进行解释；其次，出现很多重复性条款，表述混乱，限制环境因子的范围，如一级饮水区、保护区等限制性规定，没有分清水生态环境法益与环境管理秩序的关系；最后出现很多与水生态环境法益本身保护无直接关系的规定，如致人死亡、致公私财产损失规定。

二、完善建议

司法解释与《刑法》规定脱节的原因主要是未厘清水生态环境法益和水环境背景值。在现行的法律中，通常将“大气、水、土壤”等环境因子与“矿产、森林、草原”等自然资源不加区分地规定在污染环境罪当中，对规制环境犯罪很难起到一定的效果。在我国环境进一步恶化，生物多样性锐减，原因之一是我国法律对不同类别生态环境的法益界定模糊，导致法律没有保护好各种生态环境的利益，最终出现雾霾天气、水体富营养化和土壤严重污染。对于水生态环境法益，需从时间、空间和承载三维尺度分析。明确保护对象是“水”，则法律法规中的法益是明确的：保护水的组成成分等科学规律。包括水时间尺度法益。任何生产行为在对水的利用上都不能持续性的影响水的组成成分水空间尺度法益。对水利用等行为在空间上不能影响水所处的空间水承载尺度法益。对水利用等行为在水承载上能承受其他污染物量的多少。①

以水生态环境犯罪刑法规定、司法解释规定协调的目标出发，应从遵循自然科学规律为基础和宜细不宜粗原则进行完善。

（一）遵循自然科学规律

我们的立法首先应该遵循自然科学规律。水具有时间、空间和承载三个尺度，要在这三个尺度特征上进行协调。依据“水生态承载力”的量化标准，将“破坏水生态环境”的行为纳入本罪。水生态承载力即水生态环境的承载能力，是自然体系调节能力的客观反映，是指在水生态系统结构和功能不受破坏的前提下，水生态系统对外界干扰特别是人类活动干扰的承受能力。② 水生态环境和自然资源之间存在非常紧密、复杂的联系，当水生态环境和自然资源遭到破坏时，如何定罪非常困难，若通过计算各地的生态承载力，③再依据破坏的行为，导致水生态承载力下降的量化指标进行刑罚，则可以解决当下水生态环境犯罪行为“定罪难”的问题，

---

①　陈珊、利子平：“生态环境法益探微，载《求索》2015 年第 5 期。

②　蔡海生、朱德海、张学玲：“鄱阳湖自然保护区生态承载力”，载《生态学报》2007 年第 11 期；鲜明睿：“给予景观格局的常州市生态承载力动态分析”，载《南京林业大学学报》（自然科学版）2013 年第 1 期。

③　陈珊、利子平、胡祥福：“生态经济发展的环境刑法保障机制研究”，载《湖南社会科学》2012 年第 6 期。

保证本条规定的实施。

对水生态环境犯罪惩治的难点在于适用环境污染刑事司法解释时，有部分司法解释中的定罪量刑标准还是不明确，而解决这一司法实践难点的方法就是将水生态环境科学标准引入环境污染刑事司法解释。环境污染刑事司法实践会涉及相关自然科学和科学数据。水生态环境污染损害的成因涉及面较广，涉及环境科学、农林业、医疗卫生、环境经济等学科。相关部门开展水生态环境污染和破坏的损害的技术鉴定时，由于没有统一的原则和标准，鉴定的结论差异较大。因此，环境污染犯罪定罪量刑程序需要有科学、统一的操作规程。例如，滥伐林木罪的标准引用了林业科学中对幼树、林木立方的科学数据。水生态环境犯罪同样涉及了很多环境科学的科学数据，要将水生态环境犯罪中"严重污染环境"、"后果特别严重"进行标准化，则有必要引入环境科学中的水生态环境科学标准。同时，亟须对"污染环境罪"相关判罚进行量化标准，以统一法律适用。在《解释》中的"严重污染环境"的表述中不宜用定性和定量的双重要求，在司法实践中使用定量标准能有效规范污染环境犯罪。在定量上，通过排放的数量或溶度等可量化指标来对水生态环境犯罪行为进行刑罚。但是，在使用定量来界定刑罚标准时，选用什么标准来量刑水生态环境犯罪行为就成为了司法实践的难题。有学者认为"依据环境质量标准和污染物排放标准对排污行为进行认定"。[①] 但是，不同地区对污染物容纳量及水环境的本底值是有很大差别，不能在全国使用统一标准进行污染犯罪行为的判罚标准，应该以水环境的本底值来判罚污染物排放的判罚标准。

从对水生态环境标准制定的原理的分析，我们看到水生态环境标准法律化除了纯科学数据的质量标准作为科学依据，其他权衡因素主

---

① 王江："污染环境罪的立法缺失及司法解释补救——兼评《中华人民共和国刑法》第338条"，载《重庆大学学报》(社会科学版)2013年第4期。

要有国内的水生态环境质量现状;污染物负荷情况;社会的经济和技术力量对水生态环境的改善能力;区域功能类别;水环境资源自身价值。从目前的环境污染刑事司法解释现状来看,对环境损害的实体解释比较重视,却未涉及对水生态环境质量现状、污染物负荷情况、社会的经济和技术力量对水生态环境的改善能力、区域功能类别、水环境资源自身价值的解释,或者可以说缺少对环境生态标准的解释,水环境生态标准应引入环境污染刑事司法解释中,否则只堵不疏的环境治理理念将不利于水生态环境犯罪的标本兼治,不利于水生态环境的保护。

(二)"宜细不宜粗"原则

在保护自然科学规律的同时,我们应该考虑以什么来衡量我们的自然科学规律,肯定不能以粗的东西(如破坏的行为)来衡量,因为在自然科学规律中都有本身的衡量标准,那就是各类"数值"。因此,应遵循"宜细不宜粗"原则,"细"到这些数值上。例如,水有特定的成分和各自的数量,刑法规定、立案标准、司法解释只有规定到具体的含量值时,才能制止破坏水生态环境的行为。以水生态环境的时间、空间和承载尺度为科学基础,将水生态环境犯罪刑罚标准与水生态环境背景值有效结合。对"有毒物质"的认定标准予以明确和污染鉴定程序予以规范。因为,环境刑法执法需要较强的科学技术支持和执法过程中的标准化作业。

(三)全面协调环境刑法与司法解释关系

根据相关法律规定,①在我国司法实践中,最高人民法院和最高人民

---

①　根据《立法法》、《人民法院组织法》以及《关于加强法律解释工作的决议》的规定,"凡关于法律、法令条文本身需要进一步明确界限或作补充规定的,由全国人民代表大会常务委员会进行解释或用法令加以规定"。"凡属于法院审判工作中具体应用法律、法令的问题,由最高人民法院进行解释。凡属于检察院检察工作中具体应用法律、法令的问题,由最高人民检察院进行解释。"

检察院就环境犯罪刑事惩治发布了若干的相关司法解释，其中，最高人民法院有10部司法解释[①]、1件批复[②]涉及环境犯罪问题。2013《解释》中污染环境罪的严重污染环境规定与司法解释中大多条款之间存在很大的距离。在当今，不断变化的水生态环境犯罪使环境刑法的合理性和司法解释的合理性都受到挑战，要保证环境刑法司法解释的合理性，应当以是否符合环境刑法条文本身的污染环境罪内容真实含义，即严重污染环境的真实含义，是否有利于实现环境刑法的任务与目的，即恢复和保护水生态环境，是否使环境刑法与其他环境法律之间相协调，以水生态环境犯罪得到根本惩治和预防为标准。[③] 最高人民法院与最高人民检察院可以通过多种种方式统一全国的水生态环境犯罪司法审判工作，如编撰具有指导性意义的判例，再如制定关于刑法解释的强制性指导意见。

---

① 具体为：1996年7月31日《关于审理非法进口废物刑事案件适用法律若干问题的解释》、1997年12月9日最高人民法院《关于执行(中华人民共和国刑法)确定罪名的规定》、1999年6月18日《关于审理单位犯罪案件具体应用法律有关问题的解释》、2000年6月16日《关于审理破坏土地资源刑事案件具体应用法律若干问题的解释》、2000年9月20日《关于审理走私刑事案件具体应用法律若干问题的解释》、2000年11月17日《关于审理破坏森林资源刑事案件具体应用法律若干问题的解释》和《关于审理破坏野生动物资源刑事案件具体应用法律若干问题的解释》、2003年5月16日《关于审理非法采矿、破坏性采矿刑事案件具体应用法律若干问题的解释》、2005年12月19日《关于审理破坏林地资源刑事案件具体应用法律若干问题的解释》、2006年6月26日《关于审理环境污染刑事案件具体应用法律若干问题的解释》、2013年最高人民法院和最高人民检察院发布的《关于办理环境污染刑事案件具体适用法律若干问题的解释》。

② 2004年3月26日最高人民法院公布《关于在林木采伐许可证规定的地点以外采伐本单位或者本人所有的森林或者其他林木的行为如何适用法律问题的批复》。

③ 张明楷："简评近年来的刑事司法解释"，载《清华法学》2014年第1期。

第三节 水生态环境行政执法与刑事司法衔接问题及完善

一、水生态环境行政执法与刑事司法衔接问题

在现行的司法过程中常出现行政法执法与刑事司法脱节以及立案难现象，出现的原因之一在于行政法与刑法在立法层面出现的脱节。例如，《水污染防治法》中规定的“向水体排放油类、酸液、碱液的”与2013年颁布的《关于办理环境污染刑事案件适用法律若干问题的解释》中规定①有出现出入，这时会出现到底适用哪个条款问题。

原因之二在于移送制度本身的缺陷。移送制度，是“以启动并实现刑事诉讼为中心，将一般行政执法过程中发现或应该发现的涉嫌犯罪的案件依法移送刑事司法机关的办案协作机制。”②俗话说“多头管理就会出现没人管”。你推我、我推你，大家完成行政处罚收回处罚金，其他的事都不管的局面。这是混淆环保部门和公安部门的主要职责的表现。

前述的脱节问题，即“水十条”③、《水法》、《水污染防治法》、《环境保

① 2013年《关于办理环境污染刑事案件适用法律若干问题的解释》中规定：“非法排放含重金属、持久性有机污染物等严重危害环境、损害人体健康的污染物超过国家污染物排放标准或者省、自治区、直辖市人民政府根据法律授权制定的污染物排放标准三倍。”

② 王传红、维英：“行政执法机关移送涉嫌犯罪案件机制研究”，载《中国刑事法杂志》2012年第3期。

③ 2015年4月16日，国务院正式发布《水污染防治行动计划》（以下简称“水十条”），将实施最严格的源头保护和生态修复制度，节约保护水资源，全力保障水生态安全。“水十条”提出，到2020年，长江、黄河等七大重点流域水质优良比例总体达到70%以上，地级及以上城市建成区黑臭水体均控制在10%以内。到2030年，全国七大重点流域水质优良比例总体达到75%以上，城市建成区黑臭水体得到消除，城市集中式饮用水水源水质达到或优于Ⅲ类比例总体为95%左右。到21世纪中叶，生态环境质量全面改善、生态系统实现良性循环。这是令人欣慰的目标，也是一项十分艰巨的任务。

护法》等行政法与刑法规定的脱节问题。“水十条”强化水环境治理的科学技术支撑,实现水生态的完整统一。目标是伟大的,现实是骨感的。但要实现目标,我们首先就必须解决行政法与刑法脱节的问题。

表4-4　行政规定与刑事规定的脱节问题

(根据《关于办理环境污染刑事案件适用法律若干问题的解释》与相关行政法规制定)

序号	行为	行政处罚依据	处罚种类	刑事处罚依据	处罚种类	比较总结
1	造成环境污染事故的	《水污染防治法》第53条 《水污染防治法实施细则》第43条	罚款	《刑法》第338条以及《解释》	属于“严重污染环境,处三年以下有期徒刑或者拘役,并处或者单处罚金”	(1)造成环境污染事故与严重污染环境规定不匹配 (2)行政处罚与刑事处罚边界标准不明确 (3)罚款和罚金都未从环境恢复的目标考虑
2	饮用水源二级保护区内超标排放和超量排放	《水污染防治法实施细则》第46条第2款	责令限期治理,罚款;责令停业或关闭	无	无	《解释》只规定在饮用水水源一级保护区、自然保护区核心区排放、倾倒、处置有放射性的废物、含传染病病原体的废物、有毒物质才定罪导致刑法保护的水范围过窄

续表

序号	行为	行政处罚依据	处罚种类	刑事处罚依据	处罚种类	比较总结
3	超标排放和超量排污	《水污染防治法实施细则》第46条第2款	责令限期治理，罚款；责令停业或关闭	《解释》第1条第2款	属于"严重污染环境，处三年以下有期徒刑或者拘役,并处或者单处罚金"	行政处罚与刑事处罚边界标准不明确
4	超标排放有毒有害物质	《长江水污染防治条例》第49条	责令改正、罚款	《解释》第1条第3款	属于"严重污染环境，处三年以下有期徒刑或者拘役,并处或者单处罚金"	行政处罚与刑事处罚边界标准不明确
5	私设暗管或者利用渗井、渗坑、裂隙、溶洞等排放、倾倒、处置有放射性的废物、含传染病病原体的废物、有毒物质的	《水污染防治法》第76条第7项 新《环境保护法》第42条第4款	责令改正、罚款	《解释》第1条第4款	属于"严重污染环境，处三年以下有期徒刑或者拘役，并处或者单处罚金"	这两条规定存在重合，如何适用

续表

序号	行为	行政处罚依据	处罚种类	刑事处罚依据	处罚种类	比较总结
6	致使乡镇以上集中式饮用水水源取水中断	无	无	《解释》第1条第6款	属于"严重污染环境,处三年以下有期徒刑或者拘役,并处或者单处罚金"	导致刑罚规制范围缩小

从表4-4分析总结,根据《水污染防治法》的规定,饮用水水源保护区主要划分为一级饮用水水源保护区和二级饮用水水源保护区以及饮用水水源准保护区。饮用水水源二级保护区属于饮用水水源一级保护区的外延范围。而《解释》却只规定在饮用水水源一级保护区排放、倾倒、处置有放射性的废物、含传染病病原体的废物、有毒物质的行为是严重污染水生态环境的行为。对饮用水水源二级保护区所造成的污染由于水系支脉的关联性、水体的流动性,同样也会侵害饮用水水源一级保护区的水环境以及侵害关联水系。也就是说《水污染防治法》对饮用水水源一级保护区和饮用水水源二级保护区都加以保护,而《解释》对于饮用水水源二级保护区和饮用水水源准保护区却不保护,限缩了犯罪规制的范围。《水污染防治法》与《刑法》以及《解释》对接不上,与水生态环境犯罪的立法修正是背道而驰的。

《水污染防治法》并未提到致使乡镇以上集中式饮用水水源取水中断12小时以上的规定以及危险废物或污染物的重量与超标倍数标准或其他标准,却在司法解释中规定致使乡镇以上集中式饮用水水源取水中断12小时以上以及非法排放、倾到、处置危险废物3

吨以上的为严重污染环境。如果行为人的行为只导致乡镇以上集中式饮用水水源取水中断没有超过12小时的。比如10小时、11小时或者非法排放、倾到、处置危险废物1吨、2吨就不是严重污染水生态环境,这实质是撇开了水生态环境犯罪最核心的特质,即水环境法益本身。

《水污染防治法》第76条第7项规定,《解释》第1条第4项规定①内容存在重合,出现这种行为时是归属于行政违法还是刑事犯罪,对于行政执法者执法而言相当模糊。张明楷提到过:“根据犯罪定性预订量的要求,污染环境罪属于行政加重犯。”②污染环境罪本身具有行政违法性,又具有行政不法行为的加重要素,如特定后果等,基本行为以及加重要素形成行政法与刑法的对接,而这里的两项规定却并没有将加重要素进行规定。

《环境保护法》第69条规定“违反本法规定,构成犯罪的,依法追究刑事责任”,与《刑法修正案(八)》和《解释》如何衔接不是很清楚,将会导致很多破坏水生态环境的案件不会移送给检察院立案查办。如,在《环境保护法》第42条第4款规定和《解释》中相关规定③也存在重合,如何衔接就是需解决的问题了。

---

① 《水污染防治法》第76条第7项规定:“利用渗井、渗坑、裂隙或者溶洞排放、倾倒含有毒污染物的废水、含病原体的污水或者其他废弃物”,《解释》第1条第4项规定:“私设暗管或者利用渗井、渗坑、裂隙、溶洞等排放、倾倒、处置有放射性的废物、含传染病病原体的废物、有毒物质”。

② 参见张明楷:“行政违反加重犯初探”,载《中国法学》2007年第6期;钱小平:“环境法益与环境犯罪司法解释之应然立场”,载《社会科学》2014年第8期。

③ 《环境保护法》第42条第4款规定:“严禁通过暗管、渗井、渗坑、灌注或者篡改、伪造监测数据,或者不正常运行防治污染设施等逃避监管的方式违法排放污染物。”《解释》第1条第4项规定:“私设暗管或者利用渗井、渗坑、裂隙、溶洞等排放、倾倒、处置有放射性的废物、含传染病病原体的废物、有毒物质的。”

表4-5　污染物最高允许排放浓度

（根据国家污染物排放标准制定）

污染物	适用范围	一级标准	二级标准	三级标准
pH	一切排污单位	6~9	6~9	6~9
COD	石油化工工业（包括石油炼制）	60	120	500
	城镇二级污水处理厂	60	120	
	其他排污单位	100	150	500
SS	采矿、选矿、选煤工业	70	300	
	城镇二级污水处理厂	20	30	
	甜菜制糖、酒精、味精、皮革、化纤浆粕工业	20	100	600
	边远地区沙金选矿	70	800	

从表4-5可以分析得出：

我国污水综合排放标准中的污染物最高排放浓度，是许可排放的值，而非禁止排放的限值。① 也就是说，即使达到了污水综合排放标准中的污染物最高排放浓度三级排放标准，也达不到《解释》所规定的严重污染环境的情节。我国的污水综合排放标准直接从国外引进制定，没有根据我国水情制定，忽视了我国水环境背景值。我国污水综合排放标准可以为水生态环境犯罪的定罪量刑标准化提供纯科学依据，所以涉及环境科

① 2007年《加强国家污染物排放标准制修订工作的指导意见》（总则）："国家污染物排放标准是指各种环境污染物排放活动应遵循的行为规范，国家污染物排放标准依法制定并具有强制效力。国家污染物排放标准是国家环境保护技术法规和标准体系的核心内容之一，体现了国家环境保护方针、政策、规划，是以环境保护优化经济增长和控制环境污染源排污行为、实施环境准入和退出的重要手段。国家污染物排放标准的实施对推动产业结构调整，促进技术进步具有重要作用"。参见马倍战著：《环境犯罪案件实务指南》，法律出版社2013年版，第160页。

学的概念和标准，应由环保科研行政部门经调研论证后形成标准，水生态环境犯罪中严重污染和破坏水生态环境的情形，罪与非罪、罪轻与罪重就可以参照标准进行规范，但是这些问题基本在《解释》中没有规定和体现。

二、完善建议

水生态环境法益边界是科学规律的体现，也就是说水生态环境法益的边界具有科学属性。因此，在针对水生态环境立法时一定要科学立法，符合水生态环境的组成成分等科学规律，通过水生态环境时间、空间、承载尺度边界来分析水生态环境的行政法和刑法的衔接问题。行政执法与刑事司法在水生态环境时间、空间、承载尺度方面衔接不畅及完善建议主要为以下几点：

第一，破坏水生态环境的组成成分的行为发生后，是使用行政法还是刑法进行处罚目前在司法实践中很不明确，原因在于现行的法律没有对破坏水生态环境组成成分影响多长时间给予界定，破坏水生态环境影响多长时间使用行政法处罚，超过多长时间使用刑法处罚。例如，向水体排放有“放射性的废物、含传染病病原体的废物、含重金属物质的废物，猪场废水”等不同物质时，都是在时间尺度上（影响几个小时，还是几周，甚至几年）对水生态环境的破坏。行政法与刑法应依据不同物质在时间尺度上对水生态环境破坏的长短给予不同的处罚。①

第二，通常在处理水污染案件时，会出现破坏水生态环境的组成成分影响的范围不管大小都使用行政法来进行处罚，最终导致水生态环境大面积恶化。例如，向水体排放有“放射性的废物、含传染病病原体的废物、含重金属物质的废物，猪场废水”等不同物质时，都是在空间尺度上（影响江湖河几公里范围，还是几十公里，甚至整个流域）对水生态环境的破坏。

① 陈珊、利子平：“生态环境法益探微”，载《求索》2015年第5期。

行政法与刑法应依据不同物质在空间尺度上对水生态环境破坏的面积或体积大小给予不同的处罚。

第三，在处理偷排污水时，常只考虑这一行为是否成立，却不考虑所排放的污水是否改变当地的水生态环境的组成成分和给水体水生态环境造成危害程度。例如，向水体排放有"放射性的废物、含传染病病原体的废物、含重金属物质的废物，猪场废水"等不同物质时，都是在承载尺度上（排放是几公斤，还是几吨，甚至上千吨）对水生态环境的破坏。行政法与刑法应依据不同物质在承载尺度上对水生态环境破坏的承载量多少给予不同的处罚，吴季松提到过："确立我国水资源开发利用控制红线，其基本指导思想是充分考虑水资源的承载能力。"①

对于水生态环境行政执法和水生态环境刑事司法的有效衔接的基础工作首先就是要明确界定水生态环境时间、空间、承载三个维度在行政法与刑法中的界线，因为水生态环境法益的边界是由保护对象在时间、空间和承载三个尺度的利益构成，也只有明确了此界线，才能科学地指导和规范司法。

第四节　水生态环境犯罪立案标准与司法解释衔接问题及完善

一、水生态环境犯罪立案标准与司法解释衔接问题

目前行政机关处罚破坏水生态环境的行为时，往往不会移送给司法机关处理，除了移送机制本身所存在的问题，主要原因是行政法与刑法在处罚破坏水生态环境行为的边界不清楚。行政法与刑法在处罚水生态环

---

① 吴季松："以系统思维科学防治水污染"，载《光明日报》2015年5月6日。

境破坏行为时应以水生态环境法益作为边界确定的界线，也就是以水生态环境的组成成分等科学规律为界线，主要体现在水生态环境在时间、空间和承载三个尺度上的边界。行政法与刑法则在这水生态环境法益尺度上确立边界，超越什么界限归行政法保护的法益，超过另一个界限归刑法保护的法益。因此，行政法与刑法保护的法益是具有一致性和衔接性的。现行的行政法与刑法保护的法益往往不一致，导致在司法上衔接不协调。立案①在刑事诉讼程序中是首要环节，也是一个水生态环境犯罪刑事案件是否进入刑事诉讼的前提。只有有效地解决水生态环境犯罪案件的立案问题，才能进行下一步地分析研究和处理涉嫌水生态环境犯罪案件。

当发现破坏水生态环境的犯罪行为时，向谁报案，又有谁立案，立案标准是什么？这些问题在立案时就会出现，这是用法治体系治理水生态环境犯罪中司法过程的第一步。什么是立案标准？② 我国《刑事诉讼法》规定的立案条件③中可以得出结论，司法机关收到有关犯罪事实材料后，并不直接侦查，而是要依法进行审查，只有符合法定根据时才予以立案。这也就引发了一个立案标准的问题。④

---

① 刑事诉讼中的立案是指公安司法机关对于报案、控告、举报、自首以及自诉人起诉等材料，按照各自的职能管辖范围进行审查后，认为有犯罪事实发生并需要追究刑事责任时，决定将其作为刑事案件进行侦查或审判的一种诉讼活动。

② 《刑事诉讼法》第110条规定："人民法院、人民检察院或者公安机关对于报案、控告、举报和自首的材料，应当按照管辖范围，迅速进行审查，认为有犯罪事实需要追究刑事责任的时候，应当立案；认为没有犯罪事实，或者犯罪事实显著轻微，不需要追究刑事责任的时候，不予立案，并且将不立案的原因通知控告人。"

③ 我国《刑事诉讼法》规定的立案条件主要有以下三点：(1)有犯罪事实；(2)需要追究刑事责任；(3)符合管辖的规定。其中有犯罪事实发生主要是指：一是依照刑法的规定构成犯罪的行为；二是必须有相关的证据材料证明犯罪行为。

④ 董邦俊、李林波："环境犯罪立法管辖探究"，载《法治研究》2013年第5期。

表4－6　污染环境罪立案标准

（根据《最高人民检察院、公安部关于公安机关管辖的刑事案件立案追诉标准的规定（一）》第60条规定制定）

行为与结果	污染源	受损体	标准	立案追诉
违反国家规定，向土地、水体、大气排放、倾倒、处置有放射性的废物、含传染病病原体的废物、有毒物质或者其他危险废物的，造成重大环境污染事故	有放射性的废物、含传染病病原体的废物、有毒物质或者其他危险废物	基本农田、防护林地、特种用途林地、其他农用地、其他土地	基本农田、防护林地、特种用途林地五亩以上，其他农用地10亩以上，其他土地20亩以上	立案追诉
		森林或者其他林木、幼树	森林或者其他林木死亡50立方米以上，幼树死亡2500株以上	
		公私财产	30万以上	
		人	1人以上死亡、3人以上重伤、10人以上轻伤，或者1人以上重伤上且5人以上轻伤的	

从表4－6可以分析出，

《解释》第1～6项基本在立案标准的规定中没有，或者说《解释》只是在原来的基础上增加了1～6项，其他的并未做大幅修改。立案标准与《解释》衔接不畅，而且立案标准规定与《解释》规定都没有将“破坏生态系统”的情形列入，这类环境犯罪行为不能有效遏制。水生态环境污染是指已对水生态环境造成危害，而水生态系统破坏是指对水生态系统结构和功能造成破坏，环境保护中更需对破坏水生态系统行为进行规范。例如，致使“饮用水水源取水中断12个小时以上的”情形，在司法实践中认定罪与非罪存在缺陷：第一，若是饮用水水源上游的植被遭到破坏，涵养水急剧下降导致河流干涸，饮用水水源取水中断，是否在司法上可以定罪？第二，若是饮用水水源上游人为的破坏植被，发生泥石流，饮用水水源取水中断，又如何定罪？在生态学研究中，生态系统中的植物、动物等自然资源与流域中的水、土壤等环境有很强的生态关系。《解释》中对于水生态环境已将“排放、倾倒或者处置有毒物质导致取水中断的严重污染水生态环境”的情形纳入本罪的打击和惩治范围，也应将导致水生态系统被严重破坏的不法行为也纳入本罪的打击和惩治范围。

根据相关规定，①目前立案标准对于水生态环境本身不适用，可操作性不强。首先，是否有犯罪事实是需要通过调查才可以发现的，虽然违反我国《刑法》规定的犯罪事实在立案阶段仅仅指危害社会的犯罪行为的发生，不需要了解整个过程，但却同时规定需要有相关的证据材料。涉嫌水生态环境犯罪的特殊性和复杂性的特点，收集立案阶段所要求的相关证据材料是受多方面因素影响的，非常之困难。其次，如果只有须判刑的水生态环境犯罪案件才能进入刑事诉讼程序，将会放纵水生态环境犯罪嫌疑人，影响水生态环境犯罪的惩治和水生态生态环境的保护。再加上水生态环境犯罪的行政依存性，必然会造成追究行政责任和刑事惩治混淆，以罚代刑，从长远和整体来讲对环境保护非常不利。最后，涉嫌水生态环境犯罪的空间夸区域性、时间上的延续性等特殊性以及相关立案标准规定的不合理性给相关证据材料的收集带来相当大的困难，对于侦破水生态环境犯罪案件设置了障碍。这就要求我们立法部门和司法部门重视立案标准与刑法科学立法相匹配，重视水科学技术纳入水生态环境保护，重

---

①　依据最高人民检察院、公安部《关于公安机关管辖的刑事案件立案追诉标准的规定（一）》第60条的规定，“违反国家规定，向土地、水体、大气排放、倾倒或者处置有放射性的废物、含传染病病原体的废物、有毒物质或者其他危险废物，造成重大环境污染事故，涉嫌下列情形之一，应予立案追诉：（一）致使公私财产损失三十万元以上的；（二）致使基本农田、防护林地、特种用途林地五亩以上，其他农用地十亩以上，其他土地二十亩以上基本功能丧失或者遭受永久性破坏的；（三）致使森林或者其他林木死亡五十立方米以上，或者幼树死亡二千五百株以上的；（四）致使一人以上死亡、三人以上重伤、十人以上轻伤，或者一人以上重伤并且五人以上轻伤的；（五）致使传染病发生、流行或者人员中毒达到《国家突发公共卫生事件应急预案》中突发公共卫生事件分级Ⅲ级以上情形，严重危害人体健康的；（六）其他致使公私财产遭受重大损失或者人身伤亡的严重后果的情形。”

新审视水生态环境犯罪的立案标准。

二、完善建议

只有融合水生态环境资源保护与经济发展才能科学发展。有的地方领导在片面追求经济发展的政绩观影响下,干预司法导致立案难,下一步的分析研究和处理涉嫌水生态环境犯罪案件就被拦腰截断了。水生态环境犯罪的行政依附性导致以罚代刑现象普遍。主要原因是,有些地方政府和企业片面追求经济发展,对水生态环境犯罪"睁一只眼闭一只眼",水环境行政执法与刑事司法衔接不畅,水环境执法部门和刑事司法机关没有配合,严重影响了水生态环境犯罪的立案。对此,可以从以下几个方面完善。

(一)作出符合环境刑法条文本身的真实含义的立案标准

价值观的缺失会导致立法司法价值的缺失。首先,司法的前提是立法,从污染水生态环境罪的规定来看,没有重视水生态的价值,以后果严重为构成要件,也没有将水生态环境单独列出,这样的立法将会导致水生态环境价值的缺失;其次,在司法实践中,由于只认为出现所规定的人员伤亡等严重后果才构成犯罪,明显是对水生态环境价值的认识不到位;最后,在司法实践过程中,司法绩效评估和人力资源的有限性,立案难现象就不足为怪了。此类案件难以立案表现为:水污染和破坏水生态环境行为后,首要环节环保部门进行行政处理,由于没有具体的强制移送案件规定等各方面的原因,大多数环保部门不移交司法机关进行立案,造成水生态环境严重污染破坏得不到及时有效的刑事惩治,最终的后果就是水资源、水环境、水生态严重污染和破坏。

环境刑法本身是一个复杂的系统工程,涉及各个方面的问题。污染环境罪规定与其立案标准规定、司法解释规定衔接不畅。尽管我国《刑法》已经建立了环境犯罪治理的基本框架,在一些具体犯罪的规定上也具有一定的生态保护色彩,但立法模式的不对称,造成《刑法》对水生态环境犯罪的惩治能力不足,无法充分发挥对水生态环境犯罪的预防功能和水生态环境恢复功能，以致环境刑法在保护水生态环境中并没有起到有效作用，放纵了水生态环境犯罪的发生。某些严重污染水生态环境的行为得不到有效的刑事治理，而随着社会转型和城市化进程的加快，水生态环境污染危害性在不断加深，亟待环境刑法予以有效应对，环境污染刑事立案标准与司法解释需要优化衔接。环境污染刑事立案标准规定应该随着《刑法》相关条文的修改以及相关司法解释的修改而符合环境刑法条文本身的真实含义，即严重污染水生态环境的真实含义。有利于实现环境刑法的任务与目的，即恢复和保护水生态环境，协调环境刑法与其他环境法律之间关系，使水生态环境犯罪案件得到圆满解决。

（二）从有利于生态环境刑事诉讼程序的启动出发完善立案程序

国家出台了若干法律和规范性文件，但目前行政执法与刑事制裁的衔接却难以凑效，这就是我们需要反思的地方。环保部门的主要职责是制定水生态环境政策，监测水生态环境数据变化。公安部门才是侦办水生态环境犯罪案件的部门，将环保部门和公安部门的主要职能混淆，导致该负责的事不负责，不该负责的事负责。环保部门掌握水生态环境监察技术，公安部门掌握一般的司法技术，环保部门掌握全面及时的水生态环境信息，有着丰富的执法经验，却没有水生态环境犯罪案件侦查权。按照现行《刑事诉讼法》有权进行水生态环境犯罪案件侦查权的，最终决定启动刑事司法程序的却是不具备水生态环保专业知识和技术的司法机关。环保机关移送案件时先要向公安机关移送，再由公安机关交由检察机关起诉，由于增加一个启动诉讼的环节，导致一个简单的水生态环境犯罪案件诉讼需要经过环保部门移送、公安机关立案侦查、检察机关公诉等多个环节，在这么多环节中难免会出现环保执法人员渎职、公安检察人员专业性缺乏等干扰因素，这些都可能影响水生态环境刑事诉讼程序的启动。因此，应分清职责，完善立案程序。

第五节　水生态环境犯罪刑事公益诉讼制度及构建

一、水生态环境犯罪刑事公益诉讼形势

在法学理论界,环境民事公益诉讼和行政公益诉讼的研究颇多,但环境刑事公益诉讼的研究几乎空白。在法学司法实务界,我国由检察院提起诉讼的水生态环境破坏案件很少,但水生态环境犯罪却不少。其中一个原因是检察院对水生态环境犯罪提起公诉存在很多不足,没有一个有力推动诉讼的主体,在应对水生态环境犯罪方面我国刑事诉讼程序法的立法显得相对滞后,而导致水生态环境犯罪问题无法得到有效的控制,更加导致水生态环境没有得到很好地保护。"综合治理是解决犯罪和社会治安问题的治本措施,综合治理也是单纯由国家主导的。随着社会的发展,与犯罪作斗争如果仅仅依靠国家本位权力,而忽视社会对犯罪控制的力量的模式是有待改进的,国家和社会同时来控制犯罪的犯罪控制模式也许是可取的,也就是说,国家可以将一部分犯罪控制的运行权力分割一点到社会,由国家和社会来共同控制犯罪。"①

我国破坏环境犯罪行为没有受到刑罚,主要原因是得不到有效的起诉,应当推进实施环境民事公益诉讼制度。② 在生态文明建设中,亟须对我国环境诉讼的格局进行调整。环境公益诉讼可以授权在国家或省级以上民政机构登记注册的环境保护社会团体,推动国家的环境公益诉讼制度。可借鉴美国的"公民诉讼"和日本的"住民诉讼"。③ 2012 年,云南曲

---

① 参见陈兴良等:"合理地组织对犯罪的反应",载《金陵法律评论》2001 年秋季卷;梁根林:"二十世纪的中国刑法学(中)——反思与展望",载《中外法学》1995 年第 2 期。

② 孙佑海:"依法保障生态文明建设",载《法学杂志》2014 年第 5 期。

③ 郑少华、齐萌:"生态文明社会调节机制:立法评估与制度重塑",载《法律科学》(西北政法大学学报)2012 年第 1 期。

靖铬渣污染公益诉讼是由环境保护的民间环保草根组织“自然之友”和重庆“绿色志愿者联合会”提起的,云南地方环保法庭立案调查。云南曲靖铬渣污染公益诉讼被认为是环境公益诉讼的“破冰之举”。环境公益诉讼制度的确立和完善是赋予个人和组织对危害环境的行为提起诉讼。[①] 只有当环境公益诉讼团体注册全面放开,破坏水生态环境犯罪的行为才能得到有效起诉。实践中,行政违法行为更多的是乱作为、不作为。如果对乱作为、不作为不加以惩治,就不可能根本纠正以罚代刑的错误,掩盖水生态环境刑事犯罪。探索水生态环境刑事公益诉讼,可以推行刑事公益诉讼的试点。[②] 这为水生态环境犯罪刑事公益诉讼提供了创设的契机。因此,应该对《刑事诉讼法》进行反思,配合新《环境保护法》有关环境公益诉讼的规定,增加刑事公益诉讼程序作为《刑事诉讼法》的特别程序。

二、制度构建

综观《宪法》第26条规定[③]、《环境保护法》第1条规定,[④]我国的立法机关已经将公害作为环境中的一个基本概念。余贵忠教授和杨武松老师认为“环境公害是基于人类活动的作为与不作为而产生的一种共同生存环境损害行为”。[⑤] 但是由于刑事诉讼立法的不科学和滞后性,加上生态环境问题的复杂性,导致司法实践并没有明确的指引和规定。新《环境保

---

① 张镝:“论生态文明建设下我国环境立法的完善”,载《东北农业大学学报》(社会科学版)2013年第3期。

② 曹建明:《形成严密法治监督体系　保证宪法法律有效实施》,资料来源:求是网,最后访问时间:2014年12月15日。《决定》指出:要探索对一些行政机关违法行使职权或者不作为造成对国家和社会公共利益侵害或者有侵害危险的案件,由检察机关提起公益诉讼,促进依法行政、严格执法,加强对公共利益的保护。

③ 《宪法》第26条规定,国家保护和改善生活环境和生态环境,防治污染和其他公害。

④ 新《环境保护法》第1条规定为保护和改善环境,防治污染和其他公害,保障公众健康,推进生态文明建设,促进经济社会可持续发展,制定本法。

⑤ 余贵忠、杨武松:“环境公害实证判定一以公害诉讼为判定视角”,载《贵州警官职业学院学报》2009年第6期。

护法》第58条,为生态环境刑事公益诉讼制度提供了"及时雨"。这个虽然没有在我国的《刑事诉讼法》中明确和体现,但笔者认为这只是法律与法律之间的衔接问题。随着立法进程的加快,一定会在我国的《刑事诉讼法》中明确规定。对于由犯罪行为引起的水生态环境破坏,在水生态环境犯罪刑法科学立法的基础上,完善水生态环境犯罪刑事诉讼机制,才是有效应对水生态环境犯罪路径。

在现行的刑事诉讼程序规定中,根据诉讼目的的不同,可以分为公诉和自诉。随着我国经济的发展,出现了很多破坏水生态环境的犯罪。在环境公害诉讼司法实践中,虽然从大的方面来讲这些水生态环境犯罪案件也属于法律规定的公诉案件,但是当水生态环境犯罪没有直接被害人,检察机关怠于起诉,导致这些水生态环境犯罪案件无法起诉到法院。依据我国刑事诉讼不告不理原则,法院无法直接审判,也就无法惩治水生态环境犯罪;或者是虽然检察机关起诉了损害国家利益的水生态环境犯罪,但由于各方面的原因,也不能完全保护水生态环境法益。因而刑事治理水生态环境犯罪,完全依靠检察机关来对水生态环境犯罪提起公诉保护水生态环境法益是远远不够的。需要有社会群体的力量强有力地推动生态环境刑事诉讼。生态环境刑事公益诉讼机制的建立存在较大的发展空间,为符合条件的环保公益组织成为原告提起生态环境刑事公益诉讼奠定了社会基础。可以创设生态环境刑事公益诉讼,具体地说就是以环保组织为主体以生态环境公益为中心的刑事诉讼机制。例如,我国的刑事和解的特别程序就是刑事诉讼的创新,这是一种以被害人——被告人关系为中心的新型刑事诉讼模式,注重被告人与被害人的权利保障,这引发了笔者对生态环境刑事公益诉讼问题的思考,建立是一种"社会组织——被告人关系"为中心的新型刑事诉讼模式,以此关照水生态环境公共利益的保护。

(一)生态环境刑事公益诉讼的理论基础

1. 生态环境刑事公益诉讼价值

"公益诉讼也可根据违法行为违反的法律部门不同,分为刑事公益诉讼、经济公益诉讼、民事公益诉讼和劳动公益诉讼。"①从新《环境保护法》可以体现出，哪些社会组织②可以对于违反生态环境的刑法规定，给生态环境公共利益造成了破坏行为，向人民法院起诉的司法活动。生态环境刑事公益诉讼是不同于刑事自诉、公诉的一种独立的诉讼形式，而且也与生态环境公益行政诉讼和生态环境公益民事诉讼不同，在提起主体、提起方式、诉讼理念、诉讼模式、诉讼目的等方面都有其独特之处，即以生态环境公益为中心的刑事诉讼模式。这种模式不仅重视社会群体的权利，而且可以加强社会群体权利意识。③ 将生态环境刑事公益诉讼在《刑事诉讼法》中明确，环保公益组织起诉，犯罪嫌疑人、被告人及其所聘请的律师和辩护人如何履行义务、行使诉讼权利，司法机关办理生态环境犯罪案件就有了行为规范，整个生态环境刑事公益诉讼过程就有章可循。生态公益刑事诉讼制度应该坚持以民主理念、生态环境为本位理念，能够在制度层面创新刑事诉讼起诉方式和开辟治理水生态环境犯罪的新路径。

审视现行《刑事诉讼法》第167条规定④对水生态环境犯罪的有效适应性，实际情况是我国由检察院提起的破坏水生态环境的犯罪案件很少，有些省的案件为个位数，但水生态环境的破坏却很严重。其中一个原因是检察院提起公诉存在很多不足，因为检察院与当地政府为了经济发展很少对企业提起公诉，因此，在刑事诉讼法中应将这一立法进行修改，由在民政部门注册的机构提起公益诉讼，这样将能保证刑法关于环境类的

---

① 吴瑞霞、徐尉："检察机关开展公益诉讼之探讨"，载《知识经济》2007年第23期；颜运秋："刑事公益诉讼的价值分析与制度构建"，载《河北法学》2006年第2期。

② 《环境保护法》第58条："对污染环境、破坏生态，损害社会公共利益的行为，符合下列条件的社会组织可以向人民法院提起诉讼：（一）依法在设区的市级以上人民政府民政部门登记；（二）专门从事环境保护公益活动连续五年以上且无违法记录。符合前款规定的社会组织向人民法院提起诉讼，人民法院应当依法受理。提起诉讼的社会组织不得通过诉讼牟取经济利益。"

③ 杨继文："环境公害与刑事诉讼模式"，载《中国环境法治》2013年第1期。

④ 参见《刑事诉讼法》第167条规定："凡需要提起公诉的案件，一律由人民检察院审查决定。"

刑事案件得到起诉。从刑事法角度出发，水生态环境犯罪治理模式从公诉的单轨制到公诉与公益诉讼双轨制，具有以下方面的意义和价值。

第一，能够在制度层面创新刑事诉讼起诉方式和开辟治理水生态环境犯罪的新路径，为我国未来生态环境刑事公益诉讼制度的建立提供了极大的空间。

第二，为未来生态公益刑事诉讼机制在《刑事诉讼法》中的明确规定提供了较大的空间。水生态环境犯罪是随着社会转型的经济发展出现的，危害后果在三维度上是前所未有的，其侵害的范围和受侵害的主体也极广。在水生态环境犯罪中，犯罪行为时常伴随对个人利益的民事侵权，也包括对水生态环境公益的危害，水生态环境犯罪是加重版的水生态环境侵权，生态环境刑事公益诉讼可以说是延伸版的生态环境民事公益诉讼。在我国法学理论界研究民事公益诉讼和行政公益诉讼的颇多，但研究刑事公益诉讼的几乎空白。但是我们可以打破这种界限，陈瑞华曾提到过打破刑事诉讼与民事诉讼的传统界限。① 人民法院应当依法受理符合《环境保护法》第 58 条规定的社会组织向人民法院提起的公益诉讼，将民间力量有序地纳入生态环境治理的机制中。虽然没有在我国的《刑事诉讼法》中明确和体现，但随着实践的发展，最终将会实现。

第三，促进我国刑事司法体制改革。面对社会转型过程中出现的水生态环境犯罪问题，现行的刑事诉讼很难有效应对，不能适应法治的发展，如果不及时改革刑事司法机制，我们的水生态环境将面临更大的危害，这些对促进我国刑事司法体制的改革提供了社会基础。

2. 生态环境刑事公益诉讼理念

中国刑事诉讼制度改革的司法实践出现的很多问题是与我国当前刑事诉讼理念密切相关的。这就要求司法主体必须创新刑事诉讼的理念，否则民众会产生法律无用论、法律怀疑论等消极悲观的认识。诉讼理念

---

① 陈瑞华著：《刑事诉讼的中国模式》，法律出版社 2008 年版，第 28 页。

的现代化程度不同将导致刑事诉讼程序设置的现代化程度不同。“民主是刑事诉讼程序设置现代化的要素之一,程序参与是程序民主的重要方面”,①与案件没有直接利害关系的社会组织应当能够实质参与生态环境刑事公益诉讼程序,维护受到污染、破坏的水生态环境法益。与水生态环境行为后果没有直接利害关系的环保公益组织,也可以提起并参与到刑事诉讼程序中来,以此体现生态环境刑事公益诉讼民主理念。

刑事诉讼法作为公法,与私法相比,其本位在于侧重维护国家、社会利益。水生态环境公益从大局来讲也是国家利益。生态环境刑事公益诉讼制度的建立,生态环境公益社会组织可以以控诉方的身份提起刑事公益诉讼,为维护受到污染、破坏的水生态环境法益而参与诉讼。这就使生态环境刑事公益诉讼法所应具有的水生态环境本位理念更加浓厚。生态环境刑事公益诉讼制度应当以民主和生态环境本位的理念为主线来设立生态环境刑事公益诉讼。

3. 生态环境刑事公益诉讼目的

刑事诉讼目的理论是刑事诉讼法学研究的一个重要理论,对生态环境刑事公益诉讼目的的完整理解和准确设定也是科学设立生态环境刑事公益诉讼制度的出发点和归宿。传统上我国的刑事诉讼立法和司法奉行的是一切为了并服从于惩罚犯罪的一元目的观。而现实中我国水生态环境破坏严重,有的甚至难以恢复水生态环境原状,促使对这种一元的惩罚犯罪的刑事诉讼目的观进行反思,并逐渐形成了既要做到惩治犯罪行为人,也要做到恢复和保护水生态环境的目的。

生态环境刑事公益诉讼目的的端正,保护环境法益观念的树立,为生态环境刑事公益诉讼制度的科学构建将开辟新的视角,提出新的要求。而单纯以惩罚犯罪为目的的刑事诉讼难以有效治理水生态环境。若要实

---

① 参见颜运秋:“刑事公益诉讼的价值分析与制度构建”,载《河北法学》2006年第2期;彭海青著:《刑事诉讼程序设置研究》,中国法制出版社2005年版,第287~288页。

现保护水生态环境法益的刑事诉讼目的,就必须扩大诉讼主体,赋予生态环境刑事诉讼主体广泛的诉讼权利,使其通过行使权利,切实有效地维护水生态环境法益。因此,生态环境刑事公益诉讼制度,能更好地服务于生态环境刑事公益诉讼,既做到惩治犯罪行为人,也做到恢复和保护水生态环境的目的。

4. 生态环境刑事公益诉讼模式

法学界对于我国刑事诉讼模式有多种争论。学者杨继文认为:"刑事诉讼模式科学性在于对社会阶级利益的需求以及历史文化背景。"①我国现行的职权主义诉讼模式必须注重我国的国情。② 因此,我们必须基于我国司法实践中出现的问题而确立科学的刑事诉讼模式。

结合社会转型发展中新出现的水生态环境公害复杂问题,现有的刑事诉讼制度很难有效应对的,究其原因是我国现行刑事诉讼模式不能适应生态环境犯罪刑事规制的需要。根据《刑事诉讼法》规定,我国的诉讼模式是一种公诉为主及自诉为辅的模式。在水生态环境犯罪的司法实践中表现为功用效应的缺失,司法资源的缺乏,导致司法资源的不平衡。从刑事法角度出发,水生态环境犯罪治理模式从公诉的单轨制到公诉与公益诉讼双轨制,由此确立生态环境刑事公益诉讼模式是生态环境犯罪刑事规制和司法实践的关键。刑事诉讼机制要有效应对水生态环境犯罪问题,生态环境刑事诉讼模式的改革必须重视我国的国情以及我国水生态环境犯罪问题的复杂性,也必须注重与相关环境实体法的协调。

新《环境保护法》,设立了环保公益诉讼制度。这项制度虽然没有在刑事诉讼法中体现出来,但笔者认为仍然涵盖了生态环境刑事公益诉讼。

---

① 杨继文:"环境公害与刑事诉讼模式",载《中国环境法治》2013 年第 1 期;谢佑平:"'混合型'刑事诉讼模式评论—《刑事诉讼法修改决定》随想",载《法学》1996 年第 5 期。

② 汪海燕:"法文化共性、相异性与我国刑事诉讼模式转型",载《政法论坛》2005 年第 5 期。

水生态环境刑事公益诉讼的模式可以为“公诉与公益诉讼相结合为主、自诉为辅”的模式。通过社会组织参加到刑事诉讼程序来惩治水生态环境犯罪行为和恢复保护我们的水生态环境，调动社会组织的积极性，推动民主司法和司法社会化。

（二）生态环境刑事公益诉讼内容

现实中的中国水生态环境犯罪问题已经是社会大众普遍关心、呼吁解决的问题。但是，生态环境刑事公益诉讼制度条件和制度资源的复杂性和贫乏性决定了如果没有新的建构，没有务实而合理的的刑事诉讼制度资源和类型，从现实主义角度来看刑事诉讼运行效果不会很理想。苏力曾谈到过，“一个社会的形成其实影响了人们的习惯性行为方式磨合，构成制度，形成文化的共同体”。[①] 未来中国生态环境刑事公益诉讼很可能是各种主体相互合作的结果。在此意义上，除了权力机构和司法机关，环保公益组织将会成为生态环境刑事公益诉讼的主要推动主体。需要特别关注长期被忽视的环保公益组织等社会群体的主张。生态环境刑事公益诉讼在对水生态环境犯罪案件的处理中，程序的启动是至关重要的。从诉讼的视角来看，此刑事程序在国家追诉资源的贫乏中导入了社会环保公益组织成为了程序的主体，获得了诉讼的地位，可以与辩方相抗衡，这与刑事诉讼民主的理念是不谋而合的。因此，对于我国水生态环境犯罪通过刑事诉讼程序来解决的现状而言，以水生态环境公益为中心的生态环境刑事公益诉讼也许是最好的选择。生态环境刑事公益诉讼作为一种刑事诉讼制度形式，与现行刑事诉讼法中的公诉以及自诉是有区别的，有其独特的内容。

1. 生态环境公益刑事起诉权主体

生态环境刑事公益诉讼虽然目前在我国的《刑事诉讼法》中没有明确

---

① 参见苏力著：《法治及其本土资源》，中国政法大学出版社 2004 年版，第 11 页；陆诗忠：“论我国刑事诉讼模式的再构建：多元、对接的诉讼程序”，载《甘肃政法学院学报》2012 年第 3 期。

规定,但在《环境保护法》中已经明确了,即该法第58条规定。这明确了提起生态环境公益诉讼的主体是环保公益组织。

2. 生态环境公益刑事起诉方式

《环境保护法》第58条规定,人民法院应当依法受理符合规定的社会组织向人民法院提起公益诉讼。也就是说,同自诉一样符合规定的环保公益组织可以直接向人民法院提起诉讼。对此在生态环境公益刑事诉讼中以环保公益组织单独直接起诉的方式更为合理。如果将检察机关和环保组织共同诉讼,社会组织在生态环境刑事公益诉讼中发挥作用会受到很多不必要的限制,起不到生态环境公益诉讼单独构建的作用,恐怕又会回归到普通的刑事诉讼程序,出现恶性循环。笔者认为,由符合《环境保护法》规定的环保公益组织单独直接向法院提起生态环境刑事公益诉讼更为合理。

3. 生态环境刑事公益诉讼范围

生态环境刑事公益诉讼目的的特定性决定了其受理案件的特定性。只要是破坏了水生态环境的犯罪案件都可以纳入生态环境刑事公益诉讼的受案范围,因为此类刑事诉讼是为了保护水生态环境。

4. 生态环境刑事公益诉讼的立案管辖

审视现有《刑事诉讼法》第18条规定,[①]破坏水生态环境的行为构成犯罪时,会出现向谁报案、谁来立案等问题。生态环境公益诉讼是由公安机关直接立案侦查还是人民法院直接受理呢?笔者认为,既然是不同于公诉新构建的公益刑事诉讼就应该由人民法院直接受理。而且《环境保护法》第58条规定虽然没有在刑事诉讼法中明确写出来,但也没有否定刑事公益诉讼。由人民法院直接立案管辖,这是不同于刑事公诉的立案管辖。水生态环境的复杂性和跨区域性决定了水生态环境犯罪的现象也

① 《刑事诉讼法》第18条规定刑事案件的侦查由公安机关进行,法律另有规定的除外。自诉案件,由人民法院直接受理。法院受理后对于证据不足的可移送公安机关受理,认为被告人可能判处3年以上有期徒刑的应移送公安机关立案侦查。

是复杂的。至于由什么级别的法院管辖和什么地域的法院管辖，则应根据《刑事诉讼法》有关管辖的规定。

5. 生态环境刑事公益诉讼的特别程序

生态环境刑事公益诉讼作为刑事诉讼法中的一种，具有现有的刑事诉讼法中的共通性规则，如刑事诉讼法总则、基本原则、管辖、回避、辩护与代理、证据、附带民事诉讼、期间、送达；审判、审判组织、第一审程序、简易程序、第二审程序、死刑复核程序、审判监督程序、执行等亦应适用。此外，由于水生态环境犯罪刑事案件本身的特殊性，案件的侦查还是需要依靠国家的强大力量，如查找犯罪嫌疑人、强制措施、讯问犯罪嫌疑人、询问证人、收集证据、勘验、检查、搜查、查封、扣押物证、书证、鉴定、通缉等。在我国现行的《刑事诉讼法》第五编特别程序中规定了 4 种特别程序。[①]例如，其中规定的刑事和解的特别程序就是刑事诉讼的创新。这是一种以“被害人—被告人”关系为中心的新型模式，注重被告人与被害人的权利保障其生态环境刑事公益诉讼也可以设定为特别程序，如环境刑事公益诉讼的侦查程序、查找犯罪嫌疑人、强制措施、讯问犯罪嫌疑人、询问证人、收集证据、勘验、检查、搜查、查封、扣押物证、书证、鉴定、通缉等由国家侦查机关负责，特殊的水生态环境监测技术也可以引入第三方检测机构。

（三）生态环境刑事公益诉讼的保障机制

“以生态环境公益为中心”的生态环境刑事公益诉讼承担着惩治生态环境犯罪和保护生态环境的重要使命，为保障生态环境公益诉讼的有效运行，使刑事公诉、刑事公益诉讼、刑事自诉达到更加完美的契合，需要寻求国家对环保组织的授权、有效的监督机制和多方位的评估考核机制。

1. 国家通过立法对环保组织的授权

目前在新《环境保护法》第 58 条规定中已经明确了公益诉讼制度，充

---

① 《刑事诉讼法》特别程序规定：第一种未成年人刑事案件诉讼程序；第二种和解的公诉案件诉讼程序；第三种犯罪嫌疑人、被告人逃匿、死亡案件违法所得的没收程序；第四种依法不负刑事责任的精神病人的强制医疗程序。

分说明了我国立法机关已经意识到了公益诉讼的重要性。但是由于立法的不完善和公益诉讼的复杂性，只有新《环境保护法》的单一规定，难以有效应对生态环境犯罪治理的司法实践，《环境保护法》没有后续保障法是很难凑效的。笔者认为，应该在《刑事诉讼法》中授权环保公益组织组织收集证据等。在特别程序中增加对生态环境刑事公益诉讼的规定，生态环境刑事公益诉讼制度才会最终确定，才会成为促进我国建设生态文明社会的重要诉讼制度，这样才能将纸面上的法条真正有效地融入生态环境犯罪治理的司法实践当中。科学的生态环境刑事公益诉讼制度应该包括严密的公权力制约机制与完善的诉讼参与人权利保障体系。而单纯以惩罚犯罪为目的的刑事诉讼难以有效治理环境。若要实现保护生态环境法益的刑事诉讼目的，就必须扩大诉讼主体，赋予生态环境刑事诉讼主体以广泛的诉讼权利，使其通过行使权利，切实有效地维护生态环境法益。要充分意识到无救济则无权利，如果法律赋予生态环境刑事公益诉讼主体的权利得不到执法、司法机关的尊重，诉讼主体的合法权益受到侵害时得不到及时有效的救济，那么保护生态环境的刑事诉讼目的更是无法实现。因此，科学设立我国的生态环境刑事公益诉讼制度，必须要加强诉讼主体权利救济机制的健全与完善，才能更好地服务于生态环境刑事公益诉讼。

2. 有效的监督机制

由于环保公益组织属于民间组织，如何有效地监督环保组织就显得非常重要。环保公益组织与政府环境机构都是以保护水生态环境为出发点，如果没有有效的监督机制，有可能会导致环境公益诉讼权利的滥用。新《环境保护法》第 58 条明确规定环保公益组织是在设区的市级以上人民政府民政部门登记的，民政部门需要设立有效的监督机制，包括准入监督机制和运行监督机制。准入机制相对来说还算完善，运行监督机制可能并没有那么完善。例如，有没有违法犯罪行为，有的话就应该撤销资格。再如，在保护生态环境公益作为方面用数量和质量进行监督，达不到要求的可以要求整改或者撤销资格。

3. 多方位的考核机制

生态环境公益诉讼当地的受益群众是整个考核体系中最重要的。由于受益群众直接接触，接受环保公益组织的法律服务，在服务的过程中对于环保公益组织在生态环境刑事公益诉讼各方面清晰的了解，对环保公益组织的表现最有发言权。民政部门对环保公益组织的考核主要从生态环境刑事公益诉讼的数量和质量以及其他个方面考核。国家也应将生态环境公益诉讼资金列入国家财政预算，对生态环境刑事公益诉讼中环保公益组织收集证据等所花费的费用列入生态环境刑事公益诉讼经费里，对于考核优秀的应该给予奖励，使生态环境刑事公益诉讼有效开展，环保公益组织健康有序运行。

综上所述，生态环境刑事公益诉讼制度是各个方面组成的整体，任何一方面都不能偏废，否则会使生态环境刑事公益诉讼难以真正实施。新《环境保护法》有关环境公益诉讼规定的出台，贵阳市人大还专门制定了《贵阳市促进生态文明建设条例》。① 随着相关科学立法的出台和司法实践的推进，我们相信，在社会各界的积极努力下，生态环境刑事公益诉讼制度会得到认可，成为促进我国建设生态文明社会的重要诉讼制度。生态环境犯罪治理体系，是一个法治系统工程，是由各种调整生态环境犯罪的法律法规等共同构成的系统。从实体法与程序法的统一协调发展的角度来说，不仅需要生态环境犯罪控制实体法，即环境刑法的科学立法，更加需要生态环境犯罪刑事诉讼的不断科学合理化。

---

① 贵阳市人大通过“两湖一库”案专门制定了《贵阳市促进生态文明建设条例》。该条例第25条规定：“检察机关、环境资源管理机构、环保公益组织、生态环境和规划建设监督员，可以提起环境公害诉讼。”

第五章　水生态环境犯罪刑事法治体系之监督保障

治理水生态环境应放在整个国家的法治体系中去思考,是一个法治系统工程。法律的生命力在于实施,法律的权威也在于实施,应通过监督确保水生态环境法律得到切实实施。水生态环境法益应不仅仅停留在科学立法和司法阶段,而应贯穿到监督保障环节和整个水生态环境法治体系中去。

水生态环境犯罪刑事法治监督就是对水生态环境犯罪刑事法律实施的全过程进行监督。水生态环境犯罪刑事法治监督主要是对环境行政执法活动及移送、环境犯罪诉讼程序启动司法活动进行制约和监督。环境行政执法权、环境犯罪诉讼程序启动司法权一旦被滥用,就会给水生态环境法益带来严重损害,因此需要加强制约和监督,建立常态化水生态环境犯罪刑事法治监督制度。综合惩治水生态环境行政不作为、乱作为，必须健全和完善水生态环境犯罪在行政执法和刑事司法衔接中的案件移送标准和程序，构建环境保护行政部门与司法部门案情通报、信息共享、案件移送制度，克服不作为、乱作为现象，①通过法治监督实现水生态环境行政执法和刑事司法无缝对接。

第一节　水生态环境犯罪治理严密的法治监督

要对我国水生态环境法律的实施现状中行政执法机关移送涉嫌水生态环境犯罪案件从理论上做出解释，首先必须勾勒出我国水生态环境行政执法与刑事司法衔接的法律运行的大致结构，并分析其在其中起主导作用的因素。事实上，我国水生态环境法律的实施、水生态环境行政执法与刑事司法衔接，主要依靠水生态环境行政部门行政执法。可以说，我国的水生态环境法治是一种水生态环境行政管理机关占据主导地位的水生态环境法治结构，环境行政机关行使环境行政权力的有序与无序影响着对水生态环境保护。然而在水生态环境法律实施中占据如此重要地位的水生态环境行政机关是否能正确、积极地行使水生态环境行政权力，环境行政执法机关是否能正确、积极地移送涉嫌水生态环境犯罪案件，不仅要依靠行政部门及其官员的自律还要依靠外部力量的监督。在我国经济快速发展的今天，人在社会经济活动中受到多元化价值观念和社会现实的冲击，行政执法的无序、不作为、乱作为并不鲜见，也就是说只靠自律往往是很难达到目的的，自律在社会转型中未能有效发挥作用，我们必须用上外部的监督力量。② 因此必须

---

① 甄贞："落实检察机关的新职责"，载《前线》2015 年第 1 期。

② 杜万平："环境行政权的监督机制研究——对环境法律实施状况的一种解释"，载吕忠梅主编：《环境资源法论丛》（第 6 卷），法律出版社 2006 年版。

建立一定的水生态环境行政执法与刑事司法衔接的监督机制制约和监督环境行政组织的行为。需要改变行政执法机关移送涉嫌水生态环境犯罪案件少的外在条件,使之按照法定的规范和社会期望的方式行动。必须建立制度性的外在硬约束,让地方政府和各级环境行政机关不能或不敢放弃自己的职责。监督正是这样一种制度性的约束方式。

在环境保护的实践中我们不难发现水生态环境保护的主要力量主要在于环境行政。无论是提前对水生态环境污染和水生态破坏采取预防措施、作出水生态环境规划;制定水生态环境政策、法规,颁布水生态环境标准;还是推动水生态环境专业科学研究,融合水生态环境科学技术与法律科学,监督具体法律的执行;以及向司法机关移送涉嫌水生态环境犯罪案件,环境行政部门都是主导。例如,美国的环境法律主要也是对环境行政管理部门的授权规定,大量的日常执法行为仍然由环保局承担,法院只是作为最后的救济手段。因此,由于环境行政过程中可能受到多方面利益的牵制且难以平衡,加上水生态环境问题的复杂性和技术性,往往导致环境行政机关不积极行政或是滥用行政权力。行政执法机关不积极移送涉嫌水生态环境犯罪案件,使这类环境犯罪案件少,以致水生态环境公共利益或者公民的水生态环境权益受到损害。必须建立有效的环境行政执法的监督和环境行政执法机关移送涉嫌水生态环境犯罪案件监督机制,这对环境法律的实施有着重要意义。

一、水生态环境行政执法监督

(一)水生态环境行政执法监督的现状

从表5－1分析,目前水生态环境治理主要依靠行政执法,辅以一定的经济手段。行政行为具有一定的应变性的优势,但缺乏刑法的规制。老百姓都知道水生态环境恶化是水生态污染破坏行为得不到法律制裁的行政不作为的结果。检察监督机关在水生态环境犯罪治理法律监督工作存在不少困难,如发现难、查办难、干扰多、阻力大等困难。要加强环境行政执法监督，必须要从监督执法和积极开展支持起诉、督促起诉两方面着手。通过刑法渎职罪方面的规定对水生态环境治理行政不作为等行为进行刑事规制。

表5－1　水生态环境行政执法监督案例

案例名称	环保部门执法情况	人大、检察监督情况
2005年松花江污染案	平时在执法上的懈怠	无
2007年太湖流域水污染案	从1998年1月国务院正式批准《太湖水污染防治“九五”计划及2010年规划》，到2008年5月国务院正批复了《太湖流域水环境综合治理总体方案》，整整10年，太湖治理进展缓慢，地方环保部门在源头控制上存在明显的不作为，对污染项目未能严格依法控制	无
2015年4月彭泽县污染案	企业日排污3000吨长达10年之久，环保部门不作为	无

1. 水生态环境行政执法监督运动式无持续性制度支持

环境行政执法的问题是突击式或者运动式执法。由于地方环境行政执法一直不力，当地群众反响很大，在舆论和民意的压力下，由人大或国家环保总局牵头进行大规模的环境执法检查，为了应付检查，地方各级环境保护部门只得突击执法，搞集中整治，如淮河和太湖的“零点行动”。[①]区域性的重点执法对污染严重的乡镇企业进行了突击的清理和治污设施

① 左玉辉主编：《环境社会学》，高等教育出版社2003年版，第351、352页。1998年年底国家环保局会同经贸委、监察部、建设部、交通部、水利部、农业部等有关部门展开太湖“零点行动”，要求1998年12月31日零点整，太湖流域的重点排污企业必须达标排放，否则即进行关闭或停产治理。这次太湖“零点行动”是1997年淮河治污“零点行动”的翻版。其执法效果从国家环保总局不停地组织查处污染反弹行动的专项治理活动可见一斑。

的集中补建，关闭“十五小”的措施也产生了极大的示范效益和威慑力，政治上的宣示意义和社会影响是巨大的，但后遗症也很严重。这种典型的“运动式”执法往往为了实现预定的目标，不得不搞“瞬时达标”，①在环保部门或上级检查时通过了“达标”之后则私下停止治理污染设备的运行，或因这些设备质量低劣难以持续运行。

2. 水生态环境行政执法监督方式单薄导致监督的效率低下

在权力机关的监督和社会监督之间注重权力监督，忽视公民和社会力量的监督。环境行政执法监督机制方式结构上的不合理还表现在内外部监督力量的不平衡。内部监督由于部门利益，日常的监管和处罚比较放松，与公众对所看到的、闻到的、呼吸到的、喝到的环境质量要求存在较大偏差。在环境行政执法方面一个结构合理的监督机制必须同时包括内部监督和外部监督。目前外部监督没有法律和制度作为保障，缺乏常规性。

3. 水生态环境行政执法监督本质上未把着重点放在水环境背景值的监测上

环境执法检查是地方各级人大常委会监督环境执法的最主要方式，一般针对本地的重点环境问题或配合全国人大的检查来进行。比如，贵州省根据全省水资源环境现状以及群众对水资源污染的强烈反映，依据

---

① 谭炳卿：“淮河十年治污难见成效：运动式治理的败笔”，资料来源中国水网（www.h2o-china.com/），最后访问时间：2004 年 6 月 3 日。一文揭露了当年淮河“零点达标”的真相，表达了对运动式整治效果的质疑。淮河水利委员会水文局总工程师谭炳卿认为，所谓“零点行动”以后，“淮河污染反弹”的说法并不准确——淮河实际上从未达到过“2000 年底变清”的水质标准。“当时，工厂全部停工，不准排污，用自来水冲洗河道——为了在零点达标，地方上什么办法都用上了。”可是由于并没有从根本上堵住污染源，没有实行治污责任的经济补偿制度，没有建立起排污的责任追究机制，甚至也没有建立起日常的起码的水质检查、污染检查以及污染即时查究制度，光靠运动式的治理，靠行政命令式的单方推动，要根治淮河污染之瘤弊。显然勉为其难。靠高压态势下的暂时的关闭停工，甚至靠不惜血本的用自来水冲洗河道，一旦“零点行动”过后，污染必然故态复萌，甚至变本加厉。

《水污染防治法》和《水污染防治法实施细则》于2004年开展了的执法检查;①山东省2004年为配合全国人大环资委对淮河流域水污染防治执法检查而组织了跟踪检查。② 这种检查由于检查机构的级别较高,动作较大(一般均有新闻媒体跟随),所以会引起地方党委、政府和环境行政执法部门的重视,对执法有一定推动作用,如督促各地健全相应的执法机构、制定具体的办法和工作目标。而水生态环境治理最本质最基本的水环境背景值的监测却未能放在水生态环境行政执法监督的核心。

(二)水生态环境行政执法监督的完善

水生态环境行政执法的无序、不作为、乱作为现象并不鲜见。从目前我国的环境法治现状来看,环境行政管理机关占据主导地位的环境法治结构,环境行政机关行使环境行政权力的有序与无序影响着对水生态环境保护。因此对水生态环境行政监督应主要集中在水环境背景值方面。

1. 体现以水生态环境为中心始终围绕水环境背景值本质进行监督

国外环境渎职犯罪的规定体现了生态为中心的立法理念,生态为中心的理念的变迁使环境渎职犯罪的法益内涵也随之变迁,法益中的环境因素不断地被强调。例如,巴西《环境犯罪法》第66条规定:"公务人员在给予环境授权或发放执照的过程中作虚假或者欺骗陈述,隐瞒实施或者隐匿信息或科学技术资料的,处1年内到3年的监禁和罚金。"第67条规定:"公务人员违背环境规则为只有从政府获得授权才能实施的活动、工作或服务提供执照、授权或许可的,处以1年到3年的拘留或者罚金,如果犯罪属于非恶意的,处以3个月至1年的拘留,

---

① 《贵州省第十届人民代表大会环境与资源保护委员会2004年工作总结和2005年工作要点》,资料来源 www. gzrd. gov. cn。

② 《山东省人民代表大会城乡建设与环境资源保护委员会2004年工作总结和2005年工作要点》,资料来源 www. sdrd. gov. cn。

保留罚金。”[①]但是我国环境渎职犯罪的规定还是以人类为中心的立法理念，导致保护的法益也偏执了。《刑法》第408条规定[②]即环境监管失职罪。该条文罪状表述笼统，同时亦反映出以人类为中心的滞后的立法理念。

国外水生态环境行政执法监督体现积极的预防性特点，巴西《环境犯罪法》第70条规定：“获知环境违法行为的当局必须通过适当的行政程序迅速的进行查证，否则按同等责任进行处罚。”[③]如此规定加大了保护的力度，对于司法的适用当然更加通畅。而我国水生态环境行政执法监督却缺乏犯罪预防的问题。立法目标不平衡，兼顾环境保护和经济发展两个目标。应该倾向于环境保护。从长远来讲对经济发展才是最有利的。而我国的环境犯罪渎职罪的规定却还是重视经济建设而不是环境保护。立法上的不科学严重影响了司法的适用，预防环境职务犯罪本来是有效预防水生态环境犯罪的较好手段，但是对环境渎职犯罪的打击不力，实际上是变相地放纵了水生态环境犯罪。而且在预防上起重要作用的环境影响评价在整个环境渎职犯罪中只字未提。因此，应该改变监督思路，集中体现预防性以及围绕水环境背景值进行水生态环境行政执法监督。

2. 形成水生态环境严密的行政执法监督主攻点

环境渎职犯罪是随着经济快速发展而并发出来的新型的渎职犯罪，不作为、乱作为，会给国家和人民造成重大的损失。而且这种新型的渎职犯罪背后还隐藏着造成水生态环境犯罪案件不能进入司法程序的主

---

① 王天萍：“破坏野生动物资源犯罪立法研究”，中南林业科技大学2009年硕士学位论文。

② 《刑法》第408条规定：“负有环境保护监督管理职责的国家机关工作人员严重不负责任，导致重大环境污染事故，致使公私财产遭受重大损失或者造成人身伤亡的严重后果的，处三年以下有期徒刑或者拘役。”

③ 帅清华：“国外环境渎职犯罪的立法现状及借鉴”，载《太原理工大学学报》（社会科学版）2014年第2期。

要原因。正是由于这些国家工作人员的渎职,不作为、乱作为,造成百姓诉诸无门,案件不移送,司法程序启动不了,因而形成水生态环境领域严密的监督体系是非常有必要的。首先就要严查水生态环境领域的渎职犯罪以及乱作为、不作为,以办案作为专项监督活动的主打和主攻点。

最高人民检察院《关于充分发挥检察职能为全面深化改革服务的意见》要求①检察机关坚决查办水生态环境领域的职务犯罪,切实加强对水生态环境保护执法司法活动的法律监督。最高人民检察院新闻发言人肖玮称,检察机关将继续加大工作力度,严厉打击生态环境领域犯罪。② 渎职检察厅厅长李文生接受专访时介绍,2014 年 1 至 11 月,全国检察机关查办生态环境领域渎职犯罪 1168 人,有效震慑了犯罪。③ 典型案例有汪某盗伐林木案,徐某等 3 人污染环境案,易某、田某非法猎捕、杀害珍贵、濒危野生动物案,于某等 5 人非法猎捕珍贵、濒危野生动物,非法收购、运输、出售珍贵、濒危野生动物案,陈某等 3 人非法收购国家重点保护植物案,杨某非法采伐国家重点保护植物案,何某等 5 人非法采矿案,马某盗伐林木案,郭某涉嫌污染环境案等 5 起案件,陈某、蓝某环境监管失职、贪污、受贿、私分国有资产案,曾某环境监管失职、受贿案,李某玩忽职守案,谢某、孙某玩忽职守案,杜某玩忽职守、受贿案,郭某、提某玩忽职守案。15 个典型案例中包括审查逮捕、起诉案件 7 起,监督移送、立案案件 2 起,

---

① 最高人民检察院《关于充分发挥检察职能为全面深化改革服务的意见》,要求及时介入重大环境污染事故调查,依法查办事故背后国家工作人员索贿受贿、失职渎职等犯罪,促进强化环境监管。

② 《最高检:严厉打击生态环境领域犯罪》,资料来源 http://www.chinanews.com/fz/2014/06－12/6274302.shtml,最后访问时间:2014 年 6 月 12 日。

③ 参见刘子阳:"部分官员收受好处充当犯罪团伙保护伞",载《法制日报》2015 年 2 月 6 日;高鑫:《最高检:严查生态环境领域渎职犯罪　官员放任污染被判刑》,资料来源 http://news.jcrb.com/jxsw/201502/t20150216_1478914.html,最后访问时间:2015 年 2 月 16 日。

渎职侵权案件6起。其中更有多位环保局领导干部涉案被查。[①] 从上述案件来看,严查水生态环境领域的渎职犯罪以及乱作为、不作为,以办案作为专项监督活动的主打和主攻点已有体现。

3. 预防和惩治水生态环境领域渎职犯罪

《建立健全惩治和预防腐败体系2013—2017年工作规划》,[②]要求切实采取有力措施,进一步加强勤政廉政建设,增加行政行为、执法行为、司法活动的透明度,加大环境渎职犯罪处罚的曝光度,将预防犯罪寓于查办案件工作中。笔者建议,在《刑法》第338条后增加一款,对水生态环境负有监管职责的国家工作人员,未依法许可、批准、检查和查处的,导致水生态环境结构破坏的,处以刑罚。此外,应推动水生态环境犯罪、水生态环境渎职犯罪等的立法、立案标准、司法解释的一致性,统一标准,形成保护水生态环境合力,从源头上遏制和预防水生态环境犯罪和水生态渎职犯罪的发生。

二、水生态环境行政执法与刑事司法衔接监督

(一)水生态环境行政执法与刑事司法衔接监督的现状

1. 监督存在的问题

司法机关实行不告不理原则,审查的是行政行为的合法性,对于环境行政机关不移送涉嫌环境犯罪案件侵害公共利益,没有明确受害人的不作为或怠于履行职责的行为没有法律依据进行监督。公众和社会组织、新闻媒体的监督虽然有着低成本的信息优势,但其最终结果仍然依赖于启动权力监督,在没有产生巨大的社会压力和为有权机关所关注的情况下,会产生不了了之的结局。因此,我国现有的环境行政执法与刑事司法

---

① 高鑫:《最高检发布15个涉生态环境领域犯罪案例》,资料来源http://www.jcrb.com/prosecutor/important/201406/t20140617_1405493.html,最后访问时间:2014年6月17日。

② 《建立健全惩治和预防腐败体系2013—2017年工作规划》把惩治生态环境渎职犯罪作为反腐的重要工作,惩治和预防生态环境犯罪的力度加大,将生态环境渎职犯罪纳入反腐败总体格局和部署中。

衔接的监督机制在核心标准水环境背景值、常规化、制裁责任制度方面均存在问题,使监督的效率难尽人意。

第一,无水环境背景值日常监测信息,未能把环境行政执法与刑事司法衔接的核心标准作为重中之重,导致环境行政执法与刑事司法衔接监督难以取得成效。从监督的顺序和结构上看,任何一项监督,都有三个组成部分,这三个组成部分即是权力监督相互联系、前后相继的三个环节,也可以看作权力监督的三个构成因子:监督信息、监督主体要求、监督主体制裁。① 除了上级环境行政机关的监督力量,无论权力性的外部监督力量还是非权力性的外部监督社会力量,对于水生态环境污染和破坏达到什么程度才构成犯罪的核心标准,即水环境值的获取困难是显而易见的。

第二,水生态环境行政移送在执法环节或者在此之前的某个环节已经流失。突击式或运动式环境行政执法与刑事司法衔接,成为行政执法机关不积极移送涉嫌水生态环境犯罪案件或移送少的逻辑结果。这种执法方式使大量消息灵通的违法企业逃脱了被移送司法处理,逃脱了法律制裁,而在检查过后污染必然反弹甚至更加严重。淮河流域的污染大户莲花味精在中央电视台的新闻报道中,一名负责人当场用水杯舀起治理过后的水送入口中,证明其污水处理已经达到了饮用水的标准。可在2004年的淮河事件中,这个放着投资1.5亿元兴建的污水处理设施不用、向河里直排污水的企业就是遭到沿岸居民和媒体重点批评的对象。② 只有健全污染防治检查的日常制度,并由执法部门勤勉地、持续地执行,守法状况才能得到保持。法治要求常规或常态化,为人们提供稳定的预期,以便人们理性地安排未来的生活。而运动则具有非常态性,表现为一种阶段性、震荡性、循环性和后果的不确定性。③ 这种不稳定影响人们对未

---

① 杜力夫著:《权力监督与制约研究》,吉林人民出版社2004年版,第194~203页。

② 偶正涛、蔡玉高:"关注治淮:一场暴雨揭出淮河治污'十年之丑'",资料来源新浪网新闻中心(www.sina.com),最后访问时间:2004年8月2日。

③ 张泽想、赵娟:"'法治运动化'现象评析",载《南京社会科学》2000年第3期。

来的判断，诱发投机行为，不利于人们进行长远的投资和打算。行政执法机关不积极移送涉嫌水生态环境犯罪案件或移送少，环境执法与司法不作为、乱作为严重，也难以形成水生态环境法治。

第三，监督制裁权力和责任无法可依。对于环境行政执法的方式，学者们的观点并不统一。有学者将其归纳为 8 种：环境行政奖励、环境行政许可、环境行政强制措施、环境行政要求、环境行政救济和环境行政纠纷处理、环境行政处罚、环境行政处分。① 也有学者仅将其总结为 4 种：环境行政监督检查、环境行政许可、环境行政处罚和环境行政强制执行。② 还有学者认为环境行政执法行为包括环境行政确认、环境行政许可、环境行政裁决、环境行政合同、环境行政征收、环境行政补偿、环境行政强制、环境行政赔偿和环境行政指导、环境行政处罚 10 种形式。③ 然而从行政执法与刑事司法之间的矛盾出发，上述观点都遗漏了环境犯罪行政司法移送。环境犯罪行政司法移送被排除在环境行政执法外，首先就导致这项行为缺乏法律支撑。更不用论行政执法机关不移送涉嫌水生态环境犯罪案件的制裁和责任制度。

2. 监督不力的原因

虽然我国有法律相关规定，④但是许多时候可能没有达到法律所规定的程度，而是不作为，行政执法机关不移送涉嫌水生态环境犯罪案件，这种不作为又不影响本部门的利益，这个时候的不履行法定职责，就无法给

---

① 蔡守秋著：《环境行政执法和环境行政诉讼》，武汉大学出版社 1992 年版，第 112～201 页。

② 吕忠梅著：《环境法》，法律出版社 1997 年版，第 154～158 页。

③ 周玉华主编：《环境行政法学》，东北林业大学出版社 2002 年版，第 115～192 页。

④ 我国法律在规定环境行政管理机关不履行法定职责时，往往都是规定“环境保护监督管理人员滥用职权、玩忽职守、徇私舞弊的，由其所在单位或者上级主管机关给予行政处分；构成犯罪的，依法追究刑事责任。”几乎所有的环境保护法律和法规在“法律责任”一章的最后一条都是此类规定，如《环境保护法》第 45 条、《固体废物污染环境防治法》第 73 条、《水污染防治法》第 58 条、《大气污染防治法》第 65 条、《噪声污染防治法》第 62 条、《建设项目环境保护管理条例》第 30 条等。

予行政处分或刑事处罚。对于环境行政执法人员而言,执法就可能会犯错,如果不执法或者不严格执法却不需要负任何责任。两者相比较,执法人员就会倾向于选择后者——行政执法机关不积极移送涉嫌水生态环境犯罪案件。我国刑法中虽然规定有环境监管失职罪,也有了相应的司法实践。① 但这些案件只能适用于发生重大水生态环境污染事故,也就是说,对尚未达到相关司法解释所规定的严重情形和特别严重情形,对于水生态环境行政乱作为、不作为行为起不到有效的法律作用。从长远来看,这些水生态环境行政乱作为、不作为对水生态环境的危害很大。水生态环境法治不合理最根本就是忽视了科学标准,即水环境背景值。从以上的水生态环境行政执法与刑事司法衔接监督的现状可以得出水生态环境行政执法与刑事司法衔接监督不力主要是缺乏以下几点。

第一,无移送科学标准,未能以水环境背景值为核心。政府部门片面追求政绩工程,唯经济发展为先。还有政府执法部门分散不科学,环保、水利、规划、水文等部门多头执法矛盾突出,导致很多水生态环境犯罪问题没有引起重视。

第二,环境监管失职罪的立案追诉标准不科学,根据《解释》规定的内容,环境监管失职罪的立案追诉标准是第 1 条的第 6 ~ 13 项规定的情形,这是以人类利益为中心,没有以水生态环境为中心。而且与新修订的污染环境罪的严重污染环境的规定衔接不协调。

第三,立法上各项标准的不完善影响了司法机关对环境渎职犯罪的准确把握,而且由于政务不公开,也没有类同于交通执法的摄像头的全程监控,很多司法证据无法掌握,使司法部门发现水生态环境犯罪非常难。

---

① 我国《刑法》第 408 条规定:负有环境保护监奋管理职资的国家机关工作人员严重不负责任,导致发生重大环境污染事故,致使公私财产遭受重大损失或者造成人身伤亡的严重后果的,处 3 年以下有期徒刑或者拘役。2002 年山西省阳城县环保局原副局长赵璋信和原局长赵余库、2004 年武汉市洪山区环保局原副局长王华楚、湖南省安化县环保局原副局长胡亚深均被判处环境监管失职罪。2005 年对沱江污染案负有责任的成都市青白江区环保局原副局长宋世英等 3 名环保官员也因环境监管失职罪被起诉。

除此之外,政府在环境行政执法过程中不可能做到完全的中立,企业和地方政府官员的利益在某种程度上是一致的,在企业发生严重污染水生态环境的行为时,政府不让企业停产整顿或关闭的事件就时有发生,环境保护部门针对企业的环境行政执法决定也就成为一纸空文。① 各级环境行政主管部门是环境行政执法权力的实际载体,决定着权力的掌握和运用,在执法的过程中往往处境尴尬。② 在一项有关"依法行政环境研究"的问卷调查报告中,在问道"你对执法人员的印象"时,回答者认为"普遍存在区别对待,对小老百姓严,对有权有势的不敢碰硬,执法不严肃,人情大于法的现象"占56%。③ 对于地方政府在环境改善和经济增长的关系如何融洽中,每一种水生态环境改善和环境保护行为必不可少会涉及经济发展的结构和利益,水生态环境利益和经济利益的触碰,会面临牺牲哪一种利益的选择,尤其在经济欠发达地区,牺牲经济利益会导致水生态环境改善和经济增长的矛盾异常尖锐。④ 环境行政执法是环境行政机关的主要工作,必须积极推动,否则工作就会毫无起色;另外,严格执法必须控制在某种限度以内,即不能影响地方经济增长,否则就会开罪于地方政府官员。他也不能得罪地方上有势力的企业,因为这些企业的领导人往往具有双重身份。⑤ 现实中环境行政部门的负责人主动迎合领导脸

---

① 刘四龙:"环境执法体制障碍及其消除对策",载《环境保护》2000年第1期。

② 张梓太:"中国环境行政诉讼之困境与对策分析",载《法学评论》2003年第5期。

③ 金国坤著:《依法行政环境研究》,北京大学出版社2003年版,第332~333页。

④ 白平则:"中国环境法制建设面临的困境及其出路",载《山西高等学校社会科学学报》2002年第1期。文中以山西省吕梁地区兴县为例进行了说明,兴县大部分企业为污染型企业,在全省组织的环境达标活动中关、停了一百多家企业,县财政收入减少了一半,县级机关工作人员的工资都无法解决。这种情形在我国大部分经济不发达和不怎么发达的地区普遍存在。

⑤ 在"发展才是硬道理",经济增长是一切工作的中心的意识形态支配下,很多地方的企业家如果是国有企业则其领导人同时也是政府官员,或是政府领导班子的成员;如果是有一定影响的民营企业,则其所有人往往是人大代表或政协委员,在当地也有相当的政治影响力。

色,积极给污染企业放行的情况也并不鲜见。① 地方环境行政执法机关的行政首长基本上长期生活在当地,在成长和生活的过程中不可避免地要与当地的企业负责人或与企业有密切关系的人发生种种联系。

(二)水生态环境行政执法与刑事司法衔接监督的完善

1. 更好地融合各种监督种类和方式的作用

根据不同的标准对监督可以做不同的分类。不同类型的监督发挥的作用不同,发挥作用的机理也不一样。虽然各种监督的重点和存在的问题不一样,但在监督的种类和方式上却是基本相同的。对监督制度的类型做简要的探讨,有利于明确各类监督类型的优缺点,了解它们在监督环境行政权时如何发挥作用,以展开确实有效的具体分析。

第一种分类,根据监督的主体与对象划分,可以将监督分为内部监督与外部监督。外部监督包括新闻媒体进行的舆论监督。公共媒体的监督只对环境行政执法中存在的问题进行揭露和事实报道,通过各种报纸、杂志、电台、电视台和网络等途径对环境行政部门的环境行政执法予以监督。很多水生态环境问题都是先由新闻媒体报道出来后才得以解决的,如西部水电资源的狂热和无序开发、淮河的治污真相、沱江的污染事故等。但新闻监督本身没有明确、具体的目标,只对社会热点问题感兴趣,因此难以从根本上改变环境行政执法机关不移送涉嫌水生态环境犯罪案件的状况。

第二种分类,根据监督的法律主体的不同可以将其划分为国家监督和社会监督。社会监督的权威来源于法定的权利,是指社会团体、普通公民、新闻舆论对行政权进行的监督。社会团体的监督在环境执法中主要表现为

① 在青海省湟中县,有一个存在了20年的铬盐厂,因污染严重,多次被查处并被责令停产。但时隔不久,在未经任何环保审批的情况下,工厂又开始了建设。该铬盐厂改头换面以招商引资项目在当地落脚,引进这一项目的就是本县城乡建设和环境保护局局长。参见吕雪莉、李腾:"青海涅中县招商引资环保局长引进污染项目",载《楚天都市报》2005年1月17日第25版。

环境保护非政府组织的监督,我国的环境保护民间团体虽然发育较晚,但发展迅速。其作为利害关系人和政府协商环境决策、代表公众或受损害的弱势群体,在现有的体制内很难对法律政策的形成产生影响力。①

第三种分类,以监督源于何种力量,可以分为自上而下的监督和自下而上的监督。自下而上的监督包括公民的监督。公民的监督包括为个人利益的申辩、申请复议和提起行政诉讼进行监督。公民还可以对环境污染行为进行投诉、举报、控告等,但是由于我国不存在如美国环境法上的"私体执行"制度,②公民的投诉、举报和控告是否能得到有效处理没有制度予以保障。环境行政执法机关不移送涉嫌水生态环境犯罪案件时,公民也没有诉诸司法救济的权利,这种监督完全取决于接受投诉的有关机关的监督意愿,无法直接发挥作用。

第四种分类,以监督主体开展监督活动或行为的时间为标准可以将之划分为事前、事中和事后监督三种类型。除了这四种分类还存在其他多种分类,在此不一一介绍。

上述分类是环境行政权监督机制中监督的大致类型,各类型之间并没有绝对的界限,而是有着密切的联系和相互重叠的内容,如国家监督一般是自上而下的监督,社会监督则是自下而上的监督。又如,上级行政机关的监督既是国家监督,也是内部监督。③ 应该更好地融合多种监督种类和方式的作用。

---

① 付涛:"中国的环境 NGO:在参与中成长",载《中国环境与发展评论》(第2卷),社会科学文献出版社2004年版,第430页。

② 王曦著:《美国环境法概论》,武汉大学出版社1992年版,第196~197页、第205页。私体执行指的是经法律授权的公民、公众团体或其他非官方法律实体以自己的名义向法院提起的要求法院对被告采取迫使其遵守环境法或追究其法律责任的强制行为的诉讼。私体执行分为对污染者的私体执行和对联邦行政机关的私体执行两大类。在美国环境执法中,公众尤其是环保团体,很重视运用公民诉讼这一法律武器来监督和推动联邦行政机关,尤其是联邦环保局实施环境法规。美国环境法上的公民诉讼制度对环境法律的实施产生了深刻影响,成为保障美国环境法律良好运行的一种卓有成效的机制。

③ 马怀平著:《监督学概论》,中国财政经济出版社1990年版,第215页。

2. 以水环境背景值为基础建立不移送涉嫌水生态环境犯罪案件责任制度

将制约和监督环境行政权力以及水环境背景值监测是否到位作为水生态环境法治监督的核心。制裁水生态环境违法犯罪，如果不遵循法治规律，不仅不能有效制裁水生态环境犯罪，还会影响我国的水生态环境法治进程，因此更需要加强制约和监督。加强对水生态环境行政不作为、乱作为、违法犯罪行为的监督。目前，检察机关对行政违法行为的监督，主要是职务犯罪案件，实践中，行政违法行为更多的是不作为、乱作为，这种不作为和乱作为对环境保护非常不利。没有对不移送行为的责任追究与奖惩机制是环境执法人员不移送涉嫌水生态环境犯罪案件意愿不强的一个重要因素。因此，必须建立追究环境行政执法机关不移送涉嫌水生态环境犯罪案件的责任制度，督促环境行政执法人员积极履行自己的职责。

3. 健全公民和环保团体的刑事公益诉讼制度

对环境行政机关不移送司法机关的行为检举和举报以后，有关机关的处理程序和方法，如果不查处又该如何寻求救济，这些都没有相应的制度约束。因此，应该建立和健全处理公民和环保团体的告诉制度，在制度建设中公平地建立听取和处理这些诉求的机制。因为一旦利益诉求客观存在，而没有在制度内处理这些意见，这些利益就会通过其他表达方式。如果其表达通过现存社会秩序不允许的方式，就造成资源的浪费和不必要的社会震荡。检察机关要依法严格查办职务犯罪，①对于环境行政机关不作为、乱作为的行为，应该通过督促起诉、检察建议等方式督促其纠正。②

---

① 曹建明："形成严密法治监督体系　保证宪法法律有效实施"，资料来源求是网，最后访问时间：2014年12月15日。

② 《中共中央全面推进依法治国若干重大问题的决定》要求："检察机关对行政违法行为的监督，主要是依法查办行政机关工作人员涉嫌贪污贿赂、渎职侵权等职务犯罪案件，范围相对较窄。实践中，行政违法行为构成刑事犯罪的是少数，更多的是乱作为、不作为。如果对这类违法行为置之不理、任其发展，就不可能根本扭转一些地方和部门的行政乱象，还可能使一些苗头性问题演变为刑事犯罪。"

环境公益诉讼的重要类型之一就是环保组织社会群体力量对环境行政机关不作为、乱作为、违法犯罪行为提起司法审查之诉。也有学者主张由检察机关作为公共利益的代表人,对环境行政部门乱作为或不作为的行为提起诉讼。[①] 我国的检察机关已经开始了环境民事公益诉讼的实践,[②]随着环境公益诉讼理论探讨的逐渐成熟,以及社会对环境刑事公益诉讼的强烈需求,环境刑事公益诉讼司法空白会得到改善。

第二节　水生态环境犯罪治理有力的法治保障

法治保障体系为法律实施提供体制机制。法治保障体系的价值取向,在于实现从"静态法"到"行动法"、从"良法"到"善治"的统一和转化,使法治建设和法治改革的各领域、各环节始终不偏离中国特色社会主义法治道路。[③] 以法治思维和法治方式为核心加强和改进党的领导。中国特色法治文化是全面推进依法治国的丰厚文化保障。以创新人才培养机制为核心建设法治工作队伍。高素质法治工作队伍是全面推进依法治国的人才保障。治国经邦,人才为先。法治教育体系和法律职业保障体系是法治保障体系的重要内容。[④]

---

① 严军:"环境行政诉讼中的原告资格及相关问题研究",载《科技经济社会》2001年第4期。

② 别涛:"环境民事公诉及其进展",载《环境保护》2004年第7期。

③ 付子堂:"形成有力的法治保障体系",资料来源求是网,最后访问时间:2015年4月15日。

④ 《中共中央关于全面推进依法治国若干重大问题的决定》指出:"全面推进依法治国,必须大力提高法治工作队伍思想政治素质、业务工作能力、职业道德水准,着力建设一支忠于党、忠于国家、忠于人民、忠于法律的社会主义法治工作队伍,为加快建设社会主义法治国家提供强有力的组织和人才保障。"

一、水生态环境犯罪治理需破解的保障难题

（一）对水生态环境犯罪法律意识淡薄

面对水生态环境污染和水资源破坏的犯罪情形，不能积极主动地通过法律诉讼途径解决问题，很多都是诉诸无门，就算个别通过法律途径解决问题，也耗上了太多时间、精力和费用。加上行政部门对水生态环境纠纷处理不及时，老百姓也得不到法律援助，导致老百姓对水生态环境犯罪诉诸法律的意识淡薄。广播电视等新闻媒体关于水生态环境污染和破坏的宣传力度相对较弱，还有待进一步提高。这些都直接影响到老百姓对环境法律的信仰。

（二）水生态环境监测机制处于空白或者信息未公开

有效预防、及时消除水生态环境污染和水生态破坏的危害，必须有水生态环境的日常监测，没有日常的监测，何以知晓水域的背景值以及背景值的变化。只依靠追求经济效益的企业自觉地对排污行为进行约束现实是困难的，没有水生态环境日常监测以及数据的分析，无法最有效、最快速地知道存在水污染和水生态环境的破坏以及危害的程度。没有一线证据，对这些难以发现的水生态环境犯罪通过法律途径解决就更加困难。

（三）公众源头治理参与机制处于空白，末端治理参与缺乏可操作性

“目前公众参与存在诸多弊端，局限于末端参与，水环境污染和生态破坏发生后受害者或者社会群体力量才参与其中，而且这种参与治理没有相关的程序规定，参与的形式缺乏激励机制，这些致使公众参与水生态环境保护无法规范化、制度化。”①从有关水生态环境犯罪法律制定到法律实施过程公众的参与是空白的，这又存在诸多的原因和障碍。环保公益组织的作用目前在环境法中有所明确，但是还是缺乏程序法的规定。没有程序机制的保障，又会是“纸上画画墙上挂挂”的命运。

---

① 剑平、袁雄：“构建环保公众参与机制的设想”，载《江西财经大学学报》2005年第5期。

(四)水生态环境犯罪法治体系本身的不完善

水生态环境犯罪立法不科学,《刑法》有关污染环境罪的规定、立案标准规定、相关司法解释规定衔接不协调,《刑法》有关污染环境罪的规定与行政法的水法、水污染防治法等规定的对接问题;程序立法的滞后,缺乏特殊的水生态环境犯罪的时效规定、缺乏刑事公益诉讼程序规定;司法队伍的分散,缺乏专职统一化的生态环境犯罪法治队伍,各部门重复设置,各部门职能交叉,导致程序实施的障碍重重,这些水生态环境犯罪法治存在诸多不完善和不科学之处。

二、水生态环境犯罪治理有力的法治保障机制

由于在我国水生态环境法治进程中保障机制的缺乏,导致很多环保部门执法不严、违法不究的现象存在,必须要有力的水生态环境法治保障体系,才能做到严格执法和公正司法,让老百姓相信法律、信仰法律,有问题通过法律途径解决问题,这样可以更好地推进水生态环境法治建设。形成有力的水生态环境法治保障体系必须做好以下几个方面:

(一)党的领导

权利制约权力和权力制约权力两种路径其实在解决执法不严违法不究方面是有作用的,但也是存在很多困难的。党的领导是环境法治保障体系的政治保障,是环境法治保障的主心骨,依靠的领导消除各种障碍和困难加强水生态环境违法犯罪的治理的气魄和力度,统揽全局协调各方将环保法治进行到底。

(二)法律信仰保障

综观现实社会,老百姓遇到问题大多是忍气吞声,诉诸无门只能不了了之。例如,知名新闻人柴静拍摄的雾霾深度调查《穹顶之下》,映射了老百姓诉诸无门,无可奈何的处境,对法律失去信心、失去信仰的无奈之举。所以要保障法律信仰,加大对水生态环境的惩治力度和曝光度,重视对水生态环境权益的保护力度,一步一步地培育老百姓信仰法律的良好氛围。积极主动、勇敢地维护我们的水生态环境,对于农业排污、工业

排污等破坏水生态环境的违法犯罪行为勇于举报揭发。行政部门、司法部门要积极处理老百姓所反映的问题,新闻媒体也要跟进加强水生态环境违法犯罪的报道。要拿出像反腐那样的气魄和力度,加强水生态环境违法犯罪的治理的气魄和力度,让我们的老百姓相信法律、信仰法律。

（三）日常水环境背景值监测机制

中国的水生态环境污染问题主要是用呼吸出来、喝出来、闻出来、看出来的,成熟法治国家主要是检测出来的。呼吸出来、喝出来、闻出来、看出来的与检测出来的区别,就是实害与危险的区别,反映在执法上就是事实执法与价值执法的区别。呼吸出来、喝出来、闻出来、看出来的而非检测出来,正是中国价值执法问题的反映。① 这样一来,“威吓式”执法便会出现,运动之后又会复归原状,损害法治体系。有效预防、及时消除水环境污染和生态破坏的危害,必须有水生态环境的日常监测,没有日常的监测,何以知晓水域的背景值以及背景值的变化。背景值的确立是刑法、行政法、实施的基础工作,背景值的确立应该由公安机关、水生态环境部门、第三方检测机构共同对流域内的水生态环境同时独立检测,并确立当地背景值范围,提出超出背景值的处罚范围。而且水生态环境日常的监测能够以最早的时间、最快的速度、最高的效率把水生态环境危害降到最低点,最大限度减少水生态环境污染和水生态生态破坏以及人员财产损失,在水生态环境时间尺度、空间尺度、承载尺度上既做到控制水生态环境犯罪又做到预防水生态环境犯罪。

（四）引导环境公益组织建设

新《环境保护法》第58条规定的环境公益诉讼中,②提起诉讼的社会

① 文海林:“法治体系论”,载《光华法学》2013年第00期。

② 新《环境保护法》第58条规定,对污染环境、破坏生态,损害社会公共利益的行为,符合下列条件的社会组织可以向人民法院提起诉讼:“（一）依法在设区的市级以上人民政府民政部门登记;（二）专门从事环境保护公益活动连续五年以上且无违法记录。符合前款规定的社会组织向人民法院提起诉讼,人民法院应当依法受理。”

组织不得通过诉讼牟取经济利益。将民间力量有序地纳入水生态环境犯罪治理的机制中,设置环保刑事公益诉讼制度。扩大环境刑事公益诉讼原告主体资格的范围在水生态环境犯罪治理中将会成为一个普遍趋势。但如何扩大原告主体资格,却又不引发滥诉却是问题的关键。需在刑事诉讼法中的特别程序里加上生态环境犯罪刑事公益诉讼的规定。引导环境公益组织建设,并引导这些组织参加破坏水生态生态环境犯罪的起诉工作。

(五)环境法治人才保障

环境法治不管是立法还是司法,都是要靠人来实施的,环境法治人才对于环境法治的运行具有重要的保障作用,建立业务熟练的环境警察专职队伍、环境检察专职队伍、环境审判专职队伍,是水生态环境法治的重要保障。那么,办理法律业务的能力需要专业的培养,环境警察专职队伍、环境检察专职队伍、环境审判专职队伍的专业业务水平的高低将会影响水生态环境法治事业的水平。要改变给当事人造成的公安、检察院、法院与政府是一家的错觉,增强司法的公信力,必须在受地方政府制约的物资装备、经费供给、职级晋升、编制核定等方面进行脱离行政区划改革,建立政府领导干部干预司法活动责任追究制度。加快推进司法专职化的科学配置。

(六)环境法治财力的保障

对专职化的环境法治队伍只提要求不讲保障是不科学的,让马儿跑肯定要给马儿吃草。如果没有充分的财力保障,水生态环境法治专职队伍很难高效开展工作,水生态环境法治这匹马就跑不快;没有合理的财力管理机制,水生态环境法治专职队伍很难独立专职进行水生态环境法治工作,水生态环境法治这匹马就可能跑偏。要像交通监控那样,水生态环境法治也实施全程监控,财力条件满足不了是无法实现的。

三、水生态环境犯罪刑事法治队伍专职化

回顾中国水生态环境法治的历程,确实存在尴尬的现实。法律法规大量出台,但水生态环境违法犯罪还是得不到有效控制。从体系来

讲，立法和司法可能都存在问题，混淆环保部门和公安部门的主要职责，司法程序难以启动，公安机关民警因缺乏水生态环境专业技术，没有水生态环境检测的必备设备，检测工具和设施严重的缺乏，又与环保机构缺乏联动沟通，导致公安机关的环保执法司法流于形式，只回归到发生了水生态环境保护治安冲突时才出手的局面；检察机关监督流于形式，检察机关不亲临水生态环境犯罪一线，无法知晓水生态环境犯罪情况，监督更是纸上谈兵，而且也存在检察机关怠于起诉情况；水生态环境法庭处于无案可审的伪局面，不是没有水生态环境犯罪案件发生，而是水生态环境犯罪案件不知在某一个环节就流失了。因此，优化司法程序的考量因素——司法队伍专职化是必要的，从水生态环境司法队伍专职化的设置模式、职责、保障措施等方面完善司法队伍专职化构建。水生态环境司法队伍的统一化、专职化，有利于第一时间对水生态环境犯罪立案侦查，有利于改变水生态环境犯罪司法程序难以启动、难以进入诉讼程序的局面，为目前的水生态环境法庭的设置平衡了匹配关系，专业性统一了，水生态环境警察、水生态环境检察、水生态环境审判各司其职，没有真空地完成打击和预防水生态环境犯罪的司法治理问题。

"我国正处于工业化中后期和城镇化加速发展的阶段，水生态环境问题在我国集中显现，水生态环境总体恶化的趋势上未根本改变，压力还在加大。当前，一些地区污染排放严重超过水生态环境容量，突发水生态环境事件高发。"①回顾中国水生态环境法治的历程，确实是尴尬的现实，法律法规大量出台，但水生态环境违法犯罪还是得不到有效控制，从体系来讲，立法和司法可能都存在问题，法律规定的模糊造成司法的被动，司法的难以启动，造成法律成为摆设，立法的非科学性和司法程序规定的滞后都是主要原因。

---

① "李克强在第七次全国环保大会上讲话"，载《中国环境报》2012年1月4日。

(一)引点

水生态环境司法制度,是指水生态环境司法机关在法定职责范围内,对水生态环境和资源保护领域的违法行为实施制裁,对水生态环境犯罪行为进行立案侦查的一系列的法律制度的总称。既包括制止、惩罚水生态环境违法行为,行政执法的法律制度,也包括侦查、打击破坏水生态环境犯罪行为,打击破坏水生态环境资源保护犯罪的刑事法律制度,当然这项制度也应该是包括水生态环境科学技术标准的制度。对于水生态环境犯罪行为在司法实践中能够启动刑事诉讼程序的很少,究其原因包括以下几个方面:水生态环境犯罪的的立法不科学,行政法、刑法、立案标准规定、司法解释对接不上;环保部门移送水生态环境犯罪案件存在很多问题,导致很多水生态环境犯罪案件未能移送司法部门;环保部门与公安机关的职能混淆,环保部门和公安部门警察的主要职责在水生态环境犯罪案件上没有界定清晰。

处理水生态环境犯罪的案件的困境主要表现在以下几个方面:

(1)《刑法》以及司法解释在水生态环境犯罪的立法方面不科学,水生态环境法益界定不清。《刑法修正案(八)》污染环境罪规定,在水生态环境犯罪方面上明确了严重污染水生态环境的水生态法益,但是水生态环境犯罪的立案标准规定和司法解释对严重污染水生态环境的后果的界定又与水生态环境法益保护脱钩对接不上,造成如何适用法律成了行政部门和司法部门确定是不是水生态环境犯罪的难题。

(2)环保部门在移送水生态环境犯罪案件会遇到许多的障碍。比如,水生态环境犯罪案件可能很多都掺有环保部门自身的渎职犯罪,环保部门自然就会明哲保身,加上当地政府部门为了经济的发展掩盖这些水生态环境犯罪。还有对于环保机关移送水生态环境犯罪案件并没有强有效的法律规制。而检察机关既没有水生态环境侦查技术,也不会亲临水生态环境第一线,有没有水生态环境犯罪和移送,检察机关无从知晓。

(3)移送制度本身的缺陷。移送机制,将一般行政执法过程中发现或应该发现的涉嫌犯罪的案件移送刑事司法程序中的办案协作机制，是以启动并实现刑事诉讼为中心。① 俗话说“多头管理就会出现没人管理”，这主要是混淆了环保部门和公安部门的主要职责。国家出台了若干相关法律法规，但目前行政执法与刑事制裁的衔接却难以奏效，这就是我们需要反思的地方。环保部门的主要职责是制定水生态环境政策，监测水生态环境数据变化，公安部门才是侦办水生态环境犯罪案件的部门。将环保部门和公安部门的主要职能混淆，导致该负责的事不负责，不该负责的事负责得津津乐道。环保部门掌握水生态环境监察技术，公安部门掌握一般的司法技术，环保部门掌握全面及时的水生态环境信息，有着丰富的执法经验，却没有水生态环境犯罪案件侦查权。按照现行《刑事诉讼法》有权进行水生态环境犯罪案件侦查权的的，最终决定启动刑事司法程序的却是不具备环保专业知识和技术的司法机关。环保机关移送案件时先要向公安机关移送，再由公安机关交由检察机关起诉，由于增加一个启动诉讼的环节，导致一个简单的水生态环境犯罪案件诉讼需要经过环保部门移送、公安机关立案侦查、检察机关公诉等多个环节，在这多个环节中会出现环保执法人员渎职、公安检察人员人手、专业性缺乏等干扰因素，都可能影响水生态环境刑事诉讼程序的启动。结合两者的考虑，这时水生态环境司法专职队伍的设立是合时宜的。

(二)水生态环境犯罪刑事诉讼程序的优化考量因素——法治队伍专职化

水生态环境犯罪科学立法的刑法法条要发挥实际的作用，还是需要通过刑事诉讼程序的保障。也就是说，刑法上所规定的犯罪必须通过司法程序才能规制，这就对程序提出了要求。程序和法律是水和鱼的关系，

---

① 王传红、维英：“行政执法机关移送涉嫌犯罪案件机制研究”，载《中国刑事法杂志》2012 年第 3 期。

没有司法程序保障,所谓的刑法法条就是一些无法兑现的原则条款,就像没有水的鱼。因为刑法是否具有生命力的判断标准之一是法条是否具有司法性,刑法只有在司法运作中才能体现它的功能,水生态环境犯罪的立法只有运用到刑事诉讼程序中,才能最大限度地规制水生态环境犯罪。刑事诉讼法的科学与否,很大程度上制约和影响水生态环境犯罪刑法的实施效果,尤其是刑事诉讼的启动程序。付立忠提到过,刑事诉讼启动程应包括起诉、管辖和时效三个制度。[①] 如果司法程序连启动都存在问题,那后面的司法公正更加不知从何谈起。因为水生态环境犯罪的刑事诉讼程序的启动就像是房子的地基,一旦地基都还没开始,后面的程序运行和审判无法发挥作用,更加不必谈对水生态环境犯罪的控制了。

我国对于水生态环境犯罪的诉讼依照的是现行的《刑事诉讼法》,但是《刑事诉讼法》所规定的程序并没有充分涉及水生态环境犯罪的特性,导致了很多水生态环境犯罪的行为没有进入刑事诉讼程序。我国现行的刑事诉讼程序是将人本主义为中心,忽视了水生态环境。只有人的利益受到损害,才可以通过刑事诉讼程序予以保护,并没有为水生态环境法益的保护提供司法保障。更进一步讲,就是没有将水生态文明融入刑事诉讼程序中。此时此刻,我们必须对我国以人本主义的理念的刑事诉讼法进行反思,将水生态环境为中心的非人本主义的水生态环境保护理念和水生态文明融入现行的刑事诉讼程序中。虽然新《环境保护法》已出台,《刑法修正案(八)》对生态环境犯罪的已作修改,但是水生态环境刑事诉讼程序的系统化研究仍是空白。夯实水生态环境犯罪规制,必须系统地从水生态环境犯罪领域出发,从整体上促进水生态环境犯罪治理体系的完善。法律控制理论认为,犯罪是刑事立法与刑事司法功能不当的产物,故而强调犯罪的法律控制应当加强和改革刑事立法与刑事司法。[②] 水生

---

① 付立忠:“试论我国的生态环境刑事诉讼程序”,载《公安大学学报》1996 年第 3 期。

② 参见刘广三:“犯罪控制宏论”,载《法学评论》2008 年第 9 期;刘广三著:《犯罪控制视野下的刑事诉讼》,中国人民公安大学出版社 2007 年版,第 23 页。

态环境犯罪的特性决定了水生态环境刑事诉讼程序制度必然要围绕有利于预防和打击水生态环境犯罪。水生态环境法益既不完全属于私利也不完全属于公利,具有较强的社会性。水生态环境犯罪的刑事诉讼程序,尤其是启动程序,应该适应水生态环境法益的特殊要求,在水生态环境犯罪领域,刑事诉讼程序需要结合水生态环境犯罪的特征制定一些例外性的程序规定,如时效规定、刑事公益诉讼特别程序、司法队伍的专职化。

我国现行刑事诉讼法更多的是围绕国家与被告人的关系展开,而很少围绕被害人和被告人的关系展开,而没有直接被害人的可能就更加得不到关注。因此,水生态环境犯罪刑事诉讼程序的开展,将水生态环境犯罪纳入水生态环境刑事诉讼程序当中,以实现通过对一些主体的惩罚达到对水生态环境犯罪的一般预防。注重对水生态环境犯罪的预防,而不是水生态环境犯罪的事后追究。这就需要顺畅的刑事诉讼程序,将更多地水生态环境犯罪案件纳入刑事诉讼程序,将水生态环境犯罪的控制前移。犯罪也许是一种无法被彻底消除的合理存在,但我们需要把它控制在一定限度内。但是,也存在一种犯罪黑数,即在一定的时空范围内社会上实际发生的犯罪数量与相同时空范围内官方犯罪数据统计之间的差值。① 我们确实需要减少这种犯罪黑数。环保执法部门执法没有强制执法权,行政相对人“罚而无用”,抗拒执法的现象普遍就不足为怪,如果能够设立环保警察队伍,使公安机关第一时间直接介入第一线的水生态环境执法工作中,就能最快、最有效地将环保的结果执法变成过程执法,控制犯罪事态,减少移送环节,避免移送环节出现的问题和障碍,进入刑事司法程序。就如学生、班长、专职辅导员的关系,在以前没有设立专职辅导员,由同学向班长反映、班长向老师反映不一定能解决问题,专职辅导员制度设立后直接向辅导员反映,由专职辅导员直接解决问题。从立案、

① 商小平、杨学锋主编:《犯罪学教程》,中国人民公安大学出版社2008年版,第151页。

侦查、起诉、审判四个程序上对水生态环境犯罪治理上需要考量的具体因素分析如下：

第一，立案。混淆环保部门和公安部门的主要职责，虚高的立案标准虚化了水生态环境犯罪刑事诉讼启动程序，结果只会使本该立案的却没有进入到诉讼程序。为畅通水生态环境犯罪案件刑事诉讼程序的启动，首先要从水生态环境犯罪案件的立案着手：降低水生态环境立案标准，立案审核制改为立案登记制，登记的条件就是有污染或者破坏水生态环境的危害行为发生，且只要有证据证明实施具有高度盖然性时就予以立案登记。统一由水生态环境警察进行，有利于提高效率。目前我国在知识产权诉讼中引入行为保全制度，2011 年江苏省的水生态环境保护临时禁令制度，设立网上水生态环境登记，提供水生态环境信息、数据、状况等。这些司法能动机制给责令被告立即停止污染破坏水生态环境行为提供了范本。

第二，侦查。水生态环境犯罪的特点以及水生态环境本身的特点，使公安机关传统的侦查手段陷入了尴尬的局面，如搜查扣押等侦查手段难以应对复杂的水生态环境犯罪，而且传统的刑侦手段大多是有直接被害人而非水生态环境本身来考量犯罪。因此对于水生态环境的侦查，需要使用水生态环境特殊的科学的技术性的手段、需要水生态环境专业性的技术，以及需要侦查队伍主体的专业化和拓展吻合水生态环境科技含量高、跨区域性、持续性特点的专业侦查手段。

第三，起诉。起诉的机关是检察机关，认可水生态环境犯罪的证据的的延续性，新《刑事诉讼法》第 52 条第 2 款①的修改确实为水生态环境犯罪侦查的证据延续性提供了法律支撑。设立网上水生态环境登记，提供水生态环境信息、数据、状况等，可以保持证据的延续性效力。

---

① 《刑事诉讼法》第 52 条第 2 款规定："行政机关在行政执法和查办案件过程中收集的物证、书证、视听资料、电子数据等证据材料，在刑事诉讼中可以作为证据使用。"

第四,审判。我国的一些省份如贵阳等地设置了专门的水生态环境法庭,水生态环境司法更加专职化。但是如果仅限于审判专职化,而公安机关、检察机关却还是封闭在行政执法机关的移送机制里,没有水生态环境警察的匹配机制,难以做到真正的专职化和统一化,从司法实践角度来讲还有待进一步扩展推进。例如,在昆明市,2008 年昆明市公安局设环境保护分局、①昆明市人民检察院设生态环境资源检察处、昆明市中级法院设环境保护审判庭,为未来我国全面建立水生态环境司法专职化队伍积累了实践经验。加强司法人员的专职化,要重视水生态环境司法人员对水生态环境信息的获得和水生态环境技术的培训。专门设置的水生态环境警察,既有水生态环境行政执法权,又有水生态环境违法犯罪行为的侦查权,专业性能以最高效的速度完成对水生态环境案件的侦查,能够有效地预防水生态环境犯罪的发生,控制水生态环境犯罪。

(三)水生态环境犯罪刑事法治队伍专职化的必要性与可行性

1. 水生态环境犯罪刑事法治的现状

环保部门、公安机关在依据新《环境保护法》、《刑法》第六章妨碍社会管理秩序罪中的第六节破坏水生态环境资源保护罪中的污染环境罪的规定,履行水生态环境资源保护的职责时认识不清。公安机关并非政府专职进行水生态环境保护的行政主管部门,会产生水生态环境保护方面的执法与公安机关关系不大而出现不作为的情况,把本该由公安机关履行的职责误认为是环保部门的职责。公安机关职务职责是预防、制止和侦

---

① 河北省安平县环保派出所设在县环保局,公安干警由县公安局派出,在环保执法是公安干警同时出动,对妨碍公务执行的人员当场采取措施;2008 年 3 月河北省永年县成立环保公安派出所;2008 年 11 月全国首个公安环保分局——云南省昆明市公安环保分局正式揭牌(2010 年 9 月与税务治安分局合并更名为水上治安分局);2008 年 12 月玉溪市公安局环保分局也宣告成立,2010 年山东省吕县也在环保局设立公安办事处,配备一名公安干警参与生态环境执法;2011 年湖北省大冶市环保警察大队,接着收市公安局和市环保局的双重领导,与大也是生态环境监察直属大队合署办公。参见邢捷:“论中国生态环境警察制度的构建”,载《中国人民公安大学学报》2012 年第 2 期。

查违法犯罪活动。环保部门的职责是建立健全生态环境保护基本制度，从源头上预防控制生态环境污染和生态环境破坏的责任，进行生态环境影响评价。从环保部门和公安部门职责的规定来看，公安部门才是法律规定的预防、制止和侦查水生态环境污染犯罪的部门，承担着有关法律规定的水生态环境保护的角色。

公安民警将水生态环境犯罪的监管基本排除在了自己的职责范围之外。面对水生态环境犯罪的复杂，新情况、新问题的专业性，对于水生态环境资源保护方面的专业知识的缺乏，未掌握水生态环境科学，导致水生态环境司法水平较低。一些基层民警，就算是一线城市的公安民警对光污染、水污染的标准是什么都模糊不清，基本属于"门内的门外汉"，水生态环境科学知识和水生态环境法律的教育培训是非常欠缺的。公安民警因缺乏水生态环境专业技术，没有水生态环境检测的必备设备，检测工具和设施严重的缺乏，又与环保机构缺乏联动沟通，导致公安机关的环保执法司法流于形式，只回归到发生了水生态环境保护治安冲突时才出手的局面，如一些水生态环境污染导致的群体性治安事件。

检察机关的监督流于形式，检察机关不亲临水生态环境犯罪一线，无法知晓水生态环境犯罪情况，而且也存在检察机关怠于起诉情况。再有就是追诉期限的规定，如有的监测报告需要很长时间才能出报告，此时的时间差就会造成程序违法等情况的发生，而出现无法及时起诉的后果。

水生态环境法庭处于无案可审的伪局面，不是没有水生态环境犯罪案件发生。我国正处于工业化中后期和城镇化加速发展的阶段，水生态环境问题在我国集中显现，水生态环境总体恶化的趋势未根本改变，且压力还在加大。当前，一些地区污染排放严重超过水生态环境容量，突发水生态环境事件高发。① 说明水生态环境犯罪很严重，而之所以说水生态环境法庭处于无案可审的伪局面，是因为水生态环境犯罪案件不知在哪一

---

① "李克强在第七次全国环保大会上讲话"，载《中国环境报》2012 年 1 月 4 日。

个环节就流失了。

2. 构建水生态环境犯罪刑事法治专职队伍的必要性与可行性

水生态环境污染和破坏的犯罪行为公安机关很难及时介入。就算立案了，技术上还是依赖于环保部门。建立环保司法专职队伍可以解决第一时间知晓水生态环境犯罪也可以在立案侦查上有技术的独立性，对于当今的水生态环境犯罪治理实现是必要的。必要性表现为：第一，水生态环境司法队伍统一化、专职化，有利于加强水生态环境执法的强制力度，加强水生态环境犯罪治理的司法性。第二，水生态环境司法队伍的统一化、专职化，有利于第一时间对水生态环境犯罪立案侦查。第三，水生态环境司法队伍的统一化、专职化，有利于改变水生态环境犯罪司法程序难以启动难以进入诉讼程序的局面。第四，水生态环境司法队伍的统一化、专职化，为目前的水生态环境法庭的设置平衡了关系，专业性统一了，水生态环境警察、水生态环境检察、水生态环境审判各司其职，没有真空的完成打击和预防水生态环境犯罪的治理问题。

可行性表现在以下几点：第一，许多国家都已经设置了生态环境警察等专职队伍，对打击和预防生态环境犯罪起到了有效的作用，好东西是可以借鉴的。例如，美国的环保局里设置了专门负责生态环境犯罪侦查、起诉的机构，①德国有专门的生态环境警察负责生态环境犯罪和污染案件的处理。② 第二，我国一些地方已经设置了生态环境警察、生态环境审判庭等专职化的生态环境犯罪司法队伍，为我国建立专职化统一化水生态环境犯罪治理司法队伍提供了现实的经验。第三，我国的森林警察、铁路警察、海关警察、反贪局等专职化的司法队伍虽然与水生态环境犯罪无关，但他们的设置模式和职责等的经过多年的发展已经很成熟，是可以借鉴到水生态环境犯罪治理的司法队伍中来的。我国的警察有几种不同的形式，公安系统

① 付立忠著：《生态环境刑法学》，中国方正出版社2001年版，第285页。

② Wolf Friendrieh Spieth, Environmental Liability In Germany, Freshfield Brukhaus Deringer, March 2003.

内部包括刑侦、经侦、缉毒、交警等不同的警种；历史已有的林业警察、铁路警察，其具有全国完整的管理体制。它们的经验都是可以借鉴的。

（四）水生态环境犯罪刑事法治专职队伍的设置模式及职责

联合办案的协作机制表面上看很是和谐，但实际上存在很多问题，各部门缺少工作的主动性，流于形式。有时候部门利益会成为最大的障碍，因为会涉及水生态环境保护行政部门、基本建设规划行政部门、卫生监督行政部门、其他警种管辖范围和利益，将会存在很大的阻力。很多的水生态环境犯罪案件在行政机关执法环节就会流失了，行政权力具有扩张的本性，在行政机关移送、公安机关接收水生态环境犯罪案件的程序和机制是封闭的。公安机关虽然有立案侦查权，但是其不可能介入所有的水生态环境管理领域，不可能发现全部水生态环境犯罪。这个封闭的移送机制中虽然有检察院的监督，但其实也是在移送机制之外的。因为这些犯罪案件通常没有直接的被害人，检察院也未能亲临水生态环境监测第一线，缺少发现案件线索的渠道。行政执法的主体多，有的是中央垂直领导，情况也很复杂，也很难对移送情况进行监督。而且很多行政执法权力滥用的背后还存在大量的渎职犯罪行为。现行《刑事诉讼法》规定只有司法机关具有收集、调取证据的权力。① 而环保行政部门不具有收集、调取证据的权力。

我国很多地区设置了环保法庭来审理水生态环境案件，但水生态环境犯罪司法专职化不止于此，还需进一步深入推进，实现立案侦查、检察起诉、审判的专职化设置，如贵阳市的公安生态保护分局、生态保护检察局等，专职化、统一化，实现与生态环境保护法庭的统一。

1. 设置模式

设置模式包括三种：第一种隶属于独立模式；第二种隶属于环保部门

---

① 《刑事诉讼法》规定：公安机关、检察机关、人民法院具有收集、调取证据的效力，除此之外的任何机关都不具备这个权力。

模式;第三种隶属于公安机关模式。

隶属于独立模式。1996年,莫斯科建立了一直能够直接接入生态环境保护的警察队伍,正式名称为莫斯科预防生态环境违法警察管理局,简称生态环境警察局。① 优点是加强生态环境执法强制力度;第一时间处理生态环境违法犯罪案件。缺点是法律支持的欠缺,《人民警察法》有待修改,投入财政经费数额不菲;生态环境方面的专业知识是博大而精深的,专业性有待加强。

隶属于环保部门模式。如2012年,河南省滑县成立了水生态环境警察大队。② 优点是专业性很强,确保水生态环境专业技术的到位;水生态环境执行力较弱。缺点是现行《刑事诉讼法》收集证据规定,如果不能及时获得公安部门的协同执法,将会使这种水生态环境警察流于形式发挥不了实际的作用。

隶属于警察机构模式。"在德国统一之前,西德就专门成立了生态环境警察队伍,同意后隶属于德国内政部,职责是发现和控制生态环境污染,从人员构成上有专门负责取样的分析化验的专家和专门实施行动的队员,每名警员都受过一年半的专业训练。③ 美国在1982年成立了一支环保调查特别小组,人们称为生态环境警察,由训练有素的人员组成,专门负责侦破触犯美国生态环境保护法律的生态环境污染犯罪活动。④ 法

---

① 参见王国琦:"俄罗斯生态环境警察",载《人民公安》2007年第19期;吕忠诚:"我国环境警察机构设置探析",载《河南警察学院学报》2014年第6期。

② 2012年,河南省滑县成立了水生态环境警察大队,是由环保局和公安局共同协商成立的,人员攸县环保局抽调4人,县公安局抽调2人共同组成,办公地点设在滑县环保局,由环保局统一调配工作,鲁行水生态环境执法职责,查处水生态环境违法案件,加强日常巡查力度。参见陈志山:"滑县成立全省手指生态环境警察大队",资料来源豫山新闻,最后访问时间:2012年5月7日。

③ 参见柴野:"德国生态环境怎么变好的:生态环境警察巡逻监测、家家户户自觉守法",载《环球时报》2004年1月24日;吕忠诚、罗志军:"我国环境警察执法模式初探",载《求索》2011年第10期。

④ 参见向敏:"美国的'环保警察'",载《世界知识》1989年第23期;吕忠诚、罗志军:"我国环境警察执法模式初探",载《求索》2011年第10期。

国的生态环境警察即所谓的绿色警察，全称是“打击生态环境违法行为中心局”，编制上隶属于内政部。① 优点是避开地方保护主义；缺点是警力不足，专业性有待加强。需要改变公安机关直接立案的，技术上还得依赖环保部门的局面。昆明模式，也是我国各地目前的主流，就是需要解决水生态环境警察直接立案侦查的案件的调查取证，存在是否仍然需要环保部门出具权威的检测报告认定这一关键问题。总体而言，这一设置模式更为科学合理。

2. 法律职责

第一，执行法律法规，即依据刑法水生态环境犯罪规定、“水十条”、水污染防治法等，惩治和预防水生态环境污染和破坏的犯罪行为。

第二，日常监测水质，确立水环境背景值。有效预防、及时消除水生态环境污染和水生态破坏的危害，必须有水生态环境的日常监测，没有日常的监测，何以知晓水环境背景值以及背景值的变化。没有水生态环境日常监测以及数据的分析，何以最有效、最快速地知道存在水污染和水生态环境的破坏以及危害的程度。水环境背景值的确立是刑法、行政法实施的基础工作。

第三，侦办查处破坏水生态环境的违法与犯罪行为是最为关键的，尤其是违法处置排放危险物质造成水生态环境污染的。比如，生态环境警察在国内被认为是管事宽的警察，追踪垃圾桶里的垃圾去向，可见其职责之宽；在德国，环保警察的任务是，且发现水生态环境污染时，立即采取补救行动，一旦发现任何一条小溪泛起泡沫，生态环境警察都会前往取样。莫斯科制定了细则，如禁止在河边刷洗汽车、监督垃圾处理，防治冬天的融雪剂浸入土壤，查处偷渔偷猎，检测汽车尾气排放，保护水资源不被污染，检查工厂的环保措施和设备，核查有害化工品的存放，等等。”②水生

① 徐辉：“法国拟设立绿色警察”，载《全球科技经济瞭望》2004 年第 11 期。

② 邢捷：“论我国环境警察制度的构建制度”，载《中国人民公安大学学报》（社会科学版）2012 年第 2 期。

态环境检察队伍，其职责主要是对水生态环境犯罪进行提起诉讼和监督的工作。水生态环境审判队伍主要是承担公正审判水生态环境犯罪的职责。

3. 有效措施

第一，立法上明确规定，依据水生态环境组成成分等科学规律，构建具有水生态环境专业背景的司法队伍。因水生态环境具有很强的自然属性，需要专业的背景才能理解水方面的专业知识，因此必须在立法上明确构建具有水生态环境专业背景的司法队伍，在立法上赋予他们特殊的行政强制措施、刑事拘留、逮捕、审查起诉等权力，才能保护水生态环境的法益。司法队伍需从三方面建设：第一是建立水生态环境警察队伍，这是水生态环境法益保护的第一环节，主要工作是对破坏水生态环境行为在时间、空间和承载三个尺度进行查证。第二是建立水生态环境检察队伍，这是水生态环境法益保护的关键环节，主要解决对破坏水生态环境达到起诉的目的。第三是建立水生态环境审判队伍，主要解决对破坏水生态环境审判问题。以上三支队伍都需要有专业知识，才能使水生态环境法益得到更好地保护。

第二，财政经费投入。水生态环境警察和水生态环境检察队伍配备警用基本装备，如警车、枪支、手铐等警具，还需要配备检测室并配置对水生态环境因子进行取样化验的环保检测仪器设备等水生态环境保护科学技术装备，如环境遥感装置、水取样装备、水检测药剂等。

第三，专业培训。水生态环境与资源保护法学算是一门起步较晚的学科，司法队伍对其的掌握需要一个过程，公安系统、检察系统、法院系统的司法队伍对环保科学知识和环保法律的学习必须采取有力措施。还要引进环保专业人才或者聘请环保专业人士进入司法队伍。

环境专职队伍制度实施的目标是要实现对水生态环境在时间、空间和承载三维尺度上的保护，在三维上的任何一维的破坏都需进行刑罚，只有在三维上有效打击才能保护水生态环境。环境警察能直接介入破坏水生态环境行为中去,就能第一时间在时间、空间和承载尺度上制止破坏水生态环境的行为发生,将原来的事后执法变为对破坏水生态环境行为的执法,利用水生态环境执法环境警察的强制手段,增强环境执法与司法的有效衔接,做到有效控制和预防水生态环境犯罪。

第六章　水生态环境犯罪刑事法治体系之实践检视

党的十八届四中全会《决定》提出,我国要建成社会主义法治体系。鄱阳湖生态经济区先行先试,建立鄱阳湖水生态环境保护的法治体系,对现有保护规定升华和系统化。鄱阳湖的水生态环境法律体系逐步形成,与之相比,在鄱阳湖流域法律的执行和实施体系则存在非常大的滞后性。法治体系的建设没有遵循水生态环境的自然规律。导致这一现象的原因是多方面的,如有关水生态环境的法律体系纵向上的不协调、部门法之间的不协调、行政法治与有关司法机制的不同步等。如果遵循水生态环境在时间、空间和承载尺度上的量化标准,则在鄱阳湖法治体系建设中具有统一性、规范性、精确性、可操作性和强制性的量化基础。鄱阳湖法治体系形成因素的设计应侧重于法律体系完善、司法体系的创新、保障体系的构建等环节。

2009 年 12 月,国务院正式批复《鄱阳湖生态经济区规划》,2015 年 4 月国务院批复同意《长江中游城市群发展规划》,两个规划将对鄱阳湖流域产生深远意义,为保障鄱阳湖水生态环境健康可持续发展,江西省政府需快速构建鄱阳湖水生态环境法治体系,引导鄱阳湖流域内的经济生产活动有序发展。目前,鄱阳湖生态经济区法律法规研究不够,立法理念不能满足生态经济区的需求,法律体系和司法体制严重滞后。因此,鄱阳湖流域水生态环境法治体系需创新立法理念、法律法规体系、司法体系和保障体系。

第一节　鄱阳湖水生态环境法治体系现状

一、鄱阳湖水生态环境治理所面临的问题

水生态环境问题往往是跨流域的而不是局部的,破坏水生态环境的行为不单会在当地造成水生态环境破坏的后果。事实上,破坏水生态环境的行为发生了,上游水体污染破坏有可能延伸扩散到下游水体,这完全是不可控的。这就是所谓的水生态环境的空间尺度的内涵,与刑法中犯罪行为结果异地及隔地犯的特征是迥然不同的,因为这在异地是可控的,但是从水生态环境空间尺度来讲是无法控制的。①

鄱阳湖流域包括赣江、抚河、信江、饶河、修河和鄱阳湖湖区,跨行政单位流域较多,各个地方的水生态环境承载能力是有差异的,水污染事件出现之时,各个地方环保部门的矛盾就会随之而来。流域内的河流流经不同行政单位,但之后又流回原行政单位,这给治理带来更大的困难。鄱阳湖流域水资源是公共的,由于监管不到位,上中下游之间的矛盾就会层出不穷,为减少经济成本和利益支出,上游地区的企业和民众会将病死的禽畜抛入河中成排放污水污染物等,但下游地区承担了上游地区

① 姜俊山:“论污染环境罪之立法完善”,载《法学杂志》2014 年第 3 期。

企业和公众不当举措的成本和支出。上游和下游双方信息通报、协商机制、事后处理机制、证据调查机制等相当不完善，受损失者得不到上游流域应有的赔偿，严重影响全流域地区的社会稳定。

流域内污染事件有所增加，污染源类型日益多样化，污染流域逐渐扩大。20世纪90年代，跨省流域的污染源有病死的禽畜等。随着经济发展，跨省流域的污染源包括工业、农业、生活等多种污染源，而且绝大部分水源水流都受到不同程度的污染和破坏。虽然主要鄱阳湖流域已设置省级自动监测站，但是鄱阳湖流域所流经地区监管机构面临落后的问题。鄱阳湖流域监控是采用传统的方法，测报设施陈旧且不联网，在恶劣条件下无法及时测出水生态环境数据，加上地方财政困难，未能给予鄱阳湖流域的监管提供财力支持，导致鄱阳湖流域监管人员整体能力不足，更不用提引进水生态环境专业性高素质监管人才了。

二、鄱阳湖水生态环境治理的法治现状

江西省(鄱阳湖流域)现有法律法规中与水生态环境有关的法律法规有近70部(见表6－1)。尽管如此，这些法律法规没有有效预防鄱阳湖水生态环境问题的发生。鄱阳湖环境法律体系仍然不能适应社会进步对环境保护的要求，仍存在深层次的矛盾和问题，面临严峻的挑战，需要国家层面的刑法来进行治理。

表6－1 有关鄱阳湖水生态环境法律法规

(根据相关法律法规制定)

序号	法律法规	发布单位	施行时间
1	中华人民共和国环境保护法	全国人大	2015年1月1日
2	中华人民共和国水土保持法	全国人大	2011年3月1日
3	中华人民共和国刑法修正案(八)	全国人大	2011年5月1日

续表

序号	法律法规	发布单位	施行时间
4	中华人民共和国水污染防治法	全国人大	2008年6月1日
5	中华人民共和国固体废物污染环境防治法	全国人大	2005年4月1日
6	中华人民共和国环境影响评价法	全国人大	2003年9月1日
7	中华人民共和国水法	全国人大	2002年10月1日
8	中华人民共和国刑法	全国人大	1979年7月1日
9	城镇排水与污水处理条例	国务院	2014年1月1日
10	国务院办公厅关于印发实行最严格水资源管理制度考核办法	国务院办公厅	2013年1月2日
11	中华人民共和国水文条例	国务院	2007年6月1日
12	取水许可和水资源费征收管理条例	国务院	2006年4月15日
13	长江河道采砂管理条例	国务院	2002年1月1日
14	中华人民共和国水污染防治法实施细则	国务院	2000年3月20日
15	建设项目环境保护管理条例	国务院	1998年12月
16	中华人民共和国自然保护区条例	国务院	1994年10月9日
17	城市供水条例	国务院	1994年10月1日
18	中华人民共和国河道管理条例	国务院	1988年6月3日
19	最高人民法院最高人民检察院关于办理环境污染刑事案件适用法律若干问题的解释	最高人民法院 最高人民检察院	2013年6月8日
20	突发环境事件调查处理办法	环境保护部	2015年3月1日
21	环境保护主管部门实施按日连续处罚办法	环境保护部	2015年1月1日
22	环境保护主管部门实施查封扣押办法	环境保护部	2015年1月1日

续表

序号	法律法规	发布单位	施行时间
23	环境保护主管部门实施限制生产停产整治办法	环境保护部	2015年1月1日
24	企业事业单位环境信息公开办法	环境保护部	2015年1月1日
25	环境保护部办公厅关于加强环境行政执法与刑事司法衔接工作的通知	环境保护部办公厅	2013年7月25日
26	关于开展环境污染强制责任保险试点工作的指导意见	环境保护部	2013年1月21日
27	环境行政复议办法	环境保护总局	2008年12月30日
28	关于环境保护行政主管部门移送涉嫌环境犯罪案件的若干规定	环境保护总局	2007年5月17日
29	实行最严格水资源管理制度考核办法	水利部	2013年
30	水利部关于废止和修改部分规章的决定	水利部	2013年
31	水文站网管理办法	水利部	2012年2月1日
32	生产建设项目水土保持监测资质管理办法	水利部	2012年2月1日
33	水文监测环境和设施保护办法	水利部	2011年4月1日
34	水功能区管理办法	水利部	2003年7月1日
35	水土保持生态环境监测网络管理办法	水利部	2008年6月4日
36	取水许可管理办法	水利部	2008年4月9日
37	水行政处罚实施办法	水利部	2008年6月4日
38	水量分配暂行办法	水利部	2008年2月1日
39	入河排污口监督管理办法	水利部	2005年1月1日
40	城市节约用水管理规定	建设部	1989年1月1日

续表

序号	法律法规	发布单位	施行时间
41	饮用水水源保护区污染防治管理规定	环保局、卫生部、建设部、水利部	1989年7月10日
42	江西省农田水利条例	江西省人大	2014年10月1日
43	江西省实施《中华人民共和国水土保持法》办法	江西省人大	2012年9月1日
44	鄱阳湖生态经济区环境保护条例	江西省人大	2012年5月1日
45	江西省湿地保护条例	江西省人大	2012年5月1日
46	江西省环境污染防治条例	江西省人大	2009年1月1日
47	江西省水资源条例	江西省人大	2006年5月1日
48	江西省赣抚平原灌区管理条例	江西省人大	2002年12月1日
49	江西省建设项目环境保护条例	江西省人大	2001年7月1日
50	江西省河道管理条例	江西省人大	2001年12月22日修订
51	江西省水政监察规定	江西省人民政府	2004年12月9日
52	江西省取水许可和水资源费征收管理办法	江西省人民政府	2013年7月8日
53	江西省人民政府关于修改《江西省河道采砂管理办法》的决定	江西省人民政府	2012年2月1日
54	江西省河道采砂管理办法	江西省人民政府	2006年9月1日
55	江西省生活饮用水水源污染防治办法	江西省人民政府	2006年8月1日
56	江西省长江河道采砂管理实施办法	江西省人民政府	2003年10月1日
57	关于加强环境保护行政执法与刑事司法衔接配合工作的实施意见	江西省环境保护厅	2015年2月9日

续表

序号	法律法规	发布单位	施行时间
58	江西省环境保护厅关于环境污染刑事案件中环境监测数据认可有关事项的通知	江西省环境保护厅	2015年2月3日
59	江西省环境保护行政处罚自由裁量权细化标准	江西省环境保护厅	2014年
60	江西省排放水污染物许可证申请表	江西省环境保护厅	2013年
61	江西省水利厅关于《德兴铜矿取水项目水资源论证报告(报批稿)》审批意见的函	江西省水利厅	2015年2月3日
62	江西省水文管理办法	江西省水利厅	2014年4月1日
63	新增水法规设定的行政处罚自由裁量权细化标准(2013)	江西省水利厅	2014年8月4日
64	江西省水行政执法级别管辖权限细则	江西省水利厅	2013年
65	江西省水行政处罚自由裁量权适用规则	江西省水利厅	2013年
66	江西省水利工程条例	江西省水利厅	2009年9月1日
67	赣江中下游及鄱阳湖河道采砂可采区现场监督管理办法	江西省水利厅	2008年11月20日
68	江西省水行政处罚自由裁量权参照执行标准	江西省水利厅	2008年7月9日
69	江西省发展改革委江西省财政厅江西省水利厅关于调整全省水资源费征收标准的通知	江西发改委财政厅、水利厅	2013年7月11日
70	南昌市军山湖保护条例	南昌市人大	2010年3月

结合鄱阳湖治理现状以及表6－1可见：

第一，鄱阳湖流域法律法规理论研究薄弱。目前针对鄱阳湖流域研究的法律法规的研究机构,立法研究内容注重行政法,没有深入研究刑法的规定和行政法与刑法的衔接问题。立法对象没有细化,针对性不强,如大致针对生态环境,但生态环境因素太多差别非常巨大,水、土、气各因素成分不同,常常导致鄱阳湖水生态环境研究不够深入。

第二,理念落后,法律法规体系不完整。从以上 70 部法律法规来看,立法理念不统一,没有从水生态环境规律本身角度考虑,而是只从经济发展角度立法。立法部门众多,全国人大、国务院、最高人民法院、最高人民检察院、环境保护部、水利部、省级人大、省级人民政府、省环保厅、省水利厅、市人大等部门。每个部门都各自制订相应法律法规,没有遵从水生态环境保护的规律,最终导致各部门的法律法规没有有效衔接。

第三,行政执法与刑事司法的衔接不畅。从以上 70 部法律法规分析,每部法律法规都有自己的执法部门,如公安局、检察院、法院、环保局、水利局,会出现有违法事件发生时各部门推诿的现象。比如,水环境检测,常规检测环境保护局的环境检测站在检测;水利部门、水文站也在检测;引用水源地自来水公司同时也在检测,现实中出现九龙治水。执法部门各自为政,例如,公安机关在接到行政部门报案后执法;森林公安在林业领域执法;林业部门相对应自然保护区也在执法;农业部门的渔政局针对渔业资源在执法;海事局针对河流湖泊的船只在执法等。执法部门与行政处罚有密切利益关系,执法部门不会将违法事件移送检察院,导致行政执法与刑事司法的衔接不畅。

第二节　鄱阳湖水生态环境法治体系之立法体系构建

为加强鄱阳湖流域生态环境的治理与保护,有效避免因鄱阳湖流域引发的社会风险,有必要协同构建鄱阳湖流域的水生态法治体系。鄱阳湖流域水生态法治体系是指在鄱阳湖流域的治理过程中构建起的一种生态法治体系。

一、鄱阳湖水生态环境法治理念的创新

在鄱阳湖水生态经济区实施的法律,要创新法治理念,需破除以下传统理念。第一,破除以"人类为中心"的立法理念。在以"人类为中心"的理念下制定的法律法规已经经实践证明行不通。目前的状况是水生态环境进一步恶化,这种理念必须破除,树立"以水生态为中心"的立法理念,以水生态为中心的立法理念就是要尊重水生态环境的自然规律,如鄱阳湖水环境背景值、水生态基流等规律。第二,破除"宜粗不宜细"的立法理念。以"宜粗不宜细"的理念制定的法律法规在实际执法过程中没法实施,目前的水污染排放不但没有减少,反而增大。例如,"以暗管排放有毒物质"这一规定如何执法?2015 年的"彭泽事件"就没法执法。所以应该以"宜细不宜粗"的立法理念。若法律条文明确规定排放的污染物导致水体测试值超出水体背景值多少倍进行处罚,这将大大加强执法的可操作性。第三,破除"条块分割"的立法理念。以"条块分割"的立法理念制定的法律法规在实际执法中常出现推诿现象,不利于水生态环境治理。需树立"流域系统"的立法理念,需站在整个鄱阳湖流域水生态环境、水生态系统的角度思考如何立法。

水生态法治理念应该是系统工程思维以及水生态链思维下的以"水生态为中心"的水生态理念,鄱阳湖流域管理者应该用水生态的视角看待水生态治理,站在统一的资源支持系统的高度,从鄱阳湖可持续发展的目标进行水生态治理,制订切实可行的规划,通过提高水生态治理能力有效防止水生态危机的出现。①

二、鄱阳湖水生态环境立法的基本思路

在鄱阳湖生态经济区的立法可以按照以下思路进行。第一,行政法

---

① 王少泉:"中国——东盟视域下广西跨境河流全面整合生态治理体系研究",载《广西社会科学》2014 年第 1 期。

与刑法分工协同。刑法是对破坏水生态环境犯罪的有效威慑,行政法是对破坏水生态环境行为快速的反应,两者必须协同,因为刑法与行政法的目的是一致的,都是保护水生态环境。因此,刑法与行政法需协同。第二,行政法与刑法的立法基础协同。刑法与行政法对象是水生态环境,则两者的立法基础就是能代表水生态环境规律的可测量的参数,如鄱阳湖水环境背景值。确定水环境背景值是刑法和行政法的立法基础,则需明确不同污染物等成分超出水环境背景值多少倍适用刑法处罚,超出多少适用行政法罚。第三,行政法与刑法的执法协同。一个好的立法体系制定,没有好的执法体系保障,对水生态环境保护也是没有用的。因此,刑法和行政法的执法是非常重要的,在立法中要明确综合执法,建立环保警察,通过法律规定执法程序及要求,因水生态环境的证据具有较强的销毁性。

三、鄱阳湖生态经济区法律法规体系构建

构建完善的鄱阳湖区生态环境保护法律体系,对于保护鄱阳湖"一湖清水",制定针对性强、便于操作的地方专项立法。例如,可以立法保护"五河一湖"(赣江、抚河、信江、饶河、修河及鄱阳湖)的水生态环境,法律法规包含刑法具体实施办法体系、行政法体系。第一,刑法具体实施办法体系主要是要针对刑法在江西省的实施做出具体实施办法,这一办法需通过省人大进行制定。要对《刑法》中第338条、《关于办理环境污染刑事案件适用法律若干问题的解释》等有关规定做出具体实施办法。第二,行政法体系主要是将散落在《环境保护法》、《水污染防治》等行政法中涉及的处罚进行规范,并与刑法相衔接。第三,司法体系主要是对刑法和行政法如何执法进行法律规范,特别重要的是建立环境警察制度和环境检测三方制度。确立水环境背景值,这是刑法、行政法、司法实施的基础工作。水环境背景值的确立应该由三方共同检测确立,三方检测包括公安机关、水生态环境部门、第三方检测机构,共同对鄱阳湖流域内的水生态环境同时独立检测,并确立当地水环境背景值范围,提出超出水环境背景值的处罚范围。

第三节 鄱阳湖水生态环境法治体系之司法体系构建

一、鄱阳湖环境警察建设

建议以江西省环境监察局和森林公安为基础建立江西省环境警察机构。鄱阳湖水生态环境污染和破坏的犯罪行为目前公安机关很难及时介入。就算立案了,技术上仍要依赖环保部门,建立环保法治专职队伍可以解决第一时间知晓水生态环境犯罪也可以在立案侦查上有技术的独立性,对于当今的鄱阳湖生态环境犯罪治理是必要的。必要性表现为:第一,鄱阳湖水生态环境法治队伍统一化、专职化,可以加强鄱阳湖水生态环境执法的强制力度,加强鄱阳湖水生态环境犯罪治理的法治性。第二,有利于第一时间对鄱阳湖水生态环境犯罪立案侦查。第三,有利于改变鄱阳湖水生态环境犯罪法治程序难以启动、难以进入诉讼程序的局面。鄱阳湖生态环境警察、鄱阳湖生态环境检察、鄱阳湖生态环境审判各司其职,没有真空地完成打击和预防鄱阳湖水生态环境犯罪的治理问题。

许多国家都已经设置了生态环境警察等专职队伍,对打击和预防生态环境犯罪起到了有效的作用。例如,美国的环保局里设置了专门负责生态环境犯罪侦查、起诉的机构,①德国有专门的生态环境警察负责生态环境犯罪和污染案件的处理。② 鄱阳湖水生态环境犯罪治理可以借鉴国外有效的做法建设专职化的水生态环境警察队伍。我国的森林警察、铁路警察、海关警察、反贪局等专职化的法治队伍虽然与生态环境犯罪无关,但他们的设置模式和职责等的经过多年的发展已经很成熟,是可以借鉴到鄱阳湖水生态环境犯罪治理的法治队伍中来的。鄱阳湖水生态环境

---

① 付立忠著:《环境刑法学》,中国方正出版社2001年版,第285页。

② Wolf Friendrier Spieth, Environmental Liability In Germany, Fresh field Brukhaus Deringer, March 2003.

犯罪治理的环境警察是怎样的设置模式，可以根据鄱阳湖管理的区域和部门具体来确定。

二、鄱阳湖环境法庭建设

我国一些地方已经设置了环境审判庭等专职化的生态环境犯罪法治队伍，为我国建立专职化、统一化生态环境犯罪治理法治队伍提供了现实的经验。例如，2008年昆明市，昆明市公安局设环境保护分局，[①]昆明市人民检察院设生态环境资源检察处、昆明市中级法院设环境保护审判庭，为未来我国全面建立生态环境警察积累了实践经验，鄱阳湖水生态环境的治理也一样需要加强法院及检察院队伍的专职化，重视检察人员和审判人员对鄱阳湖水生态环境信息的获得和鄱阳湖水生态环境技术的培训。

鉴于环鄱阳湖地区、赣江、修河、信江、饶河、抚河流域的水生态环境的差异性，故可以在上述地区设立6个环境法庭，加快我省破坏鄱阳湖水生态环境的案件审理工作。

第四节 鄱阳湖水生态环境法治体系之监督保障体系构建

一、鄱阳湖水生态环境犯罪治理需破解的保障难题

（一）对鄱阳湖水生态环境犯罪诉诸法律意识淡薄

面对鄱阳湖水生态环境污染和资源破坏的犯罪情形，不能积极主动

---

① 河北省安平县环保派出所设在县环保局，公安干警由县公安局派出，在环保执法是公安干警同时出动，对妨碍公务执行的人员当场采取措施；2008年3月，河北省永年县成立环保公安派出所；2008年11月，全国首个公安环保分局——云南省昆明市公安环保分局正式揭牌（2010年9月与税务治安分局合并更名为水上治安分局）；2008年12月，玉溪市公安局环保分局也宣告成立，2010年山东吕县也在环保局设立公安办事处，配备一名公安干警参与生态环境执法；2011年，湖北大冶市环保警察大队，接收市公安局和市环保局的双重领导，与大也是生态环境监察直属大队合署办公。参见邢捷："论中国生态环境警察制度的构建"，载《中国人民公安大学学报》2012年第2期。

地通过法律诉讼途径解决问题,很多人认为多一事不如少一事或者是诉诸无门,就算个别通过法律途径解决问题,也耗上了太多时间、精力和费用。加上行政部门对环境纠纷处理的不及时,老百姓也得不到法律的援助,导致老百姓对生态环境犯罪诉诸法律的意识淡薄。江西省各大广播电视等新闻媒体关于鄱阳湖水生态环境污染和破坏的宣传力度还是很弱的还有待进一步提高。

(二)鄱阳湖水生态环境监测机制处于空白或者信息未公开

有效预防、及时消除鄱阳湖水生态环境污染和生态破坏的危害,必须有鄱阳湖水生态环境的日常监测,没有日常的监测,何以知晓鄱阳湖水域的背景值以及背景值的变化。没有鄱阳湖水生态环境日常监测以及数据的分析,何以最有效、最快速地知道鄱阳湖存在水污染和水生态环境的破坏以及危害的程度。没有一线证据,对这些难以发现的鄱阳湖水生态环境犯罪通过法律途径解决就更加困难。

(三)公众源头治理和末端治理的缺失

"目前公众参与存在诸多弊端,局限于末端参与,基本上是对水生态环境污染和生态破坏发生后局限于末端的参与,而且参与的形式缺乏激励机制,可操作性较差,这些致使公众参与水生态环境保护无法规范化、制度化。"①可以说从鄱阳湖水生态环境法律法规制定到法律实施过程,公众的参与是空白的,这其中存在诸多的原因和障碍。应当使环保公益组织积极参与进来。

二、鄱阳湖水生态环境犯罪治理有力的法治保障机制

由于在鄱阳湖水生态环境法治进程中,保障机制的缺乏,导致江西省很多环保部门执法不严、违法不究的现象存在,必须要构建有力的鄱阳湖水生态环境法治保障体系,才能做到严格执法和公正司法,让老百姓相信

---

① 剑平、袁雄:"构建环保公众参与机制的设想",载《江西财经大学学报》2005 年第 5 期。

法律、信仰法律,有问题通过法律途径解决问题,这样可以更好地推进鄱阳湖水生态环境法治建设。对此,必须做好以下几个方面。

(一)党的领导

党的领导是鄱阳湖水生态环境法治保障体系的政治保障,是鄱阳湖水生态环境法治保障的主心骨,依靠党的领导消除各种障碍和困难,加强鄱阳湖水生态环境违法犯罪治理的力度,统揽全局,协调各方将环保法治进行到底。

(二)法律信仰保障

综观现实社会,老百姓遇到问题大多是忍气吞声,诉诸无门只能不了了之。2015 年 4 月焦点访谈报道的江西省彭泽县矶山化工园区距离辰字村的距离根本达不到国家规定标准。这就难怪村民反映,一到夜里化工厂排出来的气体气味让人难以忍受。但就是这样明显违规在村边兴建的化工园区竟然顺利通过了规划环评,并开工建设投入运营了。如今已经十年多的时间过去了,村民反映多次还是不能解决问题,这反映了老百姓诉诸无门、无可奈何的处境,对法律失去信心、失去信仰也是无奈之举,所以要保障法律信仰,加大对鄱阳湖水生态环境的惩治力度和曝光度,重视对水生态环境权益的保护力度,一步一步地培育老百姓信仰法律的良好氛围。积极主动勇敢地维护我们的水生态环境,对于鄱阳湖周边农业排污、工业排污等破坏水生态环境的违法犯罪行为勇于举报揭发。行政部门、司法部门要积极地处理老百姓所反映的问题,江西省各大新闻媒体也要跟进,加强对水生态环境违法犯罪的曝光度。拿出像反腐样的气魄和力度,加强鄱阳湖水生态环境违法犯罪的治理的气魄和力度,让我们的老百姓相信法律,信仰法律。

(三)日常鄱阳湖水生态环境监测机制

有效预防、及时消除环境污染和生态破坏的危害,必须有鄱阳湖水生态环境的日常监测,没有日常的监测,何以知晓鄱阳湖水域的背景值以及背景值的变化。鄱阳湖水生态环境日常的监测能够以最快的速度、最高的效率把危害降到最低点，最大限度地减少鄱阳湖环境污染和生态破坏以及人员财产损失，既做到控制鄱阳湖水生态环境犯罪也做到预防鄱阳湖水生态环境犯罪。

（四）引导环境公益组织建设

应当积极引导这些组织参加破坏水生态环境的起诉工作。《环境保护法》第58条建立的环境公益诉讼，使环境治理的机制中引入民间力量。世界各国环境立法在环境法领域的一个普遍趋势就是扩大环境诉讼原告主体资格的范围。但如何扩大原告主体资格，却又不引发滥诉却是问题的关键。环保公益组织目前在环境法中的地位和作用有所明确，但是还是缺乏程序法的规定，需在刑事诉讼法中的特别程序里设立生态环境犯罪刑事公益诉讼的规定。引导环境公益组织建设，在以“山江湖工程促进会”等社会组织基础上协助这些组织进行破坏水生态环境的诉讼工作。

（五）环境法治人才保障

环境法治不管是立法还是司法，都是要靠人来实施的。环境法治人才对于环境法治的运行具有重要的保障作用，建立业务熟练的鄱阳湖环境警察专职队伍、鄱阳湖环境检察专职队伍、鄱阳湖环境审判专职队伍，是环境法治的重要在保障。那么，办理法律业务的能力需要专业的培养，鄱阳湖环境警察专职队伍、鄱阳湖环境检察专职队伍、鄱阳湖环境审判专职队伍的专业业务水平的高低将影响着环境法治事业的水平。要增强司法的公信力，必须在受各政府制约的物资装备、经费供给、职级晋升、编制核定等方面进行脱离行政区划改革，建立政府领导干部干预司法活动、插手具体案件的记录通报和责任追究制度。此外，还需加快推进司法专职化的科学配置。

（六）环境法治财力的保障

对专职化的鄱阳湖水生态环境法治队伍只提要求不讲保障是不科学的。如果没有充分的财力保障，鄱阳湖水生态环境法治专职队伍很难高效开展工作；没有合理的财力管理机制，鄱阳湖水生态环境法治专职队伍很难独立专职进行水生态环境法治工作。要像交通监控那样的水生态环境法治也实施全程监控，财力条件满足不了是无法实现的。环境警察、水生态环境部门、第三方检测机构，共同对鄱阳湖流域内的水生态环境同时独立检测，并确立鄱阳湖背景值范围，这些都需要一定水环境背景值监测点以及完备的监测设施。

三、鄱阳湖水生态环境法治体系人才专业化的作用

鄱阳湖水生态环境的法治体系中应当具有强烈的水生态环境技术色彩，包括由生态学、环境科学、生物学等若干科学技术构成，法治体系人才队伍的专业化是保障法治体系运行的重要部分。现阶段鄱阳湖水生态环境保护的有关人才队伍的规定，并没有引起高度的重视。人才专业化将有助于执行国家及江西省人大、江西省政府以及鄱阳湖流域周边的县、市颁布施行的鄱阳湖生态环境保护的法律、法规、规章及其他规范性文件，预防和控制鄱阳湖各类水生态环境污染和破坏的犯罪案件；有助于日常监测鄱阳湖水质，确立水环境背景值，最大限度地减少鄱阳湖环境污染和生态破坏以及人员财产损失，既做到控制鄱阳湖水生态环境犯罪也做到预防鄱阳湖水生态环境犯罪；有助于侦办查处破坏鄱阳湖生态环境的违法与犯罪行为，即查处非法排放污染物的治安行政案件，侦办违法处置排放危险物质造成生态环境污染的犯罪案件。鄱阳湖生态环境警察的职责是发现鄱阳湖生态环境污染时，可以立即采取补救行动。一旦发现任何一水域泛起泡沫，生态环境警察必须前往取样；监督鄱阳湖周边垃圾处理，保护鄱阳湖水资源不被污染；查处偷渔偷猎；检查鄱阳湖周边工厂的环保措施和设备，核查有害化工品的存放，禁止在河边刷洗汽车；等等。鄱阳湖生态环境检察队伍，其职责主要是对鄱阳湖生态环境犯罪进行提起诉讼和监督。鄱阳湖生态环境审判队伍主要是承担公正审判鄱阳湖生态环境犯罪的职责。

结论与展望

一、结论

“推进水生态环境犯罪法治体系”是“形成组合拳”。针对水生态环境的治理需要有全面的法治体系，本书主要论述的是刑事犯罪法治体系，但在论述过程也涉及行政法等其他法律。水生态环境犯罪的刑法立法是刑事法治的基础，我国水生态环境方面刑事司法实践和刑事立法的衔接问题、水生态环境方面的刑事司法实践中的矛盾和问题是必须解决的。基于我国水生态环境治理的现状，借鉴国外水生态环境犯罪刑事法治的经验，将水生态环境犯罪的刑法立法和刑事司法实践体系化。

对于水生态环境犯罪，我国刑法与刑事诉讼法的立法显得相对滞后，而导致水生态环境犯罪问题无法得到有效的控制，没有形成完备的水生态环境犯罪法治体系，更加导致水生态环境没有得到很好的保护。从现行刑法与刑事诉讼立法来看，我国当前水生态环境保护的法治体系亟须完善。水生态环境犯罪法治体系，是一个法治系统工程，是由各种调整水生态环境犯罪的法律法规等共同构成的系统。具体来说,法治体系除了作为基础的水生态环境法律规范体系,还包括作为重点的水生态环境法治实施体系、关键的水生态环境法治监督体系、水生态环境法治保障体系,各体系之间应统一协调。

水生态环境法律体系是法治体系的前提和基础,是水生态环境犯罪法治系统工程的"上游工程"。司法与执法监督保障是水生态环境犯罪法治体系的重要载体和保障,是水生态环境犯罪法治系统工程的"下游工程"。水生态环境犯罪法治体系从来都需要水生态环境法律体系上游工程与司法执法下游工程之间的联动和互动,只有如此,水生态环境犯罪法治系统工程才能成功。

立法是法治体系的源头,立法改革,主要就是理顺立法与司法、执法的关系。水生态环境犯罪法治体系是不断修改完善的体系,水生态环境犯罪法治体系需要科学性价值导向。

如果说科学立法是法治体系的源头,那么司法、执法完善已经成为当前法治体系的主攻方向。如果说科学立法主要是理顺立法与执法的关系,那么司法完善的重点是理顺司法实践中的各种关系。

自《刑法》颁布之后,国家加大了对包括水生态环境犯罪在内的环境犯罪打击力度。但实际上,水生态环境犯罪被司法追究的极少,十多年来判决也才有那么几例,主要原因就在于我国目前相应的监督保障体制尚不完善。水生态环境犯罪的行政从属性决定了执法人员必须具有较强的专业知识,熟练掌握水生态环境犯罪标准。但我国目前的刑事执法主要依靠公安机关、检察院和法院。环境保护相关专业人员没有权力介入,而生态环境刑事执法人员的素质参差不齐,相关专业知识比较欠缺,加上水生态环境犯罪的因果关系及危害结果难以判断的客观原因,使很多水生态环境犯罪案件没能及时被追究或者处理的质量不高。此外,地方行政机关和司法机关为了政绩和局部经济利益,对企业的水生态环境污染和破坏行为睁一只眼闭一只眼,不愿意惩治触犯水生态环境犯罪的企业。有的甚至相互勾结,包庇和袒护水生态环境犯罪,对水生态环境污染和破坏执法进行阻挠。针对水生态环境犯罪刑事执法中存在的问题,笔者认为可以通过以下方式加以完善和改进:首先,加大刑事执法部门的人员的专业知识培训,加强水生态环境保护部门与刑事执法部门的合作。其次,加强水生态环境保护宣传,加大对执法人员渎职以及地方保护主义的打击力度和媒体曝光度。地方保护主义和执法腐败是我国水生态环境污染和破坏行为屡禁不止、不断反复、犯罪打击力度不力的重要原因。因此,必须加大宣传,转变牺牲水生态环境、单独追求经济发展的思想观念,同时,对于纵容水生态环境犯罪的行为,执法人员的失职、渎职甚至贪赃枉法等腐败行为必须严惩不贷。

总之,生态社会需要法治体系,水生态环境需要科学的刑事法治体系。社会转型必然要转型为生态环境型社会,社会的改革不能停留在行政的改革,而应该是改革法治体系,法治体系亟须科学化。

二、展望

审视水生态环境犯罪理论研究,可以预想下面几点将是未来水生态环境犯罪研究的重点和趋势。

(一)水生态环境犯罪资格刑及非刑罚处罚方法的探讨

目前我国《刑法》规定资格刑只是剥夺政治权利,种类较为单一。但是对于大多都是单位犯罪的水生态环境犯罪来讲,剥夺政治权利显然没有威慑力和效应性。因此,在经济发展的时代,必须设立适配于水生态环境犯罪主体的资格刑。比如,剥夺从事一定职业或者营业权利资格等刑罚,填补目前刑法中水生态环境犯罪的资格刑配置空白。当然,这种资格刑设立的理论基础、实践效应将有待学界进一步探讨。

目前我国《刑法》规定的非刑罚处罚方法包括三种:(1)责令赔偿经济损失;(2)训诫、责令具结悔过和责令赔偿道歉;(3)有关部门予以行政处罚或者行政处分。水生态环境却有自身的特点和复杂性,如时间性,不可再生性等,上面三种非刑罚处罚方法恐怕很难消除。处理了水生态环境犯罪,水生态环境还是被破坏了,没有得到治理。为了全面、有效治理水生态环境犯罪,应引入一些对水生态环境更有效的非刑罚处罚方法,如限期治理、水生态恢复机制等。当然这些非刑罚处罚方法引入前的基础和引入后的配套措施将有待学界探讨。

(二)水生态环境第三方检测机构法律授权的探讨

有效预防、及时消除水生态环境污染和水生态破坏的危害,必须有水生态环境的日常监测,没有日常的监测,无从知晓水域的背景值以及背景值的变化。背景值的确立是刑法、行政法、司法实施的基础工作,而且水生态环境日常的监测能够以最早的时间、最快的速度、最高的效率把水生态环境危害降到最低点,最大限度地减少水生态环境污染和水生态破坏以及人员财产损失,既做到控制水生态环境犯罪也做到预防水生态环境犯罪。除了国家的公安机关、水生态环境部门,水生态环境第三方检测机构的法律授权将是研究的重点和前沿。

(三)水生态环境刑事公益诉讼的试点与推行

目前理论界一直探讨司法公正的话题,但我们应当明白司法公正是进入司法程序后的公平正义问题。而目前水生态环境犯罪的诉讼是能不能进入司法程序的问题。如果都没入司法程序的"门槛",司法公正从何谈起。因此,对于我国目前水生态环境犯罪以罚代刑的局面,有必要开展水生态环境公益刑事诉讼的试点与推行。由于目前在我国法学界,只有民事和行政公益诉讼探讨,几乎没有刑事公益诉讼的探讨,所以,一项新的程序制度要试点和推行还有很长的路需要走,还有很多问题需要完善。

(四)水生态环境犯罪中刑事一体化、行政法与刑法的衔接问题

刑事一体化是必须的,否则解决了立法,司法跟不上也是枉然。行政法与刑法的衔接问题也许并不只是在水生态环境犯罪这个领域存在,在很多领域都存在。从国家层面来讲,可以从其他领域的衔接上找到共同问题,但也要结合水生态环境犯罪的实践找到具体的问题来加以解

决。所以,应对水生态环境犯罪治理中的具体问题加以总结,完善在水生态环境犯罪上的行政法与刑法的衔接协调性。

(五)关注水生态环境犯罪治理的国际化

对于水,虽然在静态上分属于不同的国家和区域,但是水的另外一个特点,如流动性等,使水具有相当程度的不可分性。只有把握水生态规律,从全球维度来治理水生态环境,吸取全球的先进经验,才能共同把水生态环境犯罪治理好。当然,其中有很多具体问题也需要探讨,如国家能否成为污染环境犯罪的主体,承担刑事责任的方式是什么,等等,这些问题也是研究的重点。

参考文献

1. 著作

[1]曹明德:《生态法原理》,人民出版社2002年版。

[2]张瑞幸、郭洁:《环境犯罪研究》,陕西人民出版社2002年版。

[3]蔡守秋:《环境资源法学》,人民法院出版社2003年版。

[4]肖松平:《美国环境刑法研究》,湘潭大学出版社2003年版。

[5]林灿铃:《国际环境法》,人民出版社2004年版。

[6]叶俊荣:《环境政策与法律》,中国政法大学出版社2004年版。

[7]赵秉志、王秀梅、杜澎:《环境犯罪比较研究》,法律出版社2004年版。

[8]蒋兰香:《环境刑法》,中国林业出版社2004年版。

[9]陈泉生:《环境法学基本理论》,中国环境科学出版社 2004 年版。

[10]周珂:《环境法》,中国人民大学出版社 2008 年版。

[11]吴献萍:《环境犯罪与环境刑法》,知识产权出版社 2010 年版。

[12]陈泽宪:《犯罪定义与刑事法治》,中国社会科学出版社 2008 年版。

[13]陈兴良:《刑事法治论》,中国人民出版社 2007 年版。

[14]朱海虹、张本:《鄱阳湖——水文生物沉积湿地开发整治》,中国科学技术大学出版社 1997 年版。

[15][日]大冢仁:《犯罪论的基本问题》,冯军译,中国政法大学出版社 1993 年版。

[16][意]贝卡利亚:《论犯罪与刑罚》,黄风译,中国大百科全书出版社 1993 年版。

[17][美]加里－S. 贝克尔:《人类行为的经济分析》,王业宇、陈琪译,上海三联书店 1993 年版。

[18][日]原田尚彦:《日本环境法》,于敏译,法律出版社 1999 年版。

[19][法]亚历山大・基斯:《国际环境法》,张若思译,法律出版社 2000 年版。

[20][英]J. C. 史密斯、B. 霍根:《英国刑法》,李贵方等译,法律出版社 2001 年版。

[21][英]克莱夫・庞廷:《绿色世界史——环境与伟大文明的衰落》,王毅、张学广译,中国政法大学出版社 2015 年版。

[22][美]罗伯特・D. 考特、托马斯・S. 尤伦:《法和经济学》,施少华、姜建强译,上海人民出版社 1999 年版。

[23][美]理查德・波斯纳:《法律的经济分析》,蒋兆康译,中国大百科全书出版社 2003 年版。

2. 论文

［1］王灿发、江钦辉："论生态红线的法律制度保障"，载《环境保护》2014 年第 1 期。

［2］王灿发、冯嘉："从国家权力的边界看'气候资源国家所有权'"，载《中国政法大学学报》2014 年第 1 期。

［3］王灿发、陈贻健："'气候正义'与中国气候变化立法的目标和制度选择"，载《中国高校社会科学》2014 年第 2 期。

［4］简基松："论生态法益在刑法法益中的独立地位"，载《中国刑事法杂志》2006 年第 5 期。

［5］竺效："建设生态文明应纳入环境保护法立法目的"，载《环境保护》2013 年第 5 期。

［6］竺效："论生态文明建设与环境保护法之立法目的完善"，载《法学论坛》2013 年第 2 期。

［7］郑少华："生态文明建设的司法机制论"，载《法学论坛》2013 年第 2 期。

［8］赵星："我国环境行政执法对刑事司法的消极影响与应对"，载《政法论坛》2013 年第 2 期。

［9］赵秉志、冯军："论环境污染的刑法治理：理念更新与立法完善"，载《法治研究》2013 年第 4 期。

［10］张苏："环境刑法空白构成要件适用中的难题及其解决"，载《法律适用》2013 年第 5 期。

［11］张加林："检察机关参与环境公益诉讼的实证分析"，载《河北法学》2013 年第 5 期。

［12］张耕、黄细江："略论云计算环境下的著作权保护"，载《法学杂志》2013 年第 1 期。

［13］张帆、吴大华："论我国地方法治环境生成评估指标体系的设计——以贵州省为例"，载《法制与社会发展》2013 年第 3 期。

[14]张镝："论生态文明建设下我国环境立法的完善"，载《东北农业大学学报》(社会科学版)2013年第3期。

[15]杨武松："尝试抑或突破我国环境公害诉讼司法实践实证分析"，载《河北法学》2013年第4期。

[16]杨朝霞："论环境公益诉讼的权利基础和起诉顺位——兼谈自然资源物权和环境权的理论要点"，载《法学论坛》2013年第3期。

[17]徐祥民、宋宁而："日本环境权说的困境及其原因"，载《法学论坛》2013年第3期。

[18]徐铭勋："论数字环境下著作权行政保护与刑事保护的强化"，载《河北法学》2013年第1期。

[19]谢伟："德国环境团体诉讼制度的发展及其启示"，载《法学评论》2013年第2期。

[20]谢伟："司法在环境治理中的作用:德国之考量"，载《河北法学》2013年第2期。

[21]文杰："环境信托制度:环境保护机制的创新"，载《河北法学》2013年第3期。

[22]魏汉涛："风险社会背景下环境刑法变革要提防两种倾向"，载《中国地质大学学报》(社会科学版)2013年第1期。

[23]王小龙："生态文明建设的呼唤与环境保护法治的回应"，载《宁夏党校学报》2013年第2期。

[24]王曦："论规范和制约有关环境的政府决策之必要性"，载《法学评论》2013年第2期。

[25]王江："污染环境罪的立法缺失及司法解释补救——兼评《中华人民共和国刑法》第338条"，载《重庆大学学报》(社会科学版)2013年第4期。

[26]白平则："我国环境刑法法益论析"，载《法学杂志》2007年第4期。

[27]王灿发:“健全完善法律机制遏制地下水质恶化”,载《环境保护》2013 年第 12 期。

[28]沈寿文:“环境公益诉讼行政机关原告资格之反思——基于宪法原理的分析”,载《当代法学》2013 年第 1 期。

[29]陈珊、利子平、胡祥福:“生态经济发展的环境刑法保障研究”,载《湖南社会科学》2013 年第 6 期。

[30]彭真明、殷鑫:“论我国生态损害责任保险制度的构建”,载《法律科学》2013 年第 3 期。

[31]那力:“‘乌拉圭河纸浆厂案’判决在环境法上的意义”,载《法学》2013 年第 3 期。

[32]梅宏:“生态文明理念与我国土地法制建设”,载《法学论坛》2013 年第 2 期。

[33]马波:“论环境法上的生态安全观”,载《法学评论》2013 年第 3 期。

[34]刘文燕、吴小丽:“污染水环境罪的应然趋势研究”,载《学术交流》2013 年第 6 期。

[35]刘佳奇:“协调与整合:论环境规划的法律规制”,载《河北法学》2013 年第 6 期。

[36]刘超:“. 环境风险行政规制的断裂与统合”,载《法学评论》2013 年第 3 期。

[37]利子平、石聚航:“我国风险刑法理论研究中的三大理论误区”,载《北京理工大学学报》(社会科学版)2013 年第 4 期。

[38]利子平:“刑法社会化:转型社会中刑法发展的新命题”,载《华东政法大学学报》2013 年第 1 期。

[39]李挚萍:“环境修复法律制度探析”,载《法学评论》2013 年第 2 期。

[40]李一丁:“里约 20 年来国际环境法发展述评”,载《河北法学》

2013 年第 2 期。

［41］劳娃："国外环境刑事立法的新趋势及其启示"，载《环境保护》2013 年第 2 期。

［42］焦艳鹏："我国环境污染刑事判决阙如的成因与反思——基于相关资料的统计分析"，载《法学》2013 年第 6 期。

［43］江必新："生态法治元论"，载《现代法学》2013 年第 3 期。

［44］胡晓红："论美国投资条约中的环境规则及其对我国的启示"，载《法商研究》2013 年第 2 期。

［45］侯佳儒："论我国环境行政管理体制存在的问题及其完善"，载《行政法学研究》2013 年第 2 期。

［46］巩固："政府激励视角下的《环境保护法》修改"，载《法学》2013 年第 1 期。

［47］杜辉："论制度逻辑框架下环境治理模式之转换"，载《法商研究》2013 年第 1 期。

［48］邓海峰："海洋环境容量的物权化及其权利构成"，载《政法论坛》2013 年第 2 期。

［49］陈开琦："论公民海洋环境安全权——由渤海湾漏油事故引发的思考"，载《法律科学》2013 年第 2 期。

［50］蔡守秋："论我国法律体系生态化的正当性"，载《法学论坛》2013 年第 2 期。

［51］别涛："环境公益诉讼立法的新起点——《民诉法》修改之评析与《环保法》修改之建议"，载《法学评论》2013 年第 1 期。

［52］竺效："论公众参与基本原则入环境基本法"，载《法学》2012 年第 12 期。

［53］朱谦："上市公司突发环境事件信息披露的真实性探讨——以紫金矿业环境污染事件为例"，载《法学评论》2012 年第 6 期。

［54］朱谦："上市公司突发环境事件信息披露的制度约束与衔

接——以‘紫金矿业行政处罚案’为切入点”，载《法学》2012 年第 7 期。

[55]曹东、田超、於方：“解析环境污染损害鉴定评估工作流程”，载《环境保护》2012 年第 5 期。

[56]周海浪：“污染环境罪的主观责任探疑”，载《人民司法》2012 年第 23 期。

[57]郑少华、齐萌：“生态文明社会调节机制：立法评估与制度重塑”，载《法律科学》(西北政法大学学报)2012 年第 1 期。

[58]郑少华、孟飞：“生态文明市场调节机制研究——以法律文本的要素量化评估和法律适用评估为视角”，载《法商研究》2012 年第 1 期。

[59]赵星：“环境犯罪的行政从属性之批判”，载《法学评论》2012 年第 5 期。

[60]赵星：“论在环境犯罪防控中引入特殊侦查”，载《法学论坛》2012 年第 5 期。

[61]徐以祥、刘海波：“生态文明与我国环境法律责任立法的完善”，载《法学杂志》2014 年第 7 期。

[62]陈珊、利子平：“生态环境法益探微”，载《求索》2015 年第 5 期。

[63]孙佑海：“依法保障生态文明建设”，载《法学杂志》2014 年第 5 期。

[64]郑少华、齐萌：“生态文明社会调节机制：立法评估与制度重塑”，载《法律科学》2012 年第 1 期。

[65]张镝：“论生态文明建设下我国环境立法的完善”，载《东北农业大学学报(社会科学版)》2013 年第 3 期。

[66]王树义、冯汝：“我国环境刑事司法的困境及其对策”，载《法学评论》2014 年第 3 期。

[67]黄锡生、史玉成：“中国环境法律体系的架构与完善”，载《当代法学》2014 年第 1 期。

[68]贾济东：“环境犯罪立法理念之演进”，载《人民检察》2010 年

第 9 期。

[69]魏汉涛:“风险社会背景下环境刑法变革要提防两种倾向”,载《中国地质大学学报》(社会科学版)2013 年第 1 期。

[70]李希慧、冀华锋:“关于在我国环境犯罪中设立过失危险犯的探讨”,载《环境保护》2008 年第 6 期。

[71]赵秉志、陈璐:“当代中国环境犯罪刑法立法及其完善研究”,载《现代法学》2011 年第 6 期。

[72]吴鹏飞、蒋兰香:“论环境刑法法益的结构”,载《中国人口资源与环境》2011 年第 1 期。

[73]焦艳鹏:“法益解释机能的司法实现——以污染环境罪的司法判定为线索”,载《现代法学》2014 年第 1 期。

[74]邓晓东:“论生态恢复裁判方式的法制化——以赎刑制度的后现代改造为视角”,载《福建师范大学学报》(哲学社会科学版)2015 年第 2 期。

[75]刘艳红:“环境犯罪刑事治理早期化之反对”,载《政治与法律》2015 年第 7 期。

[76]陈珊:“论水生态环境犯罪的科学立法”,载《学习与实践》2015 年第 11 期。

[77]周训芳:“生态环境保护司法体制构想”,载《法学杂志》2015 年第 5 期。

[78]魏汉涛:“污染环境罪的注意义务:结果预见还是结果回避——兼论达标排放的致污的刑事责任”,载《北京理工大学学报》(社会科学版)2015 年第 3 期。

附　录

1.《中华人民共和国刑法》(节录)

(1979年7月1日第五届全国人民代表大会第二次会议通过　1997年3月14日第八届全国人民代表大会第五次会议修订)

第一百一十四条　放火、决水、爆炸以及投放毒害性、放射性、传染病病原体等物质或者以其他危险方法危害公共安全,尚未造成严重后果的,处三年以上十年以下有期徒刑。

第三百三十八条　违反国家规定,排放、倾倒或者处置有放射性的废物、含传染病病原体的废物、有毒物质或者其他有害物质,严重污染环境的,处三年以下有期徒刑或者拘役,并处或者单处罚金;后果特别严重的,处三年以上七年以下有期徒刑,并处罚金。

第三百三十九条　违反国家规定,将境外的固体废物进境倾倒、堆放、处置的,处五年以下有期徒刑或者拘役，并处罚金；造成重大环境污染事故，致使公私财产遭受重大损失或者严重危害人体健康的，处五年以上十年以下有期徒刑，并处罚金；后果特别严重的，处十年以上有期徒刑，并处罚金。

未经国务院有关主管部门许可，擅自进口固体废物用作原料，造成重大环境污染事故，致使公私财产遭受重大损失或者严重危害人体健康的，处五年以下有期徒刑或者拘役，并处罚金；后果特别严重的，处五年以上十年以下有期徒刑，并处罚金。

以原料利用为名，进口不能用作原料的固体废物、液态废物和气态废物的，依照本法第一百五十二条第二款、第三款的规定定罪处罚。

第三百四十六条 单位犯本节第三百三十八条至第三百四十五条规定之罪的，对单位判处罚金，并对其直接负责的主管人员和其他直接责任人员，依照本节各该条的规定处罚。

第四百零八条 负有环境保护监督管理职责的国家机关工作人员严重不负责任，导致发生重大环境污染事故，致使公私财产遭受重大损失或者造成人身伤亡的严重后果的，处三年以下有期徒刑或者拘役。

2.《中华人民共和国刑法修正案(八)》(节录)

(2011年2月25日第十一届全国人民代表大会常务委员会第十九次会议于通过)

四十六、将刑法第三百三十八条修改为："违反国家规定，排放、倾倒或者处置有放射性的废物、含传染病病原体的废物、有毒物质或者其他有害物质，严重污染环境的，处三年以下有期徒刑或者拘役，并处或者单处罚金；后果特别严重的，处三年以上七年以下有期徒刑，并处罚金。"

3.《最高人民法院、最高人民检察院关于办理环境污染刑事案件适用法律若干问题的解释》

法释〔2013〕15号

(2013年6月8日最高人民法院审判委员会第1581次会议、2013年6月8日最高人民检察院第十二届检察委员会第7次会议通过)

为依法惩治有关环境污染犯罪,根据《中华人民共和国刑法》《中华人民共和国刑事诉讼法》的有关规定,现就办理此类刑事案件适用法律的若干问题解释如下:

第一条 实施刑法第三百三十八条规定的行为,具有下列情形之一的,应当认定为“严重污染环境”:

(一)在饮用水水源一级保护区、自然保护区核心区排放、倾倒、处置有放射性的废物、含传染病病原体的废物、有毒物质的;

(二)非法排放、倾倒、处置危险废物三吨以上的;

(三)非法排放含重金属、持久性有机污染物等严重危害环境、损害人体健康的污染物超过国家污染物排放标准或者省、自治区、直辖市人民政府根据法律授权制定的污染物排放标准三倍以上的;

(四)私设暗管或者利用渗井、渗坑、裂隙、溶洞等排放、倾倒、处置有放射性的废物、含传染病病原体的废物、有毒物质的;

(五)两年内曾因违反国家规定,排放、倾倒、处置有放射性的废物、含传染病病原体的废物、有毒物质受过两次以上行政处罚,又实施前列行为的;

(六)致使乡镇以上集中式饮用水水源取水中断十二小时以上的;

(七)致使基本农田、防护林地、特种用途林地五亩以上,其他农用地十亩以上,其他土地二十亩以上基本功能丧失或者遭受永久性破坏的;

（八）致使森林或者其他林木死亡五十立方米以上，或者幼树死亡二千五百株以上的；

（九）致使公私财产损失三十万元以上的；

（十）致使疏散、转移群众五千人以上的；

（十一）致使三十人以上中毒的；

（十二）致使三人以上轻伤、轻度残疾或者器官组织损伤导致一般功能障碍的；

（十三）致使一人以上重伤、中度残疾或者器官组织损伤导致严重功能障碍的；

（十四）其他严重污染环境的情形。

第二条 实施刑法第三百三十九条、第四百零八条规定的行为，具有本解释第一条第六项至第十三项规定情形之一的，应当认定为“致使公私财产遭受重大损失或者严重危害人体健康”或者“致使公私财产遭受重大损失或者造成人身伤亡的严重后果”。

第三条 实施刑法第三百三十八条、第三百三十九条规定的行为，具有下列情形之一的，应当认定为“后果特别严重”：

（一）致使县级以上城区集中式饮用水水源取水中断十二个小时以上的；

（二）致使基本农田、防护林地、特种用途林地十五亩以上，其他农用地三十亩以上，其他土地六十亩以上基本功能丧失或者遭受永久性破坏的；

（三）致使森林或者其他林木死亡一百五十立方米以上，或者幼树死亡七千五百株以上的；

（四）致使公私财产损失一百万元以上的；

（五）致使疏散、转移群众一万五千人以上的；

（六）致使一百人以上中毒的；

（七）致使十人以上轻伤、轻度残疾或者器官组织损伤导致一般功能障碍的；

（八）致使三人以上重伤、中度残疾或者器官组织损伤导致严重功能障碍的；

（九）致使一人以上重伤、中度残疾或者器官组织损伤导致严重功能障碍，并致使五人以上轻伤、轻度残疾或者器官组织损伤导致一般功能障碍的；

（十）致使一人以上死亡或者重度残疾的；

（十一）其他后果特别严重的情形。

第四条　实施刑法第三百三十八条、第三百三十九条规定的犯罪行为，具有下列情形之一的，应当酌情从重处罚：

（一）阻挠环境监督检查或者突发环境事件调查的；

（二）闲置、拆除污染防治设施或者使污染防治设施不正常运行的；

（三）在医院、学校、居民区等人口集中地区及其附近，违反国家规定排放、倾倒、处置有放射性的废物、含传染病病原体的废物、有毒物质或者其他有害物质的；

（四）在限期整改期间，违反国家规定排放、倾倒、处置有放射性的废物、含传染病病原体的废物、有毒物质或者其他有害物质的。

实施前款第一项规定的行为，构成妨害公务罪的，以污染环境罪与妨害公务罪数罪并罚。

第五条　实施刑法第三百三十八条、第三百三十九条规定的犯罪行为，但及时采取措施，防止损失扩大、消除污染，积极赔偿损失的，可以酌情从宽处罚。

第六条　单位犯刑法第三百三十八条、第三百三十九条规定之罪的，依照本解释规定的相应个人犯罪的定罪量刑标准，对直接负责的主管人员和其他直接责任人员定罪处罚，并对单位判处罚金。

第七条　行为人明知他人无经营许可证或者超出经营许可范围，向其提供或者委托其收集、贮存、利用、处置危险废物，严重污染环境的，以污染环境罪的共同犯罪论处。

第八条 违反国家规定，排放、倾倒、处置含有毒害性、放射性、传染病病原体等物质的污染物，同时构成污染环境罪、非法处置进口的固体废物罪、投放危险物质罪等犯罪的，依照处罚较重的犯罪定罪处罚。

第九条 本解释所称"公私财产损失"，包括污染环境行为直接造成财产损毁、减少的实际价值，以及为防止污染扩大、消除污染而采取必要合理措施所产生的费用。

第十条 下列物质应当认定为"有毒物质"：

（一）危险废物，包括列入国家危险废物名录的废物，以及根据国家规定的危险废物鉴别标准和鉴别方法认定的具有危险特性的废物；

（二）剧毒化学品、列入重点环境管理危险化学品名录的化学品，以及含有上述化学品的物质；

（三）含有铅、汞、镉、铬等重金属的物质；

（四）《关于持久性有机污染物的斯德哥尔摩公约》附件所列物质；

（五）其他具有毒性，可能污染环境的物质。

第十一条 对案件所涉的环境污染专门性问题难以确定的，由司法鉴定机构出具鉴定意见，或者由国务院环境保护部门指定的机构出具检验报告。

县级以上环境保护部门及其所属监测机构出具的监测数据，经省级以上环境保护部门认可的，可以作为证据使用。

第十二条 本解释发布实施后，《最高人民法院关于审理环境污染刑事案件具体应用法律若干问题的解释》（法释〔2006〕4 号）同时废止；之前发布的司法解释和规范性文件与本解释不一致的，以本解释为准。

4.《中华人民共和国水法》

(2002 年 8 月 29 日第九届全国人民代表大会常务委员会第二十九次会议通过)

目 录

第一章 总 则

第一条 为了合理开发、利用、节约和保护水资源,防治水害,实现水资源的可持续利用,适应国民经济和社会发展的需要,制定本法。

第二条 在中华人民共和国领域内开发、利用、节约、保护、管理水资源,防治水害,适用本法。

本法所称水资源,包括地表水和地下水。

第三条 水资源属于国家所有。水资源的所有权由国务院代表国家行使。农村集体经济组织的水塘和由农村集体经济组织修建管理的水库中的水,归各该农村集体经济组织使用。

第四条 开发、利用、节约、保护水资源和防治水害,应当全面规划、统筹兼顾、标本兼治、综合利用、讲求效益,发挥水资源的多种功能,协调好生活、生产经营和生态环境用水。

第五条　县级以上人民政府应当加强水利基础设施建设，并将其纳入本级国民经济和社会发展计划。

第六条　国家鼓励单位和个人依法开发、利用水资源，并保护其合法权益。开发、利用水资源的单位和个人有依法保护水资源的义务。

第七条　国家对水资源依法实行取水许可制度和有偿使用制度。但是，农村集体经济组织及其成员使用本集体经济组织的水塘、水库中的水的除外。国务院水行政主管部门负责全国取水许可制度和水资源有偿使用制度的组织实施。

第八条　国家厉行节约用水，大力推行节约用水措施，推广节约用水新技术、新工艺，发展节水型工业、农业和服务业，建立节水型社会。

各级人民政府应当采取措施，加强对节约用水的管理，建立节约用水技术开发推广体系，培育和发展节约用水产业。

单位和个人有节约用水的义务。

第九条　国家保护水资源，采取有效措施，保护植被，植树种草，涵养水源，防治水土流失和水体污染，改善生态环境。

第十条　国家鼓励和支持开发、利用、节约、保护、管理水资源和防治水害的先进科学技术的研究、推广和应用。

第十一条　在开发、利用、节约、保护、管理水资源和防治水害等方面成绩显著的单位和个人，由人民政府给予奖励。

第十二条　国家对水资源实行流域管理与行政区域管理相结合的管理体制。

国务院水行政主管部门负责全国水资源的统一管理和监督工作。

国务院水行政主管部门在国家确定的重要江河、湖泊设立的流域管理机构（以下简称流域管理机构），在所管辖的范围内行使法律、行政法规规定的和国务院水行政主管部门授予的水资源管理和监督职责。

县级以上地方人民政府水行政主管部门按照规定的权限，负责本行政区域内水资源的统一管理和监督工作。

第十三条　国务院有关部门按照职责分工，负责水资源开发、利用、节约和保护的有关工作。

县级以上地方人民政府有关部门按照职责分工，负责本行政区域内水资源开发、利用、节约和保护的有关工作。

第二章　水资源规划

第十四条　国家制定全国水资源战略规划。

开发、利用、节约、保护水资源和防治水害，应当按照流域、区域统一制定规划。规划分为流域规划和区域规划。流域规划包括流域综合规划和流域专业规划；区域规划包括区域综合规划和区域专业规划。

前款所称综合规划，是指根据经济社会发展需要和水资源开发利用现状编制的开发、利用、节约、保护水资源和防治水害的总体部署。前款所称专业规划，是指防洪、治涝、灌溉、航运、供水、水力发电、竹木流放、渔业、水资源保护、水土保持、防沙治沙、节约用水等规划。

第十五条　流域范围内的区域规划应当服从流域规划，专业规划应当服从综合规划。

流域综合规划和区域综合规划以及与土地利用关系密切的专业规划，应当与国民经济和社会发展规划以及土地利用总体规划、城市总体规划和环境保护规划相协调，兼顾各地区、各行业的需要。

第十六条　制定规划，必须进行水资源综合科学考察和调查评价。水资源综合科学考察和调查评价，由县级以上人民政府水行政主管部门会同同级有关部门组织进行。

县级以上人民政府应当加强水文、水资源信息系统建设。县级以上人民政府水行政主管部门和流域管理机构应当加强对水资源的动态监测。

基本水文资料应当按照国家有关规定予以公开。

第十七条　国家确定的重要江河、湖泊的流域综合规划，由国务院水行政主管部门会同国务院有关部门和有关省、自治区、直辖市人民政府编制，报国务院批准。跨省、自治区、直辖市的其他江河、湖泊的流域综合规划和区域综合规划，由有关流域管理机构会同江河、湖泊所在地的省、自治区、直辖市人民政府水行政主管部门和有关部门编制，分别经有关省、自治区、直辖市人民政府审查提出意见后，报国务院水行政主管部门审核；国务院水行政主管部门征求国务院有关部门意见后，报国务院或者其授权的部门批准。

前款规定以外的其他江河、湖泊的流域综合规划和区域综合规划，由县级以上地方人民政府水行政主管部门会同同级有关部门和有关地方人民政府编制，报本级人民政府或者其授权的部门批准，并报上一级水行政主管部门备案。

专业规划由县级以上人民政府有关部门编制，征求同级其他有关部门意见后，报本级人民政府批准。其中，防洪规划、水土保持规划的编制、批准，依照防洪法、水土保持法的有关规定执行。

第十八条　规划一经批准，必须严格执行。

经批准的规划需要修改时，必须按照规划编制程序经原批准机关批准。

第十九条　建设水工程，必须符合流域综合规划。在国家确定的重要江河、湖泊和跨省、自治区、直辖市的江河、湖泊上建设水工程，其工程可行性研究报告报请批准前，有关流域管理机构应当对水工程的建设是否符合流域综合规划进行审查并签署意见；在其他江河、湖泊上建设水工程，其工程可行性研究报告报请批准前，县级以上地方人民政府水行政主管部门应当按照管理权限对水工程的建设是否符合流域综合规划进行审查并签署意见。水工程建设涉及防洪的，依照防洪法的有关规定执行；涉及其他地区和行业的，建设单位应当事先征求有关地区和部门的意见。

第三章　水资源开发利用

第二十条　开发、利用水资源，应当坚持兴利与除害相结合，兼顾上下游、左右岸和有关地区之间的利益，充分发挥水资源的综合效益，并服从防洪的总体安排。

第二十一条　开发、利用水资源，应当首先满足城乡居民生活用水，并兼顾农业、工业、生态环境用水以及航运等需要。

在干旱和半干旱地区开发、利用水资源，应当充分考虑生态环境用水需要。

第二十二条　跨流域调水，应当进行全面规划和科学论证，统筹兼顾调出和调入流域的用水需要，防止对生态环境造成破坏。

第二十三条　地方各级人民政府应当结合本地区水资源的实际情况，按照地表水与地下水统一调度开发、开源与节流相结合、节流优先和污水处理再利用的原则，合理组织开发、综合利用水资源。

国民经济和社会发展规划以及城市总体规划的编制、重大建设项目的布局，应当与当地水资源条件和防洪要求相适应，并进行科学论证；在水资源不足的地区，应当对城市规模和建设耗水量大的工业、农业和服务业项目加以限制。

第二十四条　在水资源短缺的地区，国家鼓励对雨水和微咸水的收集、开发、利用和对海水的利用、淡化。

第二十五条　地方各级人民政府应当加强对灌溉、排涝、水土保持工作的领导，促进农业生产发展；在容易发生盐碱化和渍害的地区，应当采取措施，控制和降低地下水的水位。

农村集体经济组织或者其成员依法在本集体经济组织所有的集体土地或者承包土地上投资兴建水工程设施的，按照谁投资建设谁管理和谁受益的原则，对水工程设施及其蓄水进行管理和合理使用。

农村集体经济组织修建水库应当经县级以上地方人民政府水行政

主管部门批准。

第二十六条 国家鼓励开发、利用水能资源。在水能丰富的河流，应当有计划地进行多目标梯级开发。

建设水力发电站，应当保护生态环境，兼顾防洪、供水、灌溉、航运、竹木流放和渔业等方面的需要。

第二十七条 国家鼓励开发、利用水运资源。在水生生物洄游通道、通航或者竹木流放的河流上修建永久性拦河闸坝，建设单位应当同时修建过鱼、过船、过木设施，或者经国务院授权的部门批准采取其他补救措施，并妥善安排施工和蓄水期间的水生生物保护、航运和竹木流放，所需费用由建设单位承担。

在不通航的河流或者人工水道上修建闸坝后可以通航的，闸坝建设单位应当同时修建过船设施或者预留过船设施位置。

第二十八条 任何单位和个人引水、截（蓄）水、排水，不得损害公共利益和他人的合法权益。

第二十九条 国家对水工程建设移民实行开发性移民的方针，按照前期补偿、补助与后期扶持相结合的原则，妥善安排移民的生产和生活，保护移民的合法权益。

移民安置应当与工程建设同步进行。建设单位应当根据安置地区的环境容量和可持续发展的原则，因地制宜，编制移民安置规划，经依法批准后，由有关地方人民政府组织实施。所需移民经费列入工程建设投资计划。

第四章 水资源、水域和水工程的保护

第三十条 县级以上人民政府水行政主管部门、流域管理机构以及其他有关部门在制定水资源开发、利用规划和调度水资源时，应当注意维持江河的合理流量和湖泊、水库以及地下水的合理水位，维护水体的自然净化能力。

第三十一条　从事水资源开发、利用、节约、保护和防治水害等水事活动，应当遵守经批准的规划；因违反规划造成江河和湖泊水域使用功能降低、地下水超采、地面沉降、水体污染的，应当承担治理责任。

开采矿藏或者建设地下工程，因疏干排水导致地下水水位下降、水源枯竭或者地面塌陷，采矿单位或者建设单位应当采取补救措施；对他人生活和生产造成损失的，依法给予补偿。

第三十二条　国务院水行政主管部门会同国务院环境保护行政主管部门、有关部门和有关省、自治区、直辖市人民政府，按照流域综合规划、水资源保护规划和经济社会发展要求，拟定国家确定的重要江河、湖泊的水功能区划，报国务院批准。跨省、自治区、直辖市的其他江河、湖泊的水功能区划，由有关流域管理机构会同江河、湖泊所在地的省、自治区、直辖市人民政府水行政主管部门、环境保护行政主管部门和其他有关部门拟定，分别经有关省、自治区、直辖市人民政府审查提出意见后，由国务院水行政主管部门会同国务院环境保护行政主管部门审核，报国务院或者其授权的部门批准。

前款规定以外的其他江河、湖泊的水功能区划，由县级以上地方人民政府水行政主管部门会同同级人民政府环境保护行政主管部门和有关部门拟定，报同级人民政府或者其授权的部门批准，并报上一级水行政主管部门和环境保护行政主管部门备案。

县级以上人民政府水行政主管部门或者流域管理机构应当按照水功能区对水质的要求和水体的自然净化能力，核定该水域的纳污能力，向环境保护行政主管部门提出该水域的限制排污总量意见。

县级以上地方人民政府水行政主管部门和流域管理机构应当对水功能区的水质状况进行监测，发现重点污染物排放总量超过控制指标的，或者水功能区的水质未达到水域使用功能对水质的要求的，应当及时报告有关人民政府采取治理措施，并向环境保护行政主管部门通报。

第三十三条　国家建立饮用水水源保护区制度。省、自治区、直辖市人民政府应当划定饮用水水源保护区，并采取措施，防止水源枯竭和水体污染，保证城乡居民饮用水安全。

第三十四条　禁止在饮用水水源保护区内设置排污口。

在江河、湖泊新建、改建或者扩大排污口，应当经过有管辖权的水行政主管部门或者流域管理机构同意，由环境保护行政主管部门负责对该建设项目的环境影响报告书进行审批。

第三十五条　从事工程建设，占用农业灌溉水源、灌排工程设施，或者对原有灌溉用水、供水水源有不利影响的，建设单位应当采取相应的补救措施；造成损失的，依法给予补偿。

第三十六条　在地下水超采地区，县级以上地方人民政府应当采取措施，严格控制开采地下水。在地下水严重超采地区，经省、自治区、直辖市人民政府批准，可以划定地下水禁止开采或者限制开采区。在沿海地区开采地下水，应当经过科学论证，并采取措施，防止地面沉降和海水入侵。

第三十七条　禁止在江河、湖泊、水库、运河、渠道内弃置、堆放阻碍行洪的物体和种植阻碍行洪的林木及高秆作物。

禁止在河道管理范围内建设妨碍行洪的建筑物、构筑物以及从事影响河势稳定、危害河岸堤防安全和其他妨碍河道行洪的活动。

第三十八条　在河道管理范围内建设桥梁、码头和其他拦河、跨河、临河建筑物、构筑物，铺设跨河管道、电缆，应当符合国家规定的防洪标准和其他有关的技术要求，工程建设方案应当依照防洪法的有关规定报经有关水行政主管部门审查同意。

因建设前款工程设施，需要扩建、改建、拆除或者损坏原有水工程设施的，建设单位应当负担扩建、改建的费用和损失补偿。但是，原有工程设施属于违法工程的除外。

第三十九条　国家实行河道采砂许可制度。河道采砂许可制度实施办法，由国务院规定。

在河道管理范围内采砂,影响河势稳定或者危及堤防安全的,有关县级以上人民政府水行政主管部门应当划定禁采区和规定禁采期,并予以公告。

第四十条 禁止围湖造地。已经围垦的,应当按照国家规定的防洪标准有计划地退地还湖。

禁止围垦河道。确需围垦的,应当经过科学论证,经省、自治区、直辖市人民政府水行政主管部门或者国务院水行政主管部门同意后,报本级人民政府批准。

第四十一条 单位和个人有保护水工程的义务,不得侵占、毁坏堤防、护岸、防汛、水文监测、水文地质监测等工程设施。

第四十二条 县级以上地方人民政府应当采取措施,保障本行政区域内水工程,特别是水坝和堤防的安全,限期消除险情。水行政主管部门应当加强对水工程安全的监督管理。

第四十三条 国家对水工程实施保护。国家所有的水工程应当按照国务院的规定划定工程管理和保护范围。

国务院水行政主管部门或者流域管理机构管理的水工程,由主管部门或者流域管理机构商有关省、自治区、直辖市人民政府划定工程管理和保护范围。

前款规定以外的其他水工程,应当按照省、自治区、直辖市人民政府的规定,划定工程保护范围和保护职责。

在水工程保护范围内,禁止从事影响水工程运行和危害水工程安全的爆破、打井、采石、取土等活动。

第五章 水资源配置和节约使用

第四十四条 国务院发展计划主管部门和国务院水行政主管部门负责全国水资源的宏观调配。全国的和跨省、自治区、直辖市的水中长期供求规划,由国务院水行政主管部门会同有关部门制订,经国务院发展计划主管部门审查批准后执行。地方的水中长期供求规划，由县级以上地方人民政府水行政主管部门会同同级有关部门依据上一级水中长期供求规划和本地区的实际情况制订，经本级人民政府发展计划主管部门审查批准后执行。

水中长期供求规划应当依据水的供求现状、国民经济和社会发展规划、流域规划、区域规划，按照水资源供需协调、综合平衡、保护生态、厉行节约、合理开源的原则制定。

第四十五条 调蓄径流和分配水量，应当依据流域规划和水中长期供求规划，以流域为单元制定水量分配方案。

跨省、自治区、直辖市的水量分配方案和旱情紧急情况下的水量调度预案，由流域管理机构商有关省、自治区、直辖市人民政府制订，报国务院或者其授权的部门批准后执行。其他跨行政区域的水量分配方案和旱情紧急情况下的水量调度预案，由共同的上一级人民政府水行政主管部门商有关地方人民政府制订，报本级人民政府批准后执行。

水量分配方案和旱情紧急情况下的水量调度预案经批准后，有关地方人民政府必须执行。

在不同行政区域之间的边界河流上建设水资源开发、利用项目，应当符合该流域经批准的水量分配方案，由有关县级以上地方人民政府报共同的上一级人民政府水行政主管部门或者有关流域管理机构批准。

第四十六条 县级以上地方人民政府水行政主管部门或者流域管理机构应当根据批准的水量分配方案和年度预测来水量，制定年度水量分配方案和调度计划，实施水量统一调度；有关地方人民政府必须服从。

国家确定的重要江河、湖泊的年度水量分配方案，应当纳入国家的国民经济和社会发展年度计划。

第四十七条 国家对用水实行总量控制和定额管理相结合的制度。

省、自治区、直辖市人民政府有关行业主管部门应当制订本行政区域内行业用水定额，报同级水行政主管部门和质量监督检验行政主管部门审核同意后，由省、自治区、直辖市人民政府公布，并报国务院水行政主管部门和国务院质量监督检验行政主管部门备案。

县级以上地方人民政府发展计划主管部门会同同级水行政主管部门，根据用水定额、经济技术条件以及水量分配方案确定的可供本行政区域使用的水量，制定年度用水计划，对本行政区域内的年度用水实行总量控制。

第四十八条 直接从江河、湖泊或者地下取用水资源的单位和个人，应当按照国家取水许可制度和水资源有偿使用制度的规定，向水行政主管部门或者流域管理机构申请领取取水许可证，并缴纳水资源费，取得取水权。但是，家庭生活和零星散养、圈养畜禽饮用等少量取水的除外。

实施取水许可制度和征收管理水资源费的具体办法，由国务院规定。

第四十九条 用水应当计量，并按照批准的用水计划用水。

用水实行计量收费和超定额累进加价制度。

第五十条 各级人民政府应当推行节水灌溉方式和节水技术，对农业蓄水、输水工程采取必要的防渗漏措施，提高农业用水效率。

第五十一条 工业用水应当采用先进技术、工艺和设备，增加循环用水次数，提高水的重复利用率。

国家逐步淘汰落后的、耗水量高的工艺、设备和产品，具体名录由国务院经济综合主管部门会同国务院水行政主管部门和有关部门制定并公布。生产者、销售者或者生产经营中的使用者应当在规定的时间内停止生产、销售或者使用列入名录的工艺、设备和产品。

第五十二条 城市人民政府应当因地制宜采取有效措施，推广节水型生活用水器具，降低城市供水管网漏失率，提高生活用水效率；加强城市污水集中处理，鼓励使用再生水，提高污水再生利用率。

第五十三条 新建、扩建、改建建设项目，应当制订节水措施方案，配套建设节水设施。节水设施应当与主体工程同时设计、同时施工、同时投产。

供水企业和自建供水设施的单位应当加强供水设施的维护管理,减少水的漏失。

第五十四条　各级人民政府应当积极采取措施,改善城乡居民的饮用水条件。

第五十五条　使用水工程供应的水,应当按照国家规定向供水单位缴纳水费。供水价格应当按照补偿成本、合理收益、优质优价、公平负担的原则确定。具体办法由省级以上人民政府价格主管部门会同同级水行政主管部门或者其他供水行政主管部门依据职权制定。

第六章　水事纠纷处理与执法监督检查

第五十六条　不同行政区域之间发生水事纠纷的,应当协商处理;协商不成的,由上一级人民政府裁决,有关各方必须遵照执行。在水事纠纷解决前,未经各方达成协议或者共同的上一级人民政府批准,在行政区域交界线两侧一定范围内,任何一方不得修建排水、阻水、取水和截(蓄)水工程,不得单方面改变水的现状。

第五十七条　单位之间、个人之间、单位与个人之间发生的水事纠纷,应当协商解决;当事人不愿协商或者协商不成的,可以申请县级以上地方人民政府或者其授权的部门调解,也可以直接向人民法院提起民事诉讼。县级以上地方人民政府或者其授权的部门调解不成的,当事人可以向人民法院提起民事诉讼。

在水事纠纷解决前,当事人不得单方面改变现状。

第五十八条　县级以上人民政府或者其授权的部门在处理水事纠纷时,有权采取临时处置措施,有关各方或者当事人必须服从。

第五十九条　县级以上人民政府水行政主管部门和流域管理机构应当对违反本法的行为加强监督检查并依法进行查处。

水政监督检查人员应当忠于职守，秉公执法。

第六十条 县级以上人民政府水行政主管部门、流域管理机构及其水政监督检查人员履行本法规定的监督检查职责时，有权采取下列措施：

（一）要求被检查单位提供有关文件、证照、资料；

（二）要求被检查单位就执行本法的有关问题作出说明；

（三）进入被检查单位的生产场所进行调查；

（四）责令被检查单位停止违反本法的行为，履行法定义务。

第六十一条 有关单位或者个人对水政监督检查人员的监督检查工作应当给予配合，不得拒绝或者阻碍水政监督检查人员依法执行职务。

第六十二条 水政监督检查人员在履行监督检查职责时，应当向被检查单位或者个人出示执法证件。

第六十三条 县级以上人民政府或者上级水行政主管部门发现本级或者下级水行政主管部门在监督检查工作中有违法或者失职行为的，应当责令其限期改正。

第七章 法律责任

第六十四条 水行政主管部门或者其他有关部门以及水工程管理单位及其工作人员，利用职务上的便利收取他人财物、其他好处或者玩忽职守，对不符合法定条件的单位或者个人核发许可证、签署审查同意意见，不按照水量分配方案分配水量，不按照国家有关规定收取水资源费，不履行监督职责，或者发现违法行为不予查处，造成严重后果，构成犯罪的，对负有责任的主管人员和其他直接责任人员依照刑法的有关规定追究刑事责任；尚不够刑事处罚的，依法给予行政处分。

第六十五条 在河道管理范围内建设妨碍行洪的建筑物、构筑物，或者从事影响河势稳定、危害河岸堤防安全和其他妨碍河道行洪的活动的，由县级以上人民政府水行政主管部门或者流域管理机构依据职权，责令停止违法行为，限期拆除违法建筑物、构筑物，恢复原状；逾期不拆除、不恢复原状的，强行拆除，所需费用由违法单位或者个人负担，并处一万元以上十万元以下的罚款。

未经水行政主管部门或者流域管理机构同意，擅自修建水工程，或者建设桥梁、码头和其他拦河、跨河、临河建筑物、构筑物，铺设跨河管道、电缆，且防洪法未作规定的，由县级以上人民政府水行政主管部门或者流域管理机构依据职权，责令停止违法行为，限期补办有关手续；逾期不补办或者补办未被批准的，责令限期拆除违法建筑物、构筑物；逾期不拆除的，强行拆除，所需费用由违法单位或者个人负担，并处一万元以上十万元以下的罚款。

虽经水行政主管部门或者流域管理机构同意，但未按照要求修建前款所列工程设施的，由县级以上人民政府水行政主管部门或者流域管理机构依据职权，责令限期改正，按照情节轻重，处一万元以上十万元以下的罚款。

第六十六条　有下列行为之一，且防洪法未作规定的，由县级以上人民政府水行政主管部门或者流域管理机构依据职权，责令停止违法行为，限期清除障碍或者采取其他补救措施，处一万元以上五万元以下的罚款：

（一）在江河、湖泊、水库、运河、渠道内弃置、堆放阻碍行洪的物体和种植阻碍行洪的林木及高秆作物的；

（二）围湖造地或者未经批准围垦河道的。

第六十七条　在饮用水水源保护区内设置排污口的，由县级以上地方人民政府责令限期拆除、恢复原状；逾期不拆除、不恢复原状的，强行拆除、恢复原状，并处五万元以上十万元以下的罚款。

未经水行政主管部门或者流域管理机构审查同意，擅自在江河、湖泊新建、改建或者扩大排污口的，由县级以上人民政府水行政主管部门或者流域管理机构依据职权，责令停止违法行为，限期恢复原状，处五万元以上十万元以下的罚款。

第六十八条 生产、销售或者在生产经营中使用国家明令淘汰的落后的、耗水量高的工艺、设备和产品的，由县级以上地方人民政府经济综合主管部门责令停止生产、销售或者使用，处二万元以上十万元以下的罚款。

第六十九条 有下列行为之一的，由县级以上人民政府水行政主管部门或者流域管理机构依据职权，责令停止违法行为，限期采取补救措施，处二万元以上十万元以下的罚款；情节严重的，吊销其取水许可证：

（一）未经批准擅自取水的；

（二）未依照批准的取水许可规定条件取水的。

第七十条 拒不缴纳、拖延缴纳或者拖欠水资源费的，由县级以上人民政府水行政主管部门或者流域管理机构依据职权，责令限期缴纳；逾期不缴纳的，从滞纳之日起按日加收滞纳部分千分之二的滞纳金，并处应缴或者补缴水资源费一倍以上五倍以下的罚款。

第七十一条 建设项目的节水设施没有建成或者没有达到国家规定的要求，擅自投入使用的，由县级以上人民政府有关部门或者流域管理机构依据职权，责令停止使用，限期改正，处五万元以上十万元以下的罚款。

第七十二条 有下列行为之一，构成犯罪的，依照刑法的有关规定追究刑事责任；尚不够刑事处罚，且防洪法未作规定的，由县级以上地方人民政府水行政主管部门或者流域管理机构依据职权，责令停止违法行为，采取补救措施，处一万元以上五万元以下的罚款；违反治安管理处罚条例的，由公安机关依法给予治安管理处罚；给他人造成损失的，依法承担赔偿责任：

（一）侵占、毁坏水工程及堤防、护岸等有关设施，毁坏防汛、水文监测、水文地质监测设施的；

(二)在水工程保护范围内,从事影响水工程运行和危害水工程安全的爆破、打井、采石、取土等活动的。

第七十三条 侵占、盗窃或者抢夺防汛物资,防洪排涝、农田水利、水文监测和测量以及其他水工程设备和器材,贪污或者挪用国家救灾、抢险、防汛、移民安置和补偿及其他水利建设款物,构成犯罪的,依照刑法的有关规定追究刑事责任。

第七十四条 在水事纠纷发生及其处理过程中煽动闹事、结伙斗殴、抢夺或者损坏公私财物、非法限制他人人身自由,构成犯罪的,依照刑法的有关规定追究刑事责任;尚不够刑事处罚的,由公安机关依法给予治安管理处罚。

第七十五条 不同行政区域之间发生水事纠纷,有下列行为之一的,对负有责任的主管人员和其他直接责任人员依法给予行政处分:

(一)拒不执行水量分配方案和水量调度预案的;

(二)拒不服从水量统一调度的;

(三)拒不执行上一级人民政府的裁决的;

(四)在水事纠纷解决前,未经各方达成协议或者上一级人民政府批准,单方面违反本法规定改变水的现状的。

第七十六条 引水、截(蓄)水、排水,损害公共利益或者他人合法权益的,依法承担民事责任。

第七十七条 对违反本法第三十九条有关河道采砂许可制度规定的行政处罚,由国务院规定。

第八章　附　　则

第七十八条 中华人民共和国缔结或者参加的与国际或者国境边界河流、湖泊有关的国际条约、协定与中华人民共和国法律有不同规定的,适用国际条约、协定的规定。但是,中华人民共和国声明保留的条款除外。

第七十九条 本法所称水工程，是指在江河、湖泊和地下水源上开发、利用、控制、调配和保护水资源的各类工程。

第八十条 海水的开发、利用、保护和管理，依照有关法律的规定执行。

第八十一条 从事防洪活动，依照防洪法的规定执行。

水污染防治，依照水污染防治法的规定执行。

第八十二条 本法自 2002 年 10 月 1 日起施行。

5.《中华人民共和国水污染防治法》

（1984 年 5 月 11 日第六届全国人民代表大会常务委员会第五次会议通过 根据 1996 年 5 月 15 日第八届全国人民代表大会常务委员会第十九次会议《关于修改〈中华人民共和国水污染防治法〉的决定》修正 2008 年 2 月 28 日第十届全国人民代表大会常务委员会第三十二次会议修订）

目 录

第一章　总　　则

第一条　为了防治水污染，保护和改善环境，保障饮用水安全，促进经济社会全面协调可持续发展，制定本法。

第二条　本法适用于中华人民共和国领域内的江河、湖泊、运河、渠道、水库等地表水体以及地下水体的污染防治。

海洋污染防治适用《中华人民共和国海洋环境保护法》。

第三条　水污染防治应当坚持预防为主、防治结合、综合治理的原则，优先保护饮用水水源，严格控制工业污染、城镇生活污染，防治农业面源污染，积极推进生态治理工程建设，预防、控制和减少水环境污染和生态破坏。

第四条　县级以上人民政府应当将水环境保护工作纳入国民经济和社会发展规划。

县级以上地方人民政府应当采取防治水污染的对策和措施，对本行政区域的水环境质量负责。

第五条　国家实行水环境保护目标责任制和考核评价制度，将水环境保护目标完成情况作为对地方人民政府及其负责人考核评价的内容。

第六条　国家鼓励、支持水污染防治的科学技术研究和先进适用技术的推广应用，加强水环境保护的宣传教育。

第七条　国家通过财政转移支付等方式，建立健全对位于饮用水水源保护区区域和江河、湖泊、水库上游地区的水环境生态保护补偿机制。

第八条　县级以上人民政府环境保护主管部门对水污染防治实施统一监督管理。

交通主管部门的海事管理机构对船舶污染水域的防治实施监督管理。

县级以上人民政府水行政、国土资源、卫生、建设、农业、渔业等部门以及重要江河、湖泊的流域水资源保护机构，在各自的职责范围内，对有关水污染防治实施监督管理。

第九条　排放水污染物，不得超过国家或者地方规定的水污染物排放标准和重点水污染物排放总量控制指标。

第十条　任何单位和个人都有义务保护水环境，并有权对污染损害水环境的行为进行检举。

县级以上人民政府及其有关主管部门对在水污染防治工作中做出显著成绩的单位和个人给予表彰和奖励。

第二章　水污染防治的标准和规划

第十一条　国务院环境保护主管部门制定国家水环境质量标准。

省、自治区、直辖市人民政府可以对国家水环境质量标准中未作规定的项目，制定地方标准，并报国务院环境保护主管部门备案。

第十二条　国务院环境保护主管部门会同国务院水行政主管部门和有关省、自治区、直辖市人民政府，可以根据国家确定的重要江河、湖泊流域水体的使用功能以及有关地区的经济、技术条件，确定该重要江河、湖泊流域的省界水体适用的水环境质量标准，报国务院批准后施行。

第十三条　国务院环境保护主管部门根据国家水环境质量标准和国家经济、技术条件，制定国家水污染物排放标准。

省、自治区、直辖市人民政府对国家水污染物排放标准中未作规定的项目，可以制定地方水污染物排放标准；对国家水污染物排放标准中已作规定的项目，可以制定严于国家水污染物排放标准的地方水污染物排放标准。地方水污染物排放标准须报国务院环境保护主管部门备案。

向已有地方水污染物排放标准的水体排放污染物的，应当执行地方水污染物排放标准。

第十四条　国务院环境保护主管部门和省、自治区、直辖市人民政府，应当根据水污染防治的要求和国家或者地方的经济、技术条件，适时修订水环境质量标准和水污染物排放标准。

第十五条　防治水污染应当按流域或者按区域进行统一规划。国家确定的重要江河、湖泊的流域水污染防治规划，由国务院环境保护主管部门会同国务院经济综合宏观调控、水行政等部门和有关省、自治区、直辖市人民政府编制，报国务院批准。

前款规定外的其他跨省、自治区、直辖市江河、湖泊的流域水污染防治规划，根据国家确定的重要江河、湖泊的流域水污染防治规划和本地实际情况，由有关省、自治区、直辖市人民政府环境保护主管部门会同同级水行政等部门和有关市、县人民政府编制，经有关省、自治区、直辖市人民政府审核，报国务院批准。

省、自治区、直辖市内跨县江河、湖泊的流域水污染防治规划，根据国家确定的重要江河、湖泊的流域水污染防治规划和本地实际情况，由省、自治区、直辖市人民政府环境保护主管部门会同同级水行政等部门编制，报省、自治区、直辖市人民政府批准，并报国务院备案。

经批准的水污染防治规划是防治水污染的基本依据，规划的修订须经原批准机关批准。

县级以上地方人民政府应当根据依法批准的江河、湖泊的流域水污染防治规划，组织制定本行政区域的水污染防治规划。

第十六条　国务院有关部门和县级以上地方人民政府开发、利用和调节、调度水资源时，应当统筹兼顾，维持江河的合理流量和湖泊、水库以及地下水体的合理水位，维护水体的生态功能。

第三章　水污染防治的监督管理

第十七条　新建、改建、扩建直接或者间接向水体排放污染物的建设项目和其他水上设施，应当依法进行环境影响评价。

建设单位在江河、湖泊新建、改建、扩建排污口的，应当取得水行政主管部门或者流域管理机构同意;涉及通航、渔业水域的,环境保护主管部门在审批环境影响评价文件时,应当征求交通、渔业主管部门的意见。

建设项目的水污染防治设施,应当与主体工程同时设计、同时施工、同时投入使用。水污染防治设施应当经过环境保护主管部门验收,验收不合格的,该建设项目不得投入生产或者使用。

第十八条　国家对重点水污染物排放实施总量控制制度。

省、自治区、直辖市人民政府应当按照国务院的规定削减和控制本行政区域的重点水污染物排放总量,并将重点水污染物排放总量控制指标分解落实到市、县人民政府。市、县人民政府根据本行政区域重点水污染物排放总量控制指标的要求,将重点水污染物排放总量控制指标分解落实到排污单位。具体办法和实施步骤由国务院规定。

省、自治区、直辖市人民政府可以根据本行政区域水环境质量状况和水污染防治工作的需要,确定本行政区域实施总量削减和控制的重点水污染物。

对超过重点水污染物排放总量控制指标的地区,有关人民政府环境保护主管部门应当暂停审批新增重点水污染物排放总量的建设项目的环境影响评价文件。

第十九条　国务院环境保护主管部门对未按照要求完成重点水污染物排放总量控制指标的省、自治区、直辖市予以公布。省、自治区、直辖市人民政府环境保护主管部门对未按照要求完成重点水污染物排放总量控制指标的市、县予以公布。

县级以上人民政府环境保护主管部门对违反本法规定、严重污染水环境的企业予以公布。

第二十条　国家实行排污许可制度。

直接或者间接向水体排放工业废水和医疗污水以及其他按照规定应当取得排污许可证方可排放的废水、污水的企业事业单位,应当取得排污许可证;城镇污水集中处理设施的运营单位,也应当取得排污许可证。排污许可的具体办法和实施步骤由国务院规定。

禁止企业事业单位无排污许可证或者违反排污许可证的规定向水体排放前款规定的废水、污水。

第二十一条　直接或者间接向水体排放污染物的企业事业单位和个体工商户，应当按照国务院环境保护主管部门的规定，向县级以上地方人民政府环境保护主管部门申报登记拥有的水污染物排放设施、处理设施和在正常作业条件下排放水污染物的种类、数量和浓度，并提供防治水污染方面的有关技术资料。

企业事业单位和个体工商户排放水污染物的种类、数量和浓度有重大改变的，应当及时申报登记；其水污染物处理设施应当保持正常使用；拆除或者闲置水污染物处理设施的，应当事先报县级以上地方人民政府环境保护主管部门批准。

第二十二条　向水体排放污染物的企业事业单位和个体工商户，应当按照法律、行政法规和国务院环境保护主管部门的规定设置排污口；在江河、湖泊设置排污口的，还应当遵守国务院水行政主管部门的规定。

禁止私设暗管或者采取其他规避监管的方式排放水污染物。

第二十三条　重点排污单位应当安装水污染物排放自动监测设备，与环境保护主管部门的监控设备联网，并保证监测设备正常运行。排放工业废水的企业，应当对其所排放的工业废水进行监测，并保存原始监测记录。具体办法由国务院环境保护主管部门规定。

应当安装水污染物排放自动监测设备的重点排污单位名录，由设区的市级以上地方人民政府环境保护主管部门根据本行政区域的环境容量、重点水污染物排放总量控制指标的要求以及排污单位排放水污染物的种类、数量和浓度等因素，商同级有关部门确定。

第二十四条　直接向水体排放污染物的企业事业单位和个体工商户，应当按照排放水污染物的种类、数量和排污费征收标准缴纳排污费。

排污费应当用于污染的防治，不得挪作他用。

第二十五条 国家建立水环境质量监测和水污染物排放监测制度。国务院环境保护主管部门负责制定水环境监测规范,统一发布国家水环境状况信息,会同国务院水行政等部门组织监测网络。

第二十六条 国家确定的重要江河、湖泊流域的水资源保护工作机构负责监测其所在流域的省界水体的水环境质量状况,并将监测结果及时报国务院环境保护主管部门和国务院水行政主管部门;有经国务院批准成立的流域水资源保护领导机构的,应当将监测结果及时报告流域水资源保护领导机构。

第二十七条 环境保护主管部门和其他依照本法规定行使监督管理权的部门,有权对管辖范围内的排污单位进行现场检查,被检查的单位应当如实反映情况,提供必要的资料。检查机关有义务为被检查的单位保守在检查中获取的商业秘密。

第二十八条 跨行政区域的水污染纠纷,由有关地方人民政府协商解决,或者由其共同的上级人民政府协调解决。

第四章 水污染防治措施

第一节 一般规定

第二十九条 禁止向水体排放油类、酸液、碱液或者剧毒废液。

禁止在水体清洗装贮过油类或者有毒污染物的车辆和容器。

第三十条 禁止向水体排放、倾倒放射性固体废物或者含有高放射性和中放射性物质的废水。

向水体排放含低放射性物质的废水,应当符合国家有关放射性污染防治的规定和标准。

第三十一条 向水体排放含热废水,应当采取措施,保证水体的水温符合水环境质量标准。

第三十二条 含病原体的污水应当经过消毒处理;符合国家有关标

准后，方可排放。

第三十三条　禁止向水体排放、倾倒工业废渣、城镇垃圾和其他废弃物。

禁止将含有汞、镉、砷、铬、铅、氰化物、黄磷等的可溶性剧毒废渣向水体排放、倾倒或者直接埋入地下。

存放可溶性剧毒废渣的场所，应当采取防水、防渗漏、防流失的措施。

第三十四条　禁止在江河、湖泊、运河、渠道、水库最高水位线以下的滩地和岸坡堆放、存贮固体废弃物和其他污染物。

第三十五条　禁止利用渗井、渗坑、裂隙和溶洞排放、倾倒含有毒污染物的废水、含病原体的污水和其他废弃物。

第三十六条　禁止利用无防渗漏措施的沟渠、坑塘等输送或者存贮含有毒污染物的废水、含病原体的污水和其他废弃物。

第三十七条　多层地下水的含水层水质差异大的，应当分层开采；对已受污染的潜水和承压水，不得混合开采。

第三十八条　兴建地下工程设施或者进行地下勘探、采矿等活动，应当采取防护性措施，防止地下水污染。

第三十九条　人工回灌补给地下水，不得恶化地下水质。

第二节　工业水污染防治

第四十条　国务院有关部门和县级以上地方人民政府应当合理规划工业布局，要求造成水污染的企业进行技术改造，采取综合防治措施，提高水的重复利用率，减少废水和污染物排放量。

第四十一条　国家对严重污染水环境的落后工艺和设备实行淘汰制度。

国务院经济综合宏观调控部门会同国务院有关部门，公布限期禁止采用的严重污染水环境的工艺名录和限期禁止生产、销售、进口、使用的严重污染水环境的设备名录。

生产者、销售者、进口者或者使用者应当在规定的期限内停止生产、销售、进口或者使用列入前款规定的设备名录中的设备。工艺的采用者应当在规定的期限内停止采用列入前款规定的工艺名录中的工艺。

依照本条第二款、第三款规定被淘汰的设备，不得转让给他人使用。

第四十二条　国家禁止新建不符合国家产业政策的小型造纸、制革、印染、染料、炼焦、炼硫、炼砷、炼汞、炼油、电镀、农药、石棉、水泥、玻璃、钢铁、火电以及其他严重污染水环境的生产项目。

第四十三条　企业应当采用原材料利用效率高、污染物排放量少的清洁工艺，并加强管理，减少水污染物的产生。

第三节　城镇水污染防治

第四十四条　城镇污水应当集中处理。

县级以上地方人民政府应当通过财政预算和其他渠道筹集资金，统筹安排建设城镇污水集中处理设施及配套管网，提高本行政区域城镇污水的收集率和处理率。

国务院建设主管部门应当会同国务院经济综合宏观调控、环境保护主管部门，根据城乡规划和水污染防治规划，组织编制全国城镇污水处理设施建设规划。县级以上地方人民政府组织建设、经济综合宏观调控、环境保护、水行政等部门编制本行政区域的城镇污水处理设施建设规划。县级以上地方人民政府建设主管部门应当按照城镇污水处理设施建设规划，组织建设城镇污水集中处理设施及配套管网，并加强对城镇污水集中处理设施运营的监督管理。

城镇污水集中处理设施的运营单位按照国家规定向排污者提供污水处理的有偿服务，收取污水处理费用，保证污水集中处理设施的正常运行。向城镇污水集中处理设施排放污水、缴纳污水处理费用的，不再缴纳排污费。收取的污水处理费用应当用于城镇污水集中处理设施的建设和运行，不得挪作他用。

城镇污水集中处理设施的污水处理收费、管理以及使用的具体办法，由国务院规定。

第四十五条　向城镇污水集中处理设施排放水污染物，应当符合国家或者地方规定的水污染物排放标准。

城镇污水集中处理设施的出水水质达到国家或者地方规定的水污染物排放标准的，可以按照国家有关规定免缴排污费。

城镇污水集中处理设施的运营单位，应当对城镇污水集中处理设施的出水水质负责。

环境保护主管部门应当对城镇污水集中处理设施的出水水质和水量进行监督检查。

第四十六条　建设生活垃圾填埋场，应当采取防渗漏等措施，防止造成水污染。

第四节　农业和农村水污染防治

第四十七条　使用农药，应当符合国家有关农药安全使用的规定和标准。

运输、存贮农药和处置过期失效农药，应当加强管理，防止造成水污染。

第四十八条　县级以上地方人民政府农业主管部门和其他有关部门，应当采取措施，指导农业生产者科学、合理地施用化肥和农药，控制化肥和农药的过量使用，防止造成水污染。

第四十九条　国家支持畜禽养殖场、养殖小区建设畜禽粪便、废水的综合利用或者无害化处理设施。

畜禽养殖场、养殖小区应当保证其畜禽粪便、废水的综合利用或者无害化处理设施正常运转，保证污水达标排放，防止污染水环境。

第五十条　从事水产养殖应当保护水域生态环境，科学确定养殖密度，合理投饵和使用药物，防止污染水环境。

第五十一条　向农田灌溉渠道排放工业废水和城镇污水，应当保证其下游最近的灌溉取水点的水质符合农田灌溉水质标准。

利用工业废水和城镇污水进行灌溉，应当防止污染土壤、地下水和农产品。

第五节　船舶水污染防治

第五十二条　船舶排放含油污水、生活污水，应当符合船舶污染物排放标准。从事海洋航运的船舶进入内河和港口的，应当遵守内河的船舶污染物排放标准。

船舶的残油、废油应当回收，禁止排入水体。

禁止向水体倾倒船舶垃圾。

船舶装载运输油类或者有毒货物，应当采取防止溢流和渗漏的措施，防止货物落水造成水污染。

第五十三条　船舶应当按照国家有关规定配置相应的防污设备和器材，并持有合法有效的防止水域环境污染的证书与文书。

船舶进行涉及污染物排放的作业，应当严格遵守操作规程，并在相应的记录簿上如实记载。

第五十四条　港口、码头、装卸站和船舶修造厂应当备有足够的船舶污染物、废弃物的接收设施。从事船舶污染物、废弃物接收作业，或者从事装载油类、污染危害性货物船舱清洗作业的单位，应当具备与其运营规模相适应的接收处理能力。

第五十五条　船舶进行下列活动，应当编制作业方案，采取有效的安全和防污染措施，并报作业地海事管理机构批准：

（一）进行残油、含油污水、污染危害性货物残留物的接收作业，或者进行装载油类、污染危害性货物船舱的清洗作业；

（二）进行散装液体污染危害性货物的过驳作业；

（三）进行船舶水上拆解、打捞或者其他水上、水下船舶施工作业。

在渔港水域进行渔业船舶水上拆解活动，应当报作业地渔业主管部门批准。

第五章　饮用水水源和其他特殊水体保护

第五十六条　国家建立饮用水水源保护区制度。饮用水水源保护区分为一级保护区和二级保护区；必要时，可以在饮用水水源保护区外围划定一定的区域作为准保护区。

饮用水水源保护区的划定，由有关市、县人民政府提出划定方案，报省、自治区、直辖市人民政府批准；跨市、县饮用水水源保护区的划定，由有关市、县人民政府协商提出划定方案，报省、自治区、直辖市人民政府批准；协商不成的，由省、自治区、直辖市人民政府环境保护主管部门会同同级水行政、国土资源、卫生、建设等部门提出划定方案，征求同级有关部门的意见后，报省、自治区、直辖市人民政府批准。

跨省、自治区、直辖市的饮用水水源保护区，由有关省、自治区、直辖市人民政府商有关流域管理机构划定；协商不成的，由国务院环境保护主管部门会同同级水行政、国土资源、卫生、建设等部门提出划定方案，征求国务院有关部门的意见后，报国务院批准。

国务院和省、自治区、直辖市人民政府可以根据保护饮用水水源的实际需要，调整饮用水水源保护区的范围，确保饮用水安全。有关地方人民政府应当在饮用水水源保护区的边界设立明确的地理界标和明显的警示标志。

第五十七条　在饮用水水源保护区内，禁止设置排污口。

第五十八条　禁止在饮用水水源一级保护区内新建、改建、扩建与供水设施和保护水源无关的建设项目；已建成的与供水设施和保护水源无关的建设项目，由县级以上人民政府责令拆除或者关闭。

禁止在饮用水水源一级保护区内从事网箱养殖、旅游、游泳、垂钓或者其他可能污染饮用水水体的活动。

第五十九条　禁止在饮用水水源二级保护区内新建、改建、扩建排放污染物的建设项目;已建成的排放污染物的建设项目,由县级以上人民政府责令拆除或者关闭。

在饮用水水源二级保护区内从事网箱养殖、旅游等活动的,应当按照规定采取措施,防止污染饮用水水体。

第六十条　禁止在饮用水水源准保护区内新建、扩建对水体污染严重的建设项目;改建建设项目,不得增加排污量。

第六十一条　县级以上地方人民政府应当根据保护饮用水水源的实际需要,在准保护区内采取工程措施或者建造湿地、水源涵养林等生态保护措施,防止水污染物直接排入饮用水水体,确保饮用水安全。

第六十二条　饮用水水源受到污染可能威胁供水安全的,环境保护主管部门应当责令有关企业事业单位采取停止或者减少排放水污染物等措施。

第六十三条　国务院和省、自治区、直辖市人民政府根据水环境保护的需要,可以规定在饮用水水源保护区内,采取禁止或者限制使用含磷洗涤剂、化肥、农药以及限制种植养殖等措施。

第六十四条　县级以上人民政府可以对风景名胜区水体、重要渔业水体和其他具有特殊经济文化价值的水体划定保护区,并采取措施,保证保护区的水质符合规定用途的水环境质量标准。

第六十五条　在风景名胜区水体、重要渔业水体和其他具有特殊经济文化价值的水体的保护区内,不得新建排污口。在保护区附近新建排污口,应当保证保护区水体不受污染。

第六章　水污染事故处置

第六十六条　各级人民政府及其有关部门,可能发生水污染事故的企业事业单位,应当依照《中华人民共和国突发事件应对法》的规定,做好突发水污染事故的应急准备、应急处置和事后恢复等工作。

第六十七条　可能发生水污染事故的企业事业单位，应当制定有关水污染事故的应急方案，做好应急准备，并定期进行演练。

生产、储存危险化学品的企业事业单位，应当采取措施，防止在处理安全生产事故过程中产生的可能严重污染水体的消防废水、废液直接排入水体。

第六十八条　企业事业单位发生事故或者其他突发性事件，造成或者可能造成水污染事故的，应当立即启动本单位的应急方案，采取应急措施，并向事故发生地的县级以上地方人民政府或者环境保护主管部门报告。环境保护主管部门接到报告后，应当及时向本级人民政府报告，并抄送有关部门。

造成渔业污染事故或者渔业船舶造成水污染事故的，应当向事故发生地的渔业主管部门报告，接受调查处理。其他船舶造成水污染事故的，应当向事故发生地的海事管理机构报告，接受调查处理；给渔业造成损害的，海事管理机构应当通知渔业主管部门参与调查处理。

第七章　法律责任

第六十九条　环境保护主管部门或者其他依照本法规定行使监督管理权的部门，不依法作出行政许可或者办理批准文件的，发现违法行为或者接到对违法行为的举报后不予查处的，或者有其他未依照本法规定履行职责的行为的，对直接负责的主管人员和其他直接责任人员依法给予处分。

第七十条　拒绝环境保护主管部门或者其他依照本法规定行使监督管理权的部门的监督检查，或者在接受监督检查时弄虚作假的，由县级以上人民政府环境保护主管部门或者其他依照本法规定行使监督管理权的部门责令改正，处一万元以上十万元以下的罚款。

第七十一条　违反本法规定，建设项目的水污染防治设施未建成、未经验收或者验收不合格，主体工程即投入生产或者使用的，由县级以上人民政府环境保护主管部门责令停止生产或者使用，直至验收合格，处五万元以上五十万元以下的罚款。

第七十二条 违反本法规定，有下列行为之一的，由县级以上人民政府环境保护主管部门责令限期改正；逾期不改正的，处一万元以上十万元以下的罚款：

（一）拒报或者谎报国务院环境保护主管部门规定的有关水污染物排放申报登记事项的；

（二）未按照规定安装水污染物排放自动监测设备或者未按照规定与环境保护主管部门的监控设备联网，并保证监测设备正常运行的；

（三）未按照规定对所排放的工业废水进行监测并保存原始监测记录的。

第七十三条 违反本法规定，不正常使用水污染物处理设施，或者未经环境保护主管部门批准拆除、闲置水污染物处理设施的，由县级以上人民政府环境保护主管部门责令限期改正，处应缴纳排污费数额一倍以上三倍以下的罚款。

第七十四条 违反本法规定，排放水污染物超过国家或者地方规定的水污染物排放标准，或者超过重点水污染物排放总量控制指标的，由县级以上人民政府环境保护主管部门按照权限责令限期治理，处应缴纳排污费数额二倍以上五倍以下的罚款。

限期治理期间，由环境保护主管部门责令限制生产、限制排放或者停产整治。限期治理的期限最长不超过一年；逾期未完成治理任务的，报经有批准权的人民政府批准，责令关闭。

第七十五条 在饮用水水源保护区内设置排污口的，由县级以上地方人民政府责令限期拆除，处十万元以上五十万元以下的罚款；逾期不拆除的，强制拆除，所需费用由违法者承担，处五十万元以上一百万元以下的罚款，并可以责令停产整顿。

除前款规定外,违反法律、行政法规和国务院环境保护主管部门的规定设置排污口或者私设暗管的,由县级以上地方人民政府环境保护主管部门责令限期拆除,处二万元以上十万元以下的罚款;逾期不拆除的,强制拆除,所需费用由违法者承担,处十万元以上五十万元以下的罚款;私设暗管或者有其他严重情节的,县级以上地方人民政府环境保护主管部门可以提请县级以上地方人民政府责令停产整顿。

未经水行政主管部门或者流域管理机构同意,在江河、湖泊新建、改建、扩建排污口的,由县级以上人民政府水行政主管部门或者流域管理机构依据职权,依照前款规定采取措施、给予处罚。

第七十六条　有下列行为之一的,由县级以上地方人民政府环境保护主管部门责令停止违法行为,限期采取治理措施,消除污染,处以罚款;逾期不采取治理措施的,环境保护主管部门可以指定有治理能力的单位代为治理,所需费用由违法者承担:

(一)向水体排放油类、酸液、碱液的;

(二)向水体排放剧毒废液,或者将含有汞、镉、砷、铬、铅、氰化物、黄磷等的可溶性剧毒废渣向水体排放、倾倒或者直接埋入地下的;

(三)在水体清洗装贮过油类、有毒污染物的车辆或者容器的;

(四)向水体排放、倾倒工业废渣、城镇垃圾或者其他废弃物,或者在江河、湖泊、运河、渠道、水库最高水位线以下的滩地、岸坡堆放、存贮固体废弃物或者其他污染物的;

(五)向水体排放、倾倒放射性固体废物或者含有高放射性、中放射性物质的废水的;

(六)违反国家有关规定或者标准,向水体排放含低放射性物质的废水、热废水或者含病原体的污水的;

(七)利用渗井、渗坑、裂隙或者溶洞排放、倾倒含有毒污染物的废水、含病原体的污水或者其他废弃物的;

(八)利用无防渗漏措施的沟渠、坑塘等输送或者存贮含有毒污染物的废水、含病原体的污水或者其他废弃物的。

有前款第三项、第六项行为之一的，处一万元以上十万元以下的罚款；有前款第一项、第四项、第八项行为之一的，处二万元以上二十万元以下的罚款；有前款第二项、第五项、第七项行为之一的，处五万元以上五十万元以下的罚款。

第七十七条 违反本法规定，生产、销售、进口或者使用列入禁止生产、销售、进口、使用的严重污染水环境的设备名录中的设备，或者采用列入禁止采用的严重污染水环境的工艺名录中的工艺的，由县级以上人民政府经济综合宏观调控部门责令改正，处五万元以上二十万元以下的罚款；情节严重的，由县级以上人民政府经济综合宏观调控部门提出意见，报请本级人民政府责令停业、关闭。

第七十八条 违反本法规定，建设不符合国家产业政策的小型造纸、制革、印染、染料、炼焦、炼硫、炼砷、炼汞、炼油、电镀、农药、石棉、水泥、玻璃、钢铁、火电以及其他严重污染水环境的生产项目的，由所在地的市、县人民政府责令关闭。

第七十九条 船舶未配置相应的防污染设备和器材，或者未持有合法有效的防止水域环境污染的证书与文书的，由海事管理机构、渔业主管部门按照职责分工责令限期改正，处二千元以上二万元以下的罚款；逾期不改正的，责令船舶临时停航。

船舶进行涉及污染物排放的作业，未遵守操作规程或者未在相应的记录簿上如实记载的，由海事管理机构、渔业主管部门按照职责分工责令改正，处二千元以上二万元以下的罚款。

第八十条 违反本法规定，有下列行为之一的，由海事管理机构、渔业主管部门按照职责分工责令停止违法行为，处以罚款；造成水污染的，责令限期采取治理措施，消除污染；逾期不采取治理措施的，海事管理机构、渔业主管部门按照职责分工可以指定有治理能力的单位代为治理，所需费用由船舶承担：

（一）向水体倾倒船舶垃圾或者排放船舶的残油、废油的；

（二）未经作业地海事管理机构批准，船舶进行残油、含油污水、污染危害性货物残留物的接收作业，或者进行装载油类、污染危害性货物船舱的清洗作业，或者进行散装液体污染危害性货物的过驳作业的；

（三）未经作业地海事管理机构批准，进行船舶水上拆解、打捞或者其他水上、水下船舶施工作业的；

（四）未经作业地渔业主管部门批准，在渔港水域进行渔业船舶水上拆解的。

有前款第一项、第二项、第四项行为之一的，处五千元以上五万元以下的罚款；有前款第三项行为的，处一万元以上十万元以下的罚款。

第八十一条　有下列行为之一的，由县级以上地方人民政府环境保护主管部门责令停止违法行为，处十万元以上五十万元以下的罚款；并报经有批准权的人民政府批准，责令拆除或者关闭：

（一）在饮用水水源一级保护区内新建、改建、扩建与供水设施和保护水源无关的建设项目的；

（二）在饮用水水源二级保护区内新建、改建、扩建排放污染物的建设项目的；

（三）在饮用水水源准保护区内新建、扩建对水体污染严重的建设项目，或者改建建设项目增加排污量的。

在饮用水水源一级保护区内从事网箱养殖或者组织进行旅游、垂钓或者其他可能污染饮用水水体的活动的，由县级以上地方人民政府环境保护主管部门责令停止违法行为，处二万元以上十万元以下的罚款。个人在饮用水水源一级保护区内游泳、垂钓或者从事其他可能污染饮用水水体的活动的，由县级以上地方人民政府环境保护主管部门责令停止违法行为，可以处五百元以下的罚款。

第八十二条　企业事业单位有下列行为之一的，由县级以上人民政府环境保护主管部门责令改正；情节严重的，处二万元以上十万元以下的罚款：

（一）不按照规定制定水污染事故的应急方案的；

（二）水污染事故发生后，未及时启动水污染事故的应急方案，采取有关应急措施的。

第八十三条 企业事业单位违反本法规定，造成水污染事故的，由县级以上人民政府环境保护主管部门依照本条第二款的规定处以罚款，责令限期采取治理措施，消除污染；不按要求采取治理措施或者不具备治理能力的，由环境保护主管部门指定有治理能力的单位代为治理，所需费用由违法者承担；对造成重大或者特大水污染事故的，可以报经有批准权的人民政府批准，责令关闭；对直接负责的主管人员和其他直接责任人员可以处上一年度从本单位取得的收入百分之五十以下的罚款。

对造成一般或者较大水污染事故的，按照水污染事故造成的直接损失的百分之二十计算罚款；对造成重大或者特大水污染事故的，按照水污染事故造成的直接损失的百分之三十计算罚款。

造成渔业污染事故或者渔业船舶造成水污染事故的，由渔业主管部门进行处罚；其他船舶造成水污染事故的，由海事管理机构进行处罚。

第八十四条 当事人对行政处罚决定不服的，可以申请行政复议，也可以在收到通知之日起十五日内向人民法院起诉；期满不申请行政复议或者起诉，又不履行行政处罚决定的，由作出行政处罚决定的机关申请人民法院强制执行。

第八十五条 因水污染受到损害的当事人，有权要求排污方排除危害和赔偿损失。

由于不可抗力造成水污染损害的，排污方不承担赔偿责任；法律另有规定的除外。

水污染损害是由受害人故意造成的，排污方不承担赔偿责任。水污染损害是由受害人重大过失造成的，可以减轻排污方的赔偿责任。

水污染损害是由第三人造成的，排污方承担赔偿责任后，有权向第三人追偿。

第八十六条　因水污染引起的损害赔偿责任和赔偿金额的纠纷，可以根据当事人的请求，由环境保护主管部门或者海事管理机构、渔业主管部门按照职责分工调解处理；调解不成的，当事人可以向人民法院提起诉讼。当事人也可以直接向人民法院提起诉讼。

第八十七条　因水污染引起的损害赔偿诉讼，由排污方就法律规定的免责事由及其行为与损害结果之间不存在因果关系承担举证责任。

第八十八条　因水污染受到损害的当事人人数众多的，可以依法由当事人推选代表人进行共同诉讼。

环境保护主管部门和有关社会团体可以依法支持因水污染受到损害的当事人向人民法院提起诉讼。

国家鼓励法律服务机构和律师为水污染损害诉讼中的受害人提供法律援助。

第八十九条　因水污染引起的损害赔偿责任和赔偿金额的纠纷，当事人可以委托环境监测机构提供监测数据。环境监测机构应当接受委托，如实提供有关监测数据。

第九十条　违反本法规定，构成违反治安管理行为的，依法给予治安管理处罚；构成犯罪的，依法追究刑事责任。

第八章　附　　则

第九十一条　本法中下列用语的含义：

（一）水污染，是指水体因某种物质的介入，而导致其化学、物理、生物或者放射性等方面特性的改变，从而影响水的有效利用，危害人体健康或者破坏生态环境，造成水质恶化的现象。

（二）水污染物，是指直接或者间接向水体排放的，能导致水体污染的物质。

（三）有毒污染物，是指那些直接或者间接被生物摄入体内后，可能导致该生物或者其后代发病、行为反常、遗传异变、生理机能失常、机体变形或者死亡的污染物。

（四）渔业水体，是指划定的鱼虾类的产卵场、索饵场、越冬场、洄游通道和鱼虾贝藻类的养殖场的水体。

第九十二条　本法自2008年6月1日起施行。

6.《水污染防治行动计划》

（国发〔2015〕17号 2015年4月2日）

水环境保护事关人民群众切身利益，事关全面建成小康社会，事关实现中华民族伟大复兴中国梦。当前，我国一些地区水环境质量差、水生态受损重、环境隐患多等问题十分突出，影响和损害群众健康，不利于经济社会持续发展。为切实加大水污染防治力度，保障国家水安全，制定本行动计划。

总体要求：全面贯彻党的十八大和十八届二中、三中、四中全会精神，大力推进生态文明建设，以改善水环境质量为核心，按照"节水优先、空间均衡、系统治理、两手发力"原则，贯彻"安全、清洁、健康"方针，强化源头控制，水陆统筹、河海兼顾，对江河湖海实施分流域、分区域、分阶段科学治理，系统推进水污染防治、水生态保护和水资源管理。坚持政府市场协同，注重改革创新；坚持全面依法推进，实行最严格环保制度；坚持落实各方责任，严格考核问责；坚持全民参与，推动节水洁水人人有责，形成"政府统领、企业施治、市场驱动、公众参与"的水污染防治新机制，实现环境效益、经济效益与社会效益多赢，为建设"蓝天常在、青山常在、绿水常在"的美丽中国而奋斗。

工作目标：到2020年，全国水环境质量得到阶段性改善，污染严重水体较大幅度减少，饮用水安全保障水平持续提升，地下水超采得到严格控制，地下水污染加剧趋势得到初步遏制，近岸海域环境质量稳中趋好，京津冀、长三角、珠三角等区域水生态环境状况有所好转。到2030年，力争全国水环境质量总体改善，水生态系统功能初步恢复。到本世纪中叶，生态环境质量全面改善，生态系统实现良性循环。

主要指标：到2020年，长江、黄河、珠江、松花江、淮河、海河、辽河等七大重点流域水质优良（达到或优于Ⅲ类）比例总体达到70%以上，地级及以上城市建成区黑臭水体均控制在10%以内，地级及以上城市集中式饮用水水源水质达到或优于Ⅲ类比例总体高于93%，全国地下水质量极差的比例控制在15%左右，近岸海域水质优良（一类、二类）比例达到70%左右。京津冀区域丧失使用功能（劣于Ⅴ类）的水体断面比例下降15个百分点左右，长三角、珠三角区域力争消除丧失使用功能的水体。

到2030年，全国七大重点流域水质优良比例总体达到75%以上，城市建成区黑臭水体总体得到消除，城市集中式饮用水水源水质达到或优于Ⅲ类比例总体为95%左右。

一、全面控制污染物排放

（一）狠抓工业污染防治。取缔“十小”企业。全面排查装备水平低、环保设施差的小型工业企业。2016年底前，按照水污染防治法律法规要求，全部取缔不符合国家产业政策的小型造纸、制革、印染、染料、炼焦、炼硫、炼砷、炼油、电镀、农药等严重污染水环境的生产项目。（环境保护部牵头，工业和信息化部、国土资源部、能源局等参与，地方各级人民政府负责落实。以下均需地方各级人民政府落实，不再列出）

专项整治十大重点行业。制定造纸、焦化、氮肥、有色金属、印染、农副食品加工、原料药制造、制革、农药、电镀等行业专项治理方案，实施清洁化改造。新建、改建、扩建上述行业建设项目实行主要污染物排放等量或减量置换。2017年底前，造纸行业力争完成纸浆无元素氯漂白改造或采取其他低污染制浆技术，钢铁企业焦炉完成干熄焦技术改造，氮肥行业尿素生产完成工艺冷凝液水解解析技术改造，印染行业实施低排水染整工艺改造，制药（抗生素、维生素）行业实施绿色酶法生产技术改造，

制革行业实施铬减量化和封闭循环利用技术改造。(环境保护部牵头,工业和信息化部等参与)

集中治理工业集聚区水污染。强化经济技术开发区、高新技术产业开发区、出口加工区等工业集聚区污染治理。集聚区内工业废水必须经预处理达到集中处理要求,方可进入污水集中处理设施。新建、升级工业集聚区应同步规划、建设污水、垃圾集中处理等污染治理设施。2017年底前,工业集聚区应按规定建成污水集中处理设施,并安装自动在线监控装置,京津冀、长三角、珠三角等区域提前一年完成;逾期未完成的,一律暂停审批和核准其增加水污染物排放的建设项目,并依照有关规定撤销其园区资格。(环境保护部牵头,科技部、工业和信息化部、商务部等参与)

(二)强化城镇生活污染治理。加快城镇污水处理设施建设与改造。现有城镇污水处理设施,要因地制宜进行改造,2020年底前达到相应排放标准或再生利用要求。敏感区域(重点湖泊、重点水库、近岸海域汇水区域)城镇污水处理设施应于2017年底前全面达到一级A排放标准。建成区水体水质达不到地表水Ⅳ类标准的城市,新建城镇污水处理设施要执行一级A排放标准。按照国家新型城镇化规划要求,到2020年,全国所有县城和重点镇具备污水收集处理能力,县城、城市污水处理率分别达到85%、95%左右。京津冀、长三角、珠三角等区域提前一年完成。(住房城乡建设部牵头,发展改革委、环境保护部等参与)

全面加强配套管网建设。强化城中村、老旧城区和城乡结合部污水截流、收集。现有合流制排水系统应加快实施雨污分流改造,难以改造的,应采取截流、调蓄和治理等措施。新建污水处理设施的配套管网应同步设计、同步建设、同步投运。除干旱地区外,城镇新区建设均实行雨污分流,有条件的地区要推进初期雨水收集、处理和资源化利用。到2017年,直辖市、省会城市、计划单列市建成区污水基本实现全收集、全处理,其他地级城市建成区于2020年底前基本实现。(住房城乡建设部

牵头,发展改革委、环境保护部等参与)

推进污泥处理处置。污水处理设施产生的污泥应进行稳定化、无害化和资源化处理处置,禁止处理处置不达标的污泥进入耕地。非法污泥堆放点一律予以取缔。现有污泥处理处置设施应于2017年底前基本完成达标改造,地级及以上城市污泥无害化处理处置率应于2020年底前达到90%以上。(住房城乡建设部牵头,发展改革委、工业和信息化部、环境保护部、农业部等参与)

(三)推进农业农村污染防治。防治畜禽养殖污染。科学划定畜禽养殖禁养区,2017年底前,依法关闭或搬迁禁养区内的畜禽养殖场(小区)和养殖专业户,京津冀、长三角、珠三角等区域提前一年完成。现有规模化畜禽养殖场(小区)要根据污染防治需要,配套建设粪便污水贮存、处理、利用设施。散养密集区要实行畜禽粪便污水分户收集、集中处理利用。自2016年起,新建、改建、扩建规模化畜禽养殖场(小区)要实施雨污分流、粪便污水资源化利用。(农业部牵头,环境保护部参与)

控制农业面源污染。制定实施全国农业面源污染综合防治方案。推广低毒、低残留农药使用补助试点经验,开展农作物病虫害绿色防控和统防统治。实行测土配方施肥,推广精准施肥技术和机具。完善高标准农田建设、土地开发整理等标准规范,明确环保要求,新建高标准农田要达到相关环保要求。敏感区域和大中型灌区,要利用现有沟、塘、窖等,配置水生植物群落、格栅和透水坝,建设生态沟渠、污水净化塘、地表径流集蓄池等设施,净化农田排水及地表径流。到2020年,测土配方施肥技术推广覆盖率达到90%以上,化肥利用率提高到40%以上,农作物病虫害统防统治覆盖率达到40%以上;京津冀、长三角、珠三角等区域提前一年完成。(农业部牵头,发展改革委、工业和信息化部、国土资源部、环境保护部、水利部、质检总局等参与)

调整种植业结构与布局。在缺水地区试行退地减水。地下水易受污染地区要优先种植需肥需药量低、环境效益突出的农作物。地表水过度开发和地下水超采问题较严重，且农业用水比重较大的甘肃、新疆（含新疆生产建设兵团）、河北、山东、河南等五省（区），要适当减少用水量较大的农作物种植面积，改种耐旱作物和经济林；2018 年底前，对 3300 万亩灌溉面积实施综合治理，退减水量 37 亿立方米以上。（农业部、水利部牵头，发展改革委、国土资源部等参与）

加快农村环境综合整治。以县级行政区域为单元，实行农村污水处理统一规划、统一建设、统一管理，有条件的地区积极推进城镇污水处理设施和服务向农村延伸。深化“以奖促治”政策，实施农村清洁工程，开展河道清淤疏浚，推进农村环境连片整治。到 2020 年，新增完成环境综合整治的建制村 13 万个。（环境保护部牵头，住房城乡建设部、水利部、农业部等参与）

（四）加强船舶港口污染控制。积极治理船舶污染。依法强制报废超过使用年限的船舶。分类分级修订船舶及其设施、设备的相关环保标准。2018 年起投入使用的沿海船舶、2021 年起投入使用的内河船舶执行新的标准；其他船舶于 2020 年底前完成改造，经改造仍不能达到要求的，限期予以淘汰。航行于我国水域的国际航线船舶，要实施压载水交换或安装压载水灭活处理系统。规范拆船行为，禁止冲滩拆解。（交通运输部牵头，工业和信息化部、环境保护部、农业部、质检总局等参与）

增强港口码头污染防治能力。编制实施全国港口、码头、装卸站污染防治方案。加快垃圾接收、转运及处理处置设施建设，提高含油污水、化学品洗舱水等接收处置能力及污染事故应急能力。位于沿海和内河的港口、码头、装卸站及船舶修造厂，分别于 2017 年底前和 2020 年底前达到建设要求。港口、码头、装卸站的经营人应制定防治船舶及其有关活动污染水环境的应急计划。（交通运输部牵头，工业和信息化部、住房城乡建设部、农业部等参与）

二、推动经济结构转型升级

（五）调整产业结构。依法淘汰落后产能。自 2015 年起，各地要依据部分工业行业淘汰落后生产工艺装备和产品指导目录、产业结构调整指导目录及相关行业污染物排放标准，结合水质改善要求及产业发展情况，制定并实施分年度的落后产能淘汰方案，报工业和信息化部、环境保护部备案。未完成淘汰任务的地区，暂停审批和核准其相关行业新建项目。（工业和信息化部牵头，发展改革委、环境保护部等参与）

严格环境准入。根据流域水质目标和主体功能区规划要求，明确区域环境准入条件，细化功能分区，实施差别化环境准入政策。建立水资源、水环境承载能力监测评价体系，实行承载能力监测预警，已超过承载能力的地区要实施水污染物削减方案，加快调整发展规划和产业结构。到2020年，组织完成市、县域水资源、水环境承载能力现状评价。（环境保护部牵头，住房城乡建设部、水利部、海洋局等参与）

（六）优化空间布局。合理确定发展布局、结构和规模。充分考虑水资源、水环境承载能力，以水定城、以水定地、以水定人、以水定产。重大项目原则上布局在优化开发区和重点开发区，并符合城乡规划和土地利用总体规划。鼓励发展节水高效现代农业、低耗水高新技术产业以及生态保护型旅游业，严格控制缺水地区、水污染严重地区和敏感区域高耗水、高污染行业发展，新建、改建、扩建重点行业建设项目实行主要污染物排放减量置换。七大重点流域干流沿岸，要严格控制石油加工、化学原料和化学制品制造、医药制造、化学纤维制造、有色金属冶炼、纺织印染等项目环境风险，合理布局生产装置及危险化学品仓储等设施。（发展改革委、工业和信息化部牵头，国土资源部、环境保护部、住房城乡建设部、水利部等参与）

推动污染企业退出。城市建成区内现有钢铁、有色金属、造纸、印染、原料药制造、化工等污染较重的企业应有序搬迁改造或依法关闭。（工业和信息化部牵头，环境保护部等参与）

积极保护生态空间。严格城市规划蓝线管理，城市规划区范围内应保留一定比例的水域面积。新建项目一律不得违规占用水域。严格水域岸线用途管制，土地开发利用应按照有关法律法规和技术标准要求，留足河道、湖泊和滨海地带的管理和保护范围，非法挤占的应限期退出。（国土资源部、住房城乡建设部牵头，环境保护部、水利部、海洋局等参与）

（七）推进循环发展。加强工业水循环利用。推进矿井水综合利用，煤炭矿区的补充用水、周边地区生产和生态用水应优先使用矿井水，加强洗煤废水循环利用。鼓励钢铁、纺织印染、造纸、石油石化、化工、制革等高耗水企业废水深度处理回用。（发展改革委、工业和信息化部牵头，水利部、能源局等参与）

促进再生水利用。以缺水及水污染严重地区城市为重点，完善再生水利用设施，工业生产、城市绿化、道路清扫、车辆冲洗、建筑施工以及生态景观等用水，要优先使用再生水。推进高速公路服务区污水处理和利用。具备使用再生水条件但未充分利用的钢铁、火电、化工、制浆造纸、印染等项目，不得批准其新增取水许可。自 2018 年起，单体建筑面积超过 2 万平方米的新建公共建筑，北京市 2 万平方米、天津市 5 万平方米、河北省 10 万平方米以上集中新建的保障性住房，应安装建筑中水设施。积极推动其他新建住房安装建筑中水设施。到 2020 年，缺水城市再生水利用率达到 20% 以上，京津冀区域达到 30% 以上。（住房城乡建设部牵头，发展改革委、工业和信息化部、环境保护部、交通运输部、水利部等参与）

推动海水利用。在沿海地区电力、化工、石化等行业，推行直接利用海水作为循环冷却等工业用水。在有条件的城市，加快推进淡化海水作为生活用水补充水源。（发展改革委牵头，工业和信息化部、住房城乡建设部、水利部、海洋局等参与）

三、着力节约保护水资源

（八）控制用水总量。实施最严格水资源管理。健全取用水总量控制指标体系。加强相关规划和项目建设布局水资源论证工作，国民经济和社会发展规划以及城市总体规划的编制、重大建设项目的布局，应充分考虑当地水资源条件和防洪要求。对取用水总量已达到或超过控制指标的地区，暂停审批其建设项目新增取水许可。对纳入取水许可管理的单位和其他用水大户实行计划用水管理。新建、改建、扩建项目用水要达到行业先进水平，节水设施应与主体工程同时设计、同时施工、同时投运。建立重点监控用水单位名录。到2020年，全国用水总量控制在6700亿立方米以内。（水利部牵头，发展改革委、工业和信息化部、住房城乡建设部、农业部等参与）

严控地下水超采。在地面沉降、地裂缝、岩溶塌陷等地质灾害易发区开发利用地下水，应进行地质灾害危险性评估。严格控制开采深层承压水，地热水、矿泉水开发应严格实行取水许可和采矿许可。依法规范机井建设管理，排查登记已建机井，未经批准的和公共供水管网覆盖范围内的自备水井，一律予以关闭。编制地面沉降区、海水入侵区等区域地下水压采方案。开展华北地下水超采区综合治理，超采区内禁止工农业生产及服务业新增取用地下水。京津冀区域实施土地整治、农业开发、扶贫等农业基础设施项目，不得以配套打井为条件。2017年底前，完成地下水禁采区、限采区和地面沉降控制区范围划定工作，京津冀、长三角、珠三角等区域提前一年完成。（水利部、国土资源部牵头，发展改革委、工业和信息化部、财政部、住房城乡建设部、农业部等参与）

（九）提高用水效率。建立万元国内生产总值水耗指标等用水效率评估体系，把节水目标任务完成情况纳入地方政府政绩考核。将再生水、雨水和微咸水等非常规水源纳入水资源统一配置。到2020年，全国万元国内生产总值用水量、万元工业增加值用水量比2013年分别下降35%、30%以上。（水利部牵头，发展改革委、工业和信息化部、住房城乡建设部等参与）

抓好工业节水。制定国家鼓励和淘汰的用水技术、工艺、产品和设备目录，完善高耗水行业取用水定额标准。开展节水诊断、水平衡测试、用水效率评估,严格用水定额管理。到2020年,电力、钢铁、纺织、造纸、石油石化、化工、食品发酵等高耗水行业达到先进定额标准。(工业和信息化部、水利部牵头,发展改革委、住房城乡建设部、质检总局等参与)

加强城镇节水。禁止生产、销售不符合节水标准的产品、设备。公共建筑必须采用节水器具,限期淘汰公共建筑中不符合节水标准的水嘴、便器水箱等生活用水器具。鼓励居民家庭选用节水器具。对使用超过50年和材质落后的供水管网进行更新改造,到2017年,全国公共供水管网漏损率控制在12%以内;到2020年,控制在10%以内。积极推行低影响开发建设模式,建设滞、渗、蓄、用、排相结合的雨水收集利用设施。新建城区硬化地面,可渗透面积要达到40%以上。到2020年,地级及以上缺水城市全部达到国家节水型城市标准要求,京津冀、长三角、珠三角等区域提前一年完成。(住房城乡建设部牵头,发展改革委、工业和信息化部、水利部、质检总局等参与)

发展农业节水。推广渠道防渗、管道输水、喷灌、微灌等节水灌溉技术,完善灌溉用水计量设施。在东北、西北、黄淮海等区域,推进规模化高效节水灌溉,推广农作物节水抗旱技术。到2020年,大型灌区、重点中型灌区续建配套和节水改造任务基本完成,全国节水灌溉工程面积达到7亿亩左右,农田灌溉水有效利用系数达到0.55以上。(水利部、农业部牵头,发展改革委、财政部等参与)

(十)科学保护水资源。完善水资源保护考核评价体系。加强水功能区监督管理,从严核定水域纳污能力。(水利部牵头,发展改革委、环境保护部等参与)

加强江河湖库水量调度管理。完善水量调度方案。采取闸坝联合调度、生态补水等措施,合理安排闸坝下泄水量和泄流时段,维持河湖基本生态用水需求,重点保障枯水期生态基流。加大水利工程建设力度,发挥好控制性水利工程在改善水质中的作用。(水利部牵头,环境保护部参与)

科学确定生态流量。在黄河、淮河等流域进行试点，分期分批确定生态流量（水位），作为流域水量调度的重要参考。（水利部牵头，环境保护部参与）

四、强化科技支撑

（十一）推广示范适用技术。加快技术成果推广应用，重点推广饮用水净化、节水、水污染治理及循环利用、城市雨水收集利用、再生水安全回用、水生态修复、畜禽养殖污染防治等适用技术。完善环保技术评价体系，加强国家环保科技成果共享平台建设，推动技术成果共享与转化。发挥企业的技术创新主体作用，推动水处理重点企业与科研院所、高等学校组建产学研技术创新战略联盟，示范推广控源减排和清洁生产先进技术。（科技部牵头，发展改革委、工业和信息化部、环境保护部、住房城乡建设部、水利部、农业部、海洋局等参与）

（十二）攻关研发前瞻技术。整合科技资源，通过相关国家科技计划（专项、基金）等，加快研发重点行业废水深度处理、生活污水低成本高标准处理、海水淡化和工业高盐废水脱盐、饮用水微量有毒污染物处理、地下水污染修复、危险化学品事故和水上溢油应急处置等技术。开展有机物和重金属等水环境基准、水污染对人体健康影响、新型污染物风险评价、水环境损害评估、高品质再生水补充饮用水水源等研究。加强水生态保护、农业面源污染防治、水环境监控预警、水处理工艺技术装备等领域的国际交流合作。（科技部牵头，发展改革委、工业和信息化部、国土资源部、环境保护部、住房城乡建设部、水利部、农业部、卫生计生委等参与）

（十三）大力发展环保产业。规范环保产业市场。对涉及环保市场准入、经营行为规范的法规、规章和规定进行全面梳理，废止妨碍形成全国统一环保市场和公平竞争的规定和做法。健全环保工程设计、建设、运营等领域招投标管理办法和技术标准。推进先进适用的节水、治污、修复技术和装备产业化发展。（发展改革委牵头，科技部、工业和信息化

部、财政部、环境保护部、住房城乡建设部、水利部、海洋局等参与)

加快发展环保服务业。明确监管部门、排污企业和环保服务公司的责任和义务,完善风险分担、履约保障等机制。鼓励发展包括系统设计、设备成套、工程施工、调试运行、维护管理的环保服务总承包模式、政府和社会资本合作模式等。以污水、垃圾处理和工业园区为重点,推行环境污染第三方治理。(发展改革委、财政部牵头,科技部、工业和信息化部、环境保护部、住房城乡建设部等参与)

五、充分发挥市场机制作用

(十四)理顺价格税费。加快水价改革。县级及以上城市应于2015年底前全面实行居民阶梯水价制度,具备条件的建制镇也要积极推进。2020年底前,全面实行非居民用水超定额、超计划累进加价制度。深入推进农业水价综合改革。(发展改革委牵头,财政部、住房城乡建设部、水利部、农业部等参与)

完善收费政策。修订城镇污水处理费、排污费、水资源费征收管理办法,合理提高征收标准,做到应收尽收。城镇污水处理收费标准不应低于污水处理和污泥处理处置成本。地下水水资源费征收标准应高于地表水,超采地区地下水水资源费征收标准应高于非超采地区。(发展改革委、财政部牵头,环境保护部、住房城乡建设部、水利部等参与)

健全税收政策。依法落实环境保护、节能节水、资源综合利用等方面税收优惠政策。对国内企业为生产国家支持发展的大型环保设备,必需进口的关键零部件及原材料,免征关税。加快推进环境保护税立法、资源税税费改革等工作。研究将部分高耗能、高污染产品纳入消费税征收范围。(财政部、税务总局牵头,发展改革委、工业和信息化部、商务部、海关总署、质检总局等参与)

(十五)促进多元融资。引导社会资本投入。积极推动设立融资担保基金,推进环保设备融资租赁业务发展。推广股权、项目收益权、特许经营权、排污权等质押融资担保。采取环境绩效合同服务、授予开发经营权益等方式，鼓励社会资本加大水环境保护投入。（人民银行、发展改革委、财政部牵头，环境保护部、住房城乡建设部、银监会、证监会、保监会等参与）

增加政府资金投入。中央财政加大对属于中央事权的水环境保护项目支持力度，合理承担部分属于中央和地方共同事权的水环境保护项目，向欠发达地区和重点地区倾斜；研究采取专项转移支付等方式，实施“以奖代补”。地方各级人民政府要重点支持污水处理、污泥处理处置、河道整治、饮用水水源保护、畜禽养殖污染防治、水生态修复、应急清污等项目和工作。对环境监管能力建设及运行费用分级予以必要保障。（财政部牵头，发展改革委、环境保护部等参与）

（十六）建立激励机制。健全节水环保“领跑者”制度。鼓励节能减排先进企业、工业集聚区用水效率、排污强度等达到更高标准，支持开展清洁生产、节约用水和污染治理等示范。（发展改革委牵头，工业和信息化部、财政部、环境保护部、住房城乡建设部、水利部等参与）

推行绿色信贷。积极发挥政策性银行等金融机构在水环境保护中的作用，重点支持循环经济、污水处理、水资源节约、水生态环境保护、清洁及可再生能源利用等领域。严格限制环境违法企业贷款。加强环境信用体系建设，构建守信激励与失信惩戒机制，环保、银行、证券、保险等方面要加强协作联动，于2017年底前分级建立企业环境信用评价体系。鼓励涉重金属、石油化工、危险化学品运输等高环境风险行业投保环境污染责任保险。（人民银行牵头，工业和信息化部、环境保护部、水利部、银监会、证监会、保监会等参与）

实施跨界水环境补偿。探索采取横向资金补助、对口援助、产业转移等方式，建立跨界水环境补偿机制，开展补偿试点。深化排污权有偿使用和交易试点。（财政部牵头，发展改革委、环境保护部、水利部等参与）

六、严格环境执法监管

（十七）完善法规标准。健全法律法规。加快水污染防治、海洋环境保护、排污许可、化学品环境管理等法律法规制修订步伐，研究制定环境质量目标管理、环境功能区划、节水及循环利用、饮用水水源保护、污染责任保险、水功能区监督管理、地下水管理、环境监测、生态流量保障、船舶和陆源污染防治等法律法规。各地可结合实际，研究起草地方性水污染防治法规。（法制办牵头，发展改革委、工业和信息化部、国土资源部、环境保护部、住房城乡建设部、交通运输部、水利部、农业部、卫生计生委、保监会、海洋局等参与）

完善标准体系。制修订地下水、地表水和海洋等环境质量标准，城镇污水处理、污泥处理处置、农田退水等污染物排放标准。健全重点行业水污染物特别排放限值、污染防治技术政策和清洁生产评价指标体系。各地可制定严于国家标准的地方水污染物排放标准。（环境保护部牵头，发展改革委、工业和信息化部、国土资源部、住房城乡建设部、水利部、农业部、质检总局等参与）

（十八）加大执法力度。所有排污单位必须依法实现全面达标排放。逐一排查工业企业排污情况，达标企业应采取措施确保稳定达标；对超标和超总量的企业予以“黄牌”警示，一律限制生产或停产整治；对整治仍不能达到要求且情节严重的企业予以“红牌”处罚，一律停业、关闭。自2016年起，定期公布环保“黄牌”、“红牌”企业名单。定期抽查排污单位达标排放情况，结果向社会公布。（环境保护部负责）

完善国家督查、省级巡查、地市检查的环境监督执法机制，强化环保、公安、监察等部门和单位协作，健全行政执法与刑事司法衔接配合机制，完善案件移送、受理、立案、通报等规定。加强对地方人民政府和有关部门环保工作的监督，研究建立国家环境监察专员制度。（环境保护部牵头，工业和信息化部、公安部、中央编办等参与）

严厉打击环境违法行为。重点打击私设暗管或利用渗井、渗坑、溶洞排放、倾倒含有毒有害污染物废水、含病原体污水，监测数据弄虚作假，不正常使用水污染物处理设施，或者未经批准拆除、闲置水污染物处理设施等环境违法行为。对造成生态损害的责任者严格落实赔偿制度。严肃查处建设项目环境影响评价领域越权审批、未批先建、边批边建、久试不验等违法违规行为。对构成犯罪的,要依法追究刑事责任。(环境保护部牵头,公安部、住房城乡建设部等参与)

(十九)提升监管水平。完善流域协作机制。健全跨部门、区域、流域、海域水环境保护议事协调机制,发挥环境保护区域督查派出机构和流域水资源保护机构作用,探索建立陆海统筹的生态系统保护修复机制。流域上下游各级政府、各部门之间要加强协调配合、定期会商,实施联合监测、联合执法、应急联动、信息共享。京津冀、长三角、珠三角等区域要于2015年底前建立水污染防治联动协作机制。建立严格监管所有污染物排放的水环境保护管理制度。(环境保护部牵头,交通运输部、水利部、农业部、海洋局等参与)

完善水环境监测网络。统一规划设置监测断面(点位)。提升饮用水水源水质全指标监测、水生生物监测、地下水环境监测、化学物质监测及环境风险防控技术支撑能力。2017年底前,京津冀、长三角、珠三角等区域、海域建成统一的水环境监测网。(环境保护部牵头,发展改革委、国土资源部、住房城乡建设部、交通运输部、水利部、农业部、海洋局等参与)

提高环境监管能力。加强环境监测、环境监察、环境应急等专业技术培训,严格落实执法、监测等人员持证上岗制度,加强基层环保执法力量,具备条件的乡镇(街道)及工业园区要配备必要的环境监管力量。各市、县应自2016年起实行环境监管网格化管理。(环境保护部负责)

七、切实加强水环境管理

(二十)强化环境质量目标管理。明确各类水体水质保护目标,逐一排查达标状况。未达到水质目标要求的地区要制定达标方案,将治污任务逐一落实到汇水范围内的排污单位,明确防治措施及达标时限,方案报上一级人民政府备案,自2016年起,定期向社会公布。对水质不达标

的区域实施挂牌督办,必要时采取区域限批等措施。(环境保护部牵头,水利部参与)

(二十一)深化污染物排放总量控制。完善污染物统计监测体系,将工业、城镇生活、农业、移动源等各类污染源纳入调查范围。选择对水环境质量有突出影响的总氮、总磷、重金属等污染物,研究纳入流域、区域污染物排放总量控制约束性指标体系。(环境保护部牵头,发展改革委、工业和信息化部、住房城乡建设部、水利部、农业部等参与)

(二十二)严格环境风险控制。防范环境风险。定期评估沿江河湖库工业企业、工业集聚区环境和健康风险,落实防控措施。评估现有化学物质环境和健康风险,2017 年底前公布优先控制化学品名录,对高风险化学品生产、使用进行严格限制,并逐步淘汰替代。(环境保护部牵头,工业和信息化部、卫生计生委、安全监管总局等参与)

稳妥处置突发水环境污染事件。地方各级人民政府要制定和完善水污染事故处置应急预案,落实责任主体,明确预警预报与响应程序、应急处置及保障措施等内容,依法及时公布预警信息。(环境保护部牵头,住房城乡建设部、水利部、农业部、卫生计生委等参与)

(二十三)全面推行排污许可。依法核发排污许可证。2015 年底前,完成国控重点污染源及排污权有偿使用和交易试点地区污染源排污许可证的核发工作,其他污染源于 2017 年底前完成。(环境保护部负责)

加强许可证管理。以改善水质、防范环境风险为目标,将污染物排放种类、浓度、总量、排放去向等纳入许可证管理范围。禁止无证排污或不按许可证规定排污。强化海上排污监管,研究建立海上污染排放许可证制度。2017 年底前,完成全国排污许可证管理信息平台建设。(环境保护部牵头,海洋局参与)

八、全力保障水生态环境安全

(二十四)保障饮用水水源安全。从水源到水龙头全过程监管饮用水安全。地方各级人民政府及供水单位应定期监测、检测和评估本行政区域内饮用水水源、供水厂出水和用户水龙头水质等饮水安全状况，地级及以上城市自2016年起每季度向社会公开。自2018年起，所有县级及以上城市饮水安全状况信息都要向社会公开。（环境保护部牵头，发展改革委、财政部、住房城乡建设部、水利部、卫生计生委等参与）

强化饮用水水源环境保护。开展饮用水水源规范化建设，依法清理饮用水水源保护区内违法建筑和排污口。单一水源供水的地级及以上城市应于2020年底前基本完成备用水源或应急水源建设，有条件的地方可以适当提前。加强农村饮用水水源保护和水质检测。（环境保护部牵头，发展改革委、财政部、住房城乡建设部、水利部、卫生计生委等参与）

防治地下水污染。定期调查评估集中式地下水型饮用水水源补给区等区域环境状况。石化生产存贮销售企业和工业园区、矿山开采区、垃圾填埋场等区域应进行必要的防渗处理。加油站地下油罐应于2017年底前全部更新为双层罐或完成防渗池设置。报废矿井、钻井、取水井应实施封井回填。公布京津冀等区域内环境风险大、严重影响公众健康的地下水污染场地清单，开展修复试点。（环境保护部牵头，财政部、国土资源部、住房城乡建设部、水利部、商务部等参与）

（二十五）深化重点流域污染防治。编制实施七大重点流域水污染防治规划。研究建立流域水生态环境功能分区管理体系。对化学需氧量、氨氮、总磷、重金属及其他影响人体健康的污染物采取针对性措施，加大整治力度。汇入富营养化湖库的河流应实施总氮排放控制。到2020年，长江、珠江总体水质达到优良，松花江、黄河、淮河、辽河在轻度污染基础上进一步改善，海河污染程度得到缓解。三峡库区水质保持良好，南水北调、引滦入津等调水工程确保水质安全。太湖、巢湖、滇池富营养化水平有所好转。白洋淀、乌梁素海、呼伦湖、艾比湖等湖泊污染程度减轻。环境容量较小、生态环境脆弱，环境风险高的地区，应执行水污染物特别排放限值。各地可根据水环境质量改善需要,扩大特别排放限值实施范围。(环境保护部牵头,发展改革委、工业和信息化部、财政部、住房城乡建设部、水利部等参与)

加强良好水体保护。对江河源头及现状水质达到或优于Ⅲ类的江河湖库开展生态环境安全评估,制定实施生态环境保护方案。东江、滦河、千岛湖、南四湖等流域于2017年底前完成。浙闽片河流、西南诸河、西北诸河及跨界水体水质保持稳定。(环境保护部牵头,外交部、发展改革委、财政部、水利部、林业局等参与)

(二十六)加强近岸海域环境保护。实施近岸海域污染防治方案。重点整治黄河口、长江口、闽江口、珠江口、辽东湾、渤海湾、胶州湾、杭州湾、北部湾等河口海湾污染。沿海地级及以上城市实施总氮排放总量控制。研究建立重点海域排污总量控制制度。规范入海排污口设置,2017年底前全面清理非法或设置不合理的入海排污口。到2020年,沿海省(区、市)入海河流基本消除劣于Ⅴ类的水体。提高涉海项目准入门槛。(环境保护部、海洋局牵头,发展改革委、工业和信息化部、财政部、住房城乡建设部、交通运输部、农业部等参与)

推进生态健康养殖。在重点河湖及近岸海域划定限制养殖区。实施水产养殖池塘、近海养殖网箱标准化改造,鼓励有条件的渔业企业开展海洋离岸养殖和集约化养殖。积极推广人工配合饲料,逐步减少冰鲜杂鱼饲料使用。加强养殖投入品管理,依法规范、限制使用抗生素等化学药品,开展专项整治。到2015年,海水养殖面积控制在220万公顷左右。(农业部负责)

严格控制环境激素类化学品污染。2017年底前完成环境激素类化学品生产使用情况调查,监控评估水源地、农产品种植区及水产品集中养殖区风险,实施环境激素类化学品淘汰、限制、替代等措施。(环境保护部牵头,工业和信息化部、农业部等参与)

(二十七)整治城市黑臭水体。采取控源截污、垃圾清理、清淤疏浚、生态修复等措施，加大黑臭水体治理力度，每半年向社会公布治理情况。地级及以上城市建成区应于2015年底前完成水体排查，公布黑臭水体名称、责任人及达标期限；于2017年底前实现河面无大面积漂浮物，河岸无垃圾，无违法排污口；于2020年底前完成黑臭水体治理目标。直辖市、省会城市、计划单列市建成区要于2017年底前基本消除黑臭水体。（住房城乡建设部牵头，环境保护部、水利部、农业部等参与）

（二十八）保护水和湿地生态系统。加强河湖水生态保护，科学划定生态保护红线。禁止侵占自然湿地等水源涵养空间，已侵占的要限期予以恢复。强化水源涵养林建设与保护，开展湿地保护与修复，加大退耕还林、还草、还湿力度。加强滨河（湖）带生态建设，在河道两侧建设植被缓冲带和隔离带。加大水生野生动植物类自然保护区和水产种质资源保护区保护力度，开展珍稀濒危水生生物和重要水产种质资源的就地和迁地保护，提高水生生物多样性。2017年底前，制定实施七大重点流域水生生物多样性保护方案。（环境保护部、林业局牵头，财政部、国土资源部、住房城乡建设部、水利部、农业部等参与）

保护海洋生态。加大红树林、珊瑚礁、海草床等滨海湿地、河口和海湾典型生态系统，以及产卵场、索饵场、越冬场、洄游通道等重要渔业水域的保护力度，实施增殖放流，建设人工鱼礁。开展海洋生态补偿及赔偿等研究，实施海洋生态修复。认真执行围填海管制计划，严格围填海管理和监督，重点海湾、海洋自然保护区的核心区及缓冲区、海洋特别保护区的重点保护区及预留区、重点河口区域、重要滨海湿地区域、重要砂质岸线及沙源保护海域、特殊保护海岛及重要渔业海域禁止实施围填海，生态脆弱敏感区、自净能力差的海域严格限制围填海。严肃查处违法围填海行为，追究相关人员责任。将自然海岸线保护纳入沿海地方政府政绩考核。到2020年，全国自然岸线保有率不低于35%（不包括海岛岸线）。（环境保护部、海洋局牵头，发展改革委、财政部、农业部、林业局等参与）

九、明确和落实各方责任

（二十九）强化地方政府水环境保护责任。各级地方人民政府是实施本行动计划的主体，要于2015年底前分别制定并公布水污染防治工作方案，逐年确定分流域、分区域、分行业的重点任务和年度目标。要不断完善政策措施，加大资金投入，统筹城乡水污染治理，强化监管，确保各项任务全面完成。各省（区、市）工作方案报国务院备案。（环境保护部牵头，发展改革委、财政部、住房城乡建设部、水利部等参与）

（三十）加强部门协调联动。建立全国水污染防治工作协作机制，定期研究解决重大问题。各有关部门要认真按照职责分工，切实做好水污染防治相关工作。环境保护部要加强统一指导、协调和监督，工作进展及时向国务院报告。（环境保护部牵头，发展改革委、科技部、工业和信息化部、财政部、住房城乡建设部、水利部、农业部、海洋局等参与）

（三十一）落实排污单位主体责任。各类排污单位要严格执行环保法律法规和制度，加强污染治理设施建设和运行管理，开展自行监测，落实治污减排、环境风险防范等责任。中央企业和国有企业要带头落实，工业集聚区内的企业要探索建立环保自律机制。（环境保护部牵头，国资委参与）

（三十二）严格目标任务考核。国务院与各省（区、市）人民政府签订水污染防治目标责任书，分解落实目标任务，切实落实"一岗双责"。每年分流域、分区域、分海域对行动计划实施情况进行考核，考核结果向社会公布，并作为对领导班子和领导干部综合考核评价的重要依据。（环境保护部牵头，中央组织部参与）

将考核结果作为水污染防治相关资金分配的参考依据。（财政部、发展改革委牵头，环境保护部参与）

对未通过年度考核的，要约谈省级人民政府及其相关部门有关负责人，提出整改意见，予以督促；对有关地区和企业实施建设项目环评限批。对因工作不力、履职缺位等导致未能有效应对水环境污染事件的，以及干预、伪造数据和没有完成年度目标任务的，要依法依纪追究有关单位和人员责任。对不顾生态环境盲目决策，导致水环境质量恶化，造成严重后果的领导干部，要记录在案，视情节轻重，给予组织处理或党纪政纪处分，已经离任的也要终身追究责任。（环境保护部牵头，监察部参与）

十、强化公众参与和社会监督

（三十三）依法公开环境信息。综合考虑水环境质量及达标情况等因素，国家每年公布最差、最好的10个城市名单和各省（区、市）水环境状况。对水环境状况差的城市，经整改后仍达不到要求的，取消其环境保护模范城市、生态文明建设示范区、节水型城市、园林城市、卫生城市等荣誉称号，并向社会公告。（环境保护部牵头，发展改革委、住房城乡建设部、水利部、卫生计生委、海洋局等参与）

各省（区、市）人民政府要定期公布本行政区域内各地级市（州、盟）水环境质量状况。国家确定的重点排污单位应依法向社会公开其产生的主要污染物名称、排放方式、排放浓度和总量、超标排放情况，以及污染防治设施的建设和运行情况，主动接受监督。研究发布工业集聚区环境友好指数、重点行业污染物排放强度、城市环境友好指数等信息。（环境保护部牵头，发展改革委、工业和信息化部等参与）

（三十四）加强社会监督。为公众、社会组织提供水污染防治法规培训和咨询，邀请其全程参与重要环保执法行动和重大水污染事件调查。公开曝光环境违法典型案件。健全举报制度，充分发挥“12369”环保举报热线和网络平台作用。限期办理群众举报投诉的环境问题，一经查实，可给予举报人奖励。通过公开听证、网络征集等形式，充分听取公众对重大决策和建设项目的意见。积极推行环境公益诉讼。（环境保护部负责）

（三十五）构建全民行动格局。树立“节水洁水，人人有责”的行为准则。加强宣传教育，把水资源、水环境保护和水情知识纳入国民教育体系，提高公众对经济社会发展和环境保护客观规律的认识。依托全国中小学节水教育、水土保持教育、环境教育等社会实践基地，开展环保社会实践活动。支持民间环保机构、志愿者开展工作。倡导绿色消费新风尚，开展环保社区、学校、家庭等群众性创建活动，推动节约用水，鼓励购买使用节水产品和环境标志产品。（环境保护部牵头，教育部、住房城乡建设部、水利部等参与）

我国正处于新型工业化、信息化、城镇化和农业现代化快速发展阶段，水污染防治任务繁重艰巨。各地区、各有关部门要切实处理好经济社会发展和生态文明建设的关系，按照“地方履行属地责任、部门强化行业管理”的要求，明确执法主体和责任主体，做到各司其职，恪尽职守，突出重点，综合整治，务求实效，以抓铁有痕、踏石留印的精神，依法依规狠抓贯彻落实，确保全国水环境治理与保护目标如期实现，为实现“两个一百年”奋斗目标和中华民族伟大复兴中国梦作出贡献。

图书在版编目(CIP)数据

水生态环境犯罪刑事法治体系研究 / 陈珊著. —北京:法律出版社,2016.5
ISBN 978-7-5118-9547-9

Ⅰ.①水… Ⅱ.①陈… Ⅲ.①水环境—生态环境—刑事犯罪—刑法—研究—中国 Ⅳ.①D924.324

中国版本图书馆 CIP 数据核字(2016)第 111594 号

水生态环境犯罪刑事法治体系研究 | 陈 珊 著 | 策划编辑 刘文科 责任编辑 刘文科 装帧设计 李 瞻

© 法律出版社·中国

开本 A5
印张 8.75 **字数** 272 千
版本 2016 年 5 月第 1 版
印次 2016 年 5 月第 1 次印刷
出版 法律出版社
编辑统筹 财经出版分社
总发行 中国法律图书有限公司
经销 新华书店
印刷 北京京华虎彩印刷有限公司
责任印制 吕亚莉

法律出版社/北京市丰台区莲花池西里 7 号(100073)
电子邮件/info@lawpress.com.cn
销售热线/010-63939792/9779
网址/www.lawpress.com.cn
咨询电话/010-63939796

中国法律图书有限公司/北京市丰台区莲花池西里 7 号(100073)
全国各地中法图分、子公司电话:
第一法律书店/010-63939781/9782
西安分公司/029-85388843
重庆公司/023-65382816/2908
上海公司/021-62071010/1636
北京分公司/010-62534456
深圳公司/0755-83072995

书号:ISBN 978-7-5118-9547-9
定价:35.00 元
(如有缺页或倒装,中国法律图书有限公司负责退换)